国家“双一流”建设学科
辽宁大学应用经济学系列丛书

学术系列

总主编◎林木西

政府监管研究进展与热点前沿

Research Progress and Hot Frontiers of Government Regulation

和 军 谢 思 等著

中国财经出版传媒集团
经济科学出版社
Economic Science Press

图书在版编目（CIP）数据

政府监管研究进展与热点前沿/和军等著. —北京：
经济科学出版社，2019. 12
（辽宁大学应用经济学系列丛书. 学术系列）
ISBN 978 -7 -5218 -1138 -4

Ⅰ. ①政… Ⅱ. ①和… Ⅲ. ①中国经济 - 政府管制 -
研究 Ⅳ. ①F12

中国版本图书馆 CIP 数据核字（2019）第 287309 号

责任编辑：李一心
责任校对：隗立娜
责任印制：李　鹏

政府监管研究进展与热点前沿
和　军　谢　思　等著
经济科学出版社出版、发行　新华书店经销
社址：北京市海淀区阜成路甲 28 号　邮编：100142
总编部电话：010 -88191217　发行部电话：010 -88191522
网址：www. esp. com. cn
电子邮箱：esp@ esp. com. cn
天猫网店：经济科学出版社旗舰店
网址：http：//jjkxcbs. tmall. com
北京季蜂印刷有限公司印装
710 ×1000　16 开　15. 5 印张　230000 字
2020 年 3 月第 1 版　2020 年 3 月第 1 次印刷
ISBN 978 -7 -5218 -1138 -4　定价：55. 00 元
（图书出现印装问题，本社负责调换。电话：010 -88191510）

总　序

本丛书为国家“双一流”建设学科辽宁大学“应用经济学”系列丛书，也是我主编的第三套系列丛书。前两套系列丛书出版后，总体看效果还可以：第一套是《国民经济学系列丛书》（2005 年至今已出版 13 部），2011 年被列入“十二五”国家重点出版物出版规划项目；第二套是《东北老工业基地全面振兴系列丛书》（共 10 部），在列入“十二五”国家重点出版物出版规划项目的同时，还被确定为 2011 年“十二五”规划 400 种精品项目（社科与人文科学 155 种），围绕这两套系列丛书取得了一系列成果，获得了一些奖项。

主编系列丛书从某种意义上说是“打造概念”。比如第一套系列丛书也是全国第一套国民经济学系列丛书，主要为辽宁大学国民经济学国家重点学科“树立形象”；第二套则是在辽宁大学连续主持国家社会科学基金“八五”至“十一五”重大（点）项目，围绕东北（辽宁）老工业基地调整改造和全面振兴进行系统研究和滚动研究的基础上持续进行探索的结果，为促进我校区域经济学学科建设、服务地方经济社会发展做出贡献。在这一过程中，既出成果也带队伍、建平台、组团队，使得我校应用经济学学科建设不断跃上新台阶。

主编这套系列丛书旨在使辽宁大学应用经济学学科建设有一个更大的发展。辽宁大学应用经济学学科的历史说长不长、说短不短。早在 1958 年建校伊始，便设立了经济系、财政系、计统系等 9 个系，其中经济系由原东北财经学院的工业经济、农业经济、贸易经济三系合成，财税系和计统系即原东北财经学院的财信系、计统系。1959 年院系调整，将经济系留在沈阳的辽宁大学，将财政系、计统系迁到大连组建辽宁财经学院（即现东北财经大学前身），将工业经济、农业经济、贸易经济三个专业的学生培养到毕业为止。由此形成了辽宁大学重点发展理论经济学（主要是政治经济学）、辽宁财经学院重点发展应用经济学的大体格局。实际上，后来辽宁大学也发展了应用经济学，东北财经大学也发展了理论经济学，发展得都不错。1978 年，辽宁大学恢复招收工业经济本科生，1980 年受人民银行总行委托、经教育部批准开始招收国际金融本科生，1984 年辽宁大学在全国第一批成立了经济管理学院，增设计划统计、会计、保险、投资经济、国际贸易等本科专业。到 20 世纪 90 年代中期，辽宁大学已有西方经济学、世界经济、国民经济计划与管理、国际金融、工业经济等 5 个二级学科博士点，当时在全国同类院校似不多见。1998 年，建立国家重点教学基地“辽宁大学国家经济学基础人才培养基地”。2000 年，获批建设第二批教育部人文社会科学重点研究基地“辽宁大学比较经济体制研究中心”（2010 年经教育部社会科学司批准更名为“转型国家经济政治研究中心”）；同年，在理论经济学一级学科博士点评审中名列全国第一。2003 年，在应用经济学一级学科博士点评审中并列全国第一。2010 年，新增金融、应用统计、税务、国际商务、保险等全国首批应用经济学类专业学位硕士点；2011 年，获全国第一批统计学一级学科博士点，从而实现经济学、统计学一级学科博士点“大满贯”。

在二级学科重点学科建设方面，1984 年，外国经济思想史（即后来的西方经济学）和政治经济学被评为省级重点学科；1995 年，西方经济学被评为省级重点学科，国民经济管理被确定为省级重点扶持学科；1997 年，西方经济学、国际经济学、国民经济管理被评为省级重点学科和重点扶持学科；2002 年、2007 年国民经济学、世界经济连续两届被评为国家重点学科；2007 年，金融学被评为国家重点学科。

在应用经济学一级学科重点学科建设方面，2017 年 9 月被教育部、财政部、国家发展和改革委员会确定为国家“双一流”建设学科，成为东北地区唯一一个经济学科国家“双一流”建设学科。这是我校继

1997年成为“211”工程重点建设高校20年之后学科建设的又一次重大跨越，也是辽宁大学经济学科三代人共同努力的结果。此前，2008年被评为第一批一级学科省级重点学科，2009年被确定为辽宁省“提升高等学校核心竞争力特色学科建设工程”高水平重点学科，2014年被确定为辽宁省一流特色学科第一层次学科，2016年被辽宁省人民政府确定为省一流学科。

在“211”工程建设方面，在“九五”立项的重点学科建设项目是“国民经济学与城市发展”和“世界经济与金融”，“十五”立项的重点学科建设项目是“辽宁城市经济”，“211”工程三期立项的重点学科建设项目是“东北老工业基地全面振兴”和“金融可持续协调发展理论与政策”，基本上是围绕国家重点学科和省级重点学科而展开的。

经过多年的积淀与发展，辽宁大学应用经济学、理论经济学、统计学“三箭齐发”，国民经济学、世界经济、金融学国家重点学科“率先突破”，由“万人计划”领军人才、长江学者特聘教授领衔，中青年学术骨干梯次跟进，形成了一大批高水平的学术成果，培养出一批又一批优秀人才，多次获得国家级教学和科研奖励，在服务东北老工业基地全面振兴等方面做出了积极贡献。

编写这套《辽宁大学应用经济学系列丛书》主要有三个目的：

一是促进应用经济学一流学科全面发展。以往辽宁大学应用经济学主要依托国民经济学和金融学国家重点学科和省级重点学科进行建设，取得了重要进展。这个“特色发展”的总体思路无疑是正确的。进入“十三五”时期，根据“双一流”建设需要，本学科确定了“区域经济学、产业经济学与东北振兴”“世界经济、国际贸易学与东北亚合作”“国民经济学与地方政府创新”“金融学、财政学与区域发展”和“政治经济学与理论创新”等五个学科方向。其目标是到2020年，努力将本学科建设成为立足于东北经济社会发展、为东北振兴和东北亚区域合作做出应有贡献的一流学科。因此，本套丛书旨在为实现这一目标提供更大的平台支持。

二是加快培养中青年骨干教师茁壮成长。目前，本学科已形成包括长江学者特聘教授、国家高层次人才特殊支持计划领军人才、全国先进工作者、“万人计划”教学名师、“万人计划”哲学社会科学领军人才、国务院学位委员会学科评议组成员、全国专业学位研究生教育指导委员会委员、文化名家暨“四个一批”人才、国家“百千万”人才工程入选者、国家级教学名师、教育部新世纪优秀人才、教育部高等学校教学指导委员会副主任委员和委员、国家社会科学基金重大项目首席专家等在内的学科团队。本丛书设学术、青年学者、教材、智库四个子系列，重点出版中青年教师的学术著作，带动他们尽快脱颖而出，力争早日担纲学科建设。

三是在新时代东北全面振兴、全方位振兴中做出更大贡献。面对新形势、新任务、新考验，我们力争提供更多具有原创性的科研成果、具有较大影响的教学改革成果、具有更高决策咨询价值的智库成果。丛书的部分成果为中国智库索引来源智库“辽宁大学东北振兴研究中心”和“辽宁省东北地区面向东北亚区域开放协同创新中心”及省级重点新型智库研究成果，部分成果为国家社会科学基金项目、国家自然科学基金项目、教育部人文社会科学研究项目和其他省部级重点科研项目阶段研究成果，部分成果为财政部“十三五”规划教材，这些为东北振兴提供了有力的理论支撑和智力支持。

这套系列丛书的出版，得到了辽宁大学党委书记周浩波、校长潘一山和中国财经出版传媒集团副总经理吕萍的大力支持。在丛书出版之际，谨向所有关心支持辽宁大学应用经济学建设与发展的各界朋友，向辛勤付出的学科团队成员表示衷心感谢！

林木西

2019年7月

目　录

第二篇　政府监管热点前沿

引　言

一、相关词语释义

监管（regulation、regulatory）又称规制、管制、规管，在 1993 年之前的文献则主要使用“监督管理”一词。例如在 1993 年之前，期刊网可查的题目包含“监督管理”的文章总数为 537 篇，而题目包含上述其他四个词语的文章总数只有 296 篇。但就使用词语的时间早晚而言，则“管制”一词出现相对较早，知网显示最早的中文文章是 1948 年 4 月杨槱发表于《中国造船》上的《造船工程之生产计划与管制》一文。而最早具有政府监管含义的文章则是 1965 年 10 月宇天发表于《世界知识》上的《外汇管制与自由兑换》一文，之后到改革开放前每年平均约有 1 篇文章发表。直到 1975 年，才出现第一篇名称包括“监督管理”的文章；1979 年，才出现第一篇名称包括“监管”的文章；1989 年，才出现第一篇名称包括“规制”的文章；“规管”一词是到 1993 年才开始出现在文章题目中。著作方面，最早可查的中文著作是 1961 年由刘振翻译、中国生产力中心出版的《品质管制学入门》一书；较早的还有 1985 年李铸国著、法律出版社出版的《经济合同的监督与管理》一书，以及 1992 年由施蒂格勒著、潘振民翻译、上海三联书店出版的《产业组织和政府管制》一书。总体而言，在 1993 年之前，相关中文文献主要运用的是“监督管理”“管制”这两个词语，这与我国实行计划经济体制的具体国情有关，也是其在本领域文献方面的客观反映。

1994年开始，题目包含“监管”一词的文章由上一年的30篇猛增到395篇，超过其他四类词语的总和。究其原因，1993年11月，十四届三中全会通过了《中共中央关于建立社会主义市场经济体制若干问题的决定》，在建立现代企业制度方面提出：对国有资产实行国家统一所有、政府分级监管、企业自主经营的体制；有关部门对其分工监管的企业国有资产要负起监督职责，根据需要可派出监事会，对企业的国有资产保值增值实行监督。显然，“监管”文章的大量涌现与此密切相关。并且，这种状况也一直持续到今天，当然，这与“监管”一词更容易被大众理解与接受也有关系。也就是从这一年起，本领域相关论文数量呈现多年快速增长态势，由1993年的177篇增加到2012年峰值的5380篇。2013年开始，发文数量趋于平稳，在5000~5500篇内小幅波动。

“规制”一词首次出现在论文题目中时间较晚，1989年才出现两篇文章，但1993年之后发展迅速，目前每年论文总数已达到1800篇以上。一个特殊的情况是，尽管在全部期刊论文总数方面，题目为“规制”的论文目前只有“监管”论文数量约1/3，但是在CSSCI论文库中，2015年“规制”论文数量超越“监管”论文数量，达到每年500篇左右。这其中，1992年由朱绍文等译校、中国发展出版社出版的日本经济学家植草益著的《微观规制经济学》一书，无疑起到了巨大的推动作用。

相对而言，“规管”一词使用频率较低、范围较小，即使是峰值的2006年也只发表了5篇论文，全部文章只有40多篇。就发文数量趋势看，还有一个值得关注的特殊现象：与“规制”“监管”“监督管理”三个词语发文量总体上呈不断上升趋势不同，“管制”论文量在2008年达到峰值572篇之后，就一直呈现下降趋势。

综上所述，从论文数量趋势看，题目为“监管”的文章数量最多，尤其是在大众期刊、报纸或普通传媒中“监管”一词占据主导地位。而题目为“规制”的论文则逐渐成为学术研究的主流，在高端学术期刊中占据正统词汇地位。“监督管理”“管制”这两个词语的使用量与

“监管”“规制”相比，早已由1993年之前处于绝对主导地位，下降为目前只有后者总数的约1/8。显然，这与我国由传统计划经济体制向社会主义市场经济体制的转变大势是相一致的。而“规管”一词尽管学术味道浓厚，但由于含义范围相对狭窄、专业性太强，因而使用量十分有限。

另外，这里也有必要从词语搭配及语义角度对上述词语做进一步分析。“规制”一词来源于日语翻译，强调政府依法对微观经济主体进行干预，学术味较浓，在词语搭配方面最特别的是“法律规制”“环境规制”二词，基本成为固定搭配，较少出现如“法律监管”“环境监管”的词语。而“监管”一词则兼可用于大众传媒及学术研究，“上得厅堂，下得厨房”，能够雅俗共赏，词语搭配方面多有“金融监管”“银行监管”等。“监督管理”一词的学术味道最淡，含义常常与政府部门的日常工作相关，词语搭配方面多有“食品卫生监督管理”“生产安全监督管理”等，文章也多见于职能部门工作刊物、报纸等。“管制”一词早在计划经济时期就多有使用，一方面反映了政府在经济中的强制性权威及政府对市场作用的替代，另一方面也反映了新经济之前政府监管理论主要聚焦于网络型垄断产业，基于价格、进入、竞争等需要而对政府“管制”经济的特殊需求。显然，随着市场经济体制不断完善、经济全球化深入进行、新经济如火如荼发展，“简政放权、创新监管、优化服务”成为时代潮流，“管制”所内含的限制经济主体自由、代替市场作用的主要功能已经越来越与经济社会发展不相适应。并且从全球范围的发展趋势看，放松经济性管制、强化社会性监管也已成为世界潮流。由此也就不难理解上述词语的演变趋势了。

二、相关学科问题

政府监管理论研究主要涉及经济学、公共管理及法学三个学科。经济学方面，一般称为规制经济学或管制经济学，是产业经济学的一个重要分支。规制又可分为经济性规制与社会性规制，前者主要针对具有垄断性、信息不对称等经济特征的行业，重点探讨政府规制对于产品定价、企业进入与退出、产品质量、金融风险等方面的作用；而后者主要针对具有外部性、职业安全风险高、经济社会危害大等特征的行业，重点探讨政府以确保国民生命健康与工作安全、保护环境、防止灾害与公害、促进教育科学发展等为目的的规制作用。

规制经济学理论的演进，一般而言经历了实证理论的规范分析（也称规制的公共利益论）、规制的俘虏理论、规制的经济理论、激励性规制理论这四个阶段。其中，规制理论的前三个阶段一般被称为传统规制理论，而近年来最新发展起来的新规制经济学，主要是基于信息经济学方法、机制设计理论的应用。这是规制实践的丰富发展所推动，以及理论不断完善的必然结果。同时，放松经济性规制、加强社会性规制也成为发展趋势。在规制方法方面注重引入市场机制，积极发挥市场对于实现规制目标的积极作用。

公共管理学科视角的政府监管研究，主要涉及监管政策分析、监管组织、监管工具研究、监管治理、监管效果评估、非营利与第三部门参与监管共治、全球监管治理与国际合作等内容。其理论基础包括福柯治理术理论、“自创生”（autopoiesis）理论、回应性监管理论等。研究方法主要包括假设检验、案例研究、比较分析、行政和政策过程分析、内容分析、历史研究、演绎论证等。一般认为，西方国家政府监管经历了19世纪中期以前的“前现代监管”阶段；19世纪后期~20世纪70年代以专业化政府监管机构为中心的“政府监管”阶段；20世纪80年后逐渐形成的政府与其他社会组织协同共治的“监管治理”共三个阶段。① 近年来，随着社会的信息化、网络化、全球化、智能化发展及数字经济、共享经济、网络经济等新经济形式不断涌现，传统公共管理理论范式和实践模式都发生了新的变化。在政府监管方面，传统政府为中心的监管理论和模式已不适应时代发展，多中心治理思潮成为主流，全

① 杨炳霖．从“政府监管”到“监管治理”［J］．中国政法大学学报，2018（2）：90-104．

球治理也成为研究新的重要议题。

法学视角的政府监管研究，主要基于行政法学理论，重点探讨监管法律依据、监管机构、监管范围、监管运行、监管责任及评估、监管监督问责等问题。如前所述，“法律规制”已经成为一个固定搭配的词语，目前题目包含“法律规制”的期刊论文有7000多篇，CSSCI论文也达3000多篇。当前，包容性监管理念、协调性监管框架、穿透式监管方式，以及金融科技监管沙盒、共享经济、网络经济、人工智能、隐私信息监管创新等，都是法律规制研究的新领域。

三、相关研究进展

政府监管实践由来已久，我国西汉时期桑弘羊就倡导盐铁政府监管、推动盐铁国家垄断经营。英国在19世纪食品安全问题被揭露后，社会推动开展反掺假运动、政府制定食品安全法令强化食品安全监管。[①] 西方主要国家在20世纪30年代大危机之后，基于金融市场信息不完备和信息不对称理论，广泛实施金融业监管。美国针对大量出现的所谓“野猫银行”和金融机构投机盛行状况，出台《格拉斯—斯蒂格尔法》推动银行分业经营，制定了利率管制Q条例等众多监管条例。[②] 自然垄断产业监管方面，以1938年出台天然气法案为标志，美国联邦政府开始对跨州天然气管线和运价进行监管，1954～1978年对天然气井口价实行管制，1978～1985年逐渐放松井口价格管制，1985～1989年实行天然气商品和管道运输业务的分离政策，1989年最终取消天然气井口价格管制，最近几年开始探索和构建顾客选择计划。[③] 由此可见，政府监管历史悠久，而垄断行业的监管则经历了一个由加强监管到

---

① 魏秀春．英国学术界关于英国食品安全监管研究的历史概览［J］．世界历史，2011（2）：110－119.

② 陈艳．国外金融监管历史及现状对我国的几点启示［J］．商业研究，2001（8）：127.

③ 牛琦彬．美国政府对天然气市场监管的历史演变及启示［J］．中国石油大学学报（社会科学版），2017（2）：1－5.

放松监管的演变过程。具体而言，在20世纪70年代肇始于英国的国有垄断企业民营化浪潮，导致实践方面产生对政府监管的客观需求，出现所谓“监管国”的结果。但其后随着垄断行业技术经济属性发生变化、监管失灵及新自由主义思想影响，放松经济性监管逐渐成为趋势。但与此同时，社会性监管需求不断增加，特别是近年来随着互联网经济、共享经济、人工智能、区块链及大数据技术的发展以及竞争中性等国际规则需求等，对政府监管提出了新的挑战。

理论研究与实践进展往往是如影随形的，“历史从哪里开始、逻辑就从哪里开始”。但就政府监管理论而言，正如伯格等人所言，主要不是监管理论指导了监管实践的推进，而是监管实践的推进推动了监管理论研究的深入开展。[①] 以网络型产业监管改革为例，监管实践促进了以下研究：（1）产权、竞争、监管、公司治理与产业效率；（2）行业可竞争性与有效监管问题；（3）从命令控制型监管向激励型监管转变问题；（4）市场准入问题，即以消除准入壁垒为基础，采用价格上限并制定高效且竞争中性的费率以进入现有厂商的固定网络；（5）产业组织与结构性问题，如对以前的垂直或水平一体化垄断进行分拆；（6）确保普遍服务等重要的非经济目标，能以更强竞争性取得社会成本最小化的可持续发展；（7）如何合理设置监管机构和监管机制优化问题；[②]（8）金融监管；（9）各具体行业的监管；（10）监管影响与效果评价；（11）监管工具；（12）监管法律问题，等等。

社会性监管方面，文献统计显示，研究最多的当属环境规制和食品安全监管。环境规制涉及选题主要包括：创新及转型升级、国际竞争力及贸易比较优势、全要素生产率及经济发展、区际产业转移及污染避难所、外商直接投资，等等。食品安全监管涉及选题主要包括：供应链及物联网，公众参与、行业自律、第三方平台与社会共治，监管组织、体

---

① Berg, S. V. and Tschirhart, J. Natural Monopoly Regulation. Cambridge University Press, 1998.

② 施本植，张荐华，蔡春林．国外经济规制改革的实践及经验［M］．上海：上海财经大学出版社，2006：2.

系及体制创新，信息信号与信任，转基因食品，风险评估与法律，国际经验比较与借鉴，等等。此外，其他主要社会性监管研究还包括危险化学品及药品生产及质量安全，职业安全与健康规制，医疗与公共卫生，煤矿等生产安全，个人信用及隐私等内容。

监管研究的最新进展，是近年来新经济发展的直接结果。互联网经济、共享经济、金融创新、人工智能、物联网及大数据技术发展等现实，给监管创新带来前所未有的机遇与挑战，也为监管研究提供了最为丰富的案例素材与最真实迫切的问题导向，是相关研究大有作为的前沿阵地。尤其是我国正处于结构转换、体制转型和进一步开放发展的关键节点时期，理论研究作为回应现实迫切需要的直接成果，必须面对重大现实问题，在深入研究基础上做出回答。这对于推动我国监管创新，实现经济社会高质量发展，无疑具有极其重要的作用。

本书所做研究的数据来源为中国学术期刊网络出版总库。

第一篇

政府监管研究进展

第一章

国内政府监管研究的学术史考察

“史论结合、论从史出”是经济管理学科研究的重要方法。通过对政府监管研究的学术史进行考察，有助于梳理相关理论研究历史脉络，体会实践发展与理论研究的互动关系，理解研究演进、重点变化的深层背景，把握未来研究发展的趋势方向、主要领域。

第一节 国内政府监管研究总体情况与阶段变化

一、总体情况

本节文献数据来源于中国学术期刊网络出版总库（CNKI），时间跨度为 1949 ~ 2018 年[①]，来源类别选择全部期刊，文献分类目录选择经济与管理科学。由于“规制”一词的英文 regulation 在学术界也被译为“管制”“监管”等相似词汇，因此，本书选取篇名中含有“规制”“管制”“监管”“规管”“监督管理”的论文作为政府监管领域的文章，即本书

① 1949 年以前，符合条件的国内政府监管领域论文并没有出现，因此检索时间始于 1949 年 1 月 1 日。

的研究对象。

（一）发文数量

1949 年 1 月 1 日 ~2018 年 12 月 31 日，国内政府监管领域内论文共 84669 篇，发文数量总体呈上升趋势（见图 1 －1）。政府监管论文最早出现在 1965 年，宇天在《外汇管制与自由兑换》中阐述外汇管制与自由兑换的定义与内容。由于 1979 年以前，政府监管论文数量极少，因此图 1 －1 起始年份设置为 1979 年。1979 ~1992 年，发文数量缓慢增加，每年发文量由个位数增长为两位数，但发文量仅占发文总量的不到 1%。1993 年后，发文数量快速增加，在 2012 年达到峰值 5380 篇。2013 年开始，发文数量趋于平缓，在 5000 ~5500 篇内小幅波动。具体来看，“规管”论文数量最少，仅有 37 篇，占比 0. 04%，“监管”论文数量最多，占比 78. 60%（见图 1 －2）。1992 年以前，政府监管以“管制”和“监督管理”论文为主，随着市场经济体制的建立和不断完善，“监管”和“规制”论文后来者居上，成为政府监管论文“主力军”。

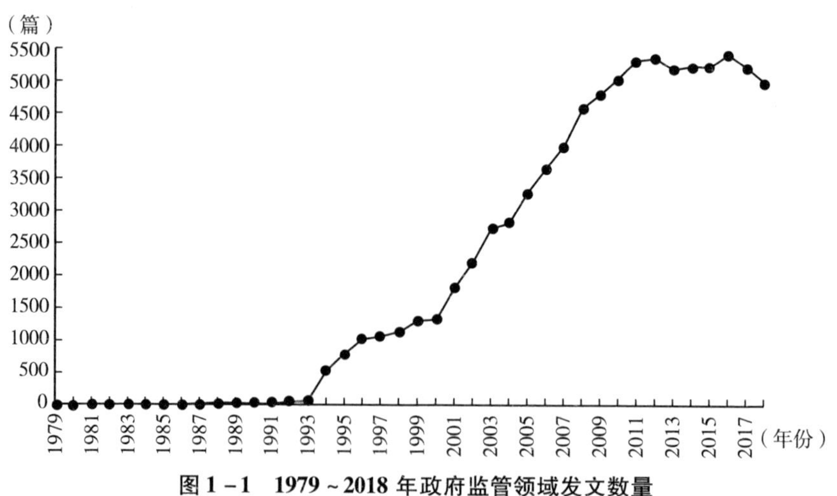

图 1 －1　1979 ~2018 年政府监管领域发文数量

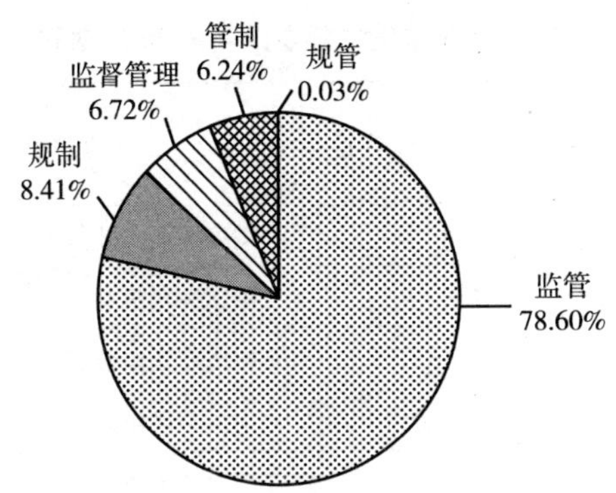

图 1-2　五类政府监管论文比重

资料来源：根据中国学术期刊网络出版总库统计计算所得。

（二）发文期刊

按照来源类别划分，政府监管 84669 篇论文中，核心期刊 15141 篇，中文社会科学引文索引（CSSCI）5638 篇，工程索引（EI）55 篇，其余论文来源于普通刊物。现选取发文量排名前 20 的期刊进行分析（见表 1-1）。

在排名前 20 的期刊中，根据期刊主题分析，涉及经济性监管的有 17 本刊物，其中金融监管方面有《中国金融》等 9 本刊物，所占比例达到 50%；涉及社会性监管的有《中国食品药品监管》《首都食品与医药》《中国质量技术监督》3 本主要刊物。根据期刊类别分析，核心期刊有《中国金融》《金融发展研究》《上海金融》《武汉金融》《南方金融》5 本刊物，其中《上海金融》为 CSSCI 来源刊物。根据期刊发文量分析，排名前 20 的期刊总共发文量为 13618 篇，其中 5 本核心期刊发文量为 2621 篇，占比 19.25%。发文量达到 1000 以上的有 3 本期刊，包括《工商行政管理》《中国食品药品监管》《中国市场监管研究》，这三本刊物发文量总和为 4518 篇，占比 33.18%。

表 1－1　　1949～2018 年发文数量排名前 20 的期刊

序号	期刊名称	期刊类别	主办单位	发文数量（篇）
1	工商行政管理	普刊	国家工商行政管理总局	1952
2	中国食品药品监管	普刊	中国医药报社	1401
3	中国市场监管研究	普刊	中国市场监督管理学会	1165
4	中国金融	核心期刊	中国金融出版社	958
5	财政监管	普刊	湖北省中央企业会计学会	916
6	中国价格监管与反垄断	普刊	中国价格协会	810
7	时代金融	普刊	中国《时代金融》杂志社	784
8	首都食品与医药	普刊	《首都医药》杂志社	584
9	中国外汇	普刊	中国外汇管理杂志社	489
10	金融发展研究	核心期刊	山东省金融学会	472
11	现代商业	普刊	中华全国商业信息中心	447
11	现代经济信息	普刊	黑龙江企业管理协会	447
13	中国农村金融	普刊	中国银行业监督管理委员会	443
14	中国质量技术监督	普刊	中国市场监督管理学会	411
15	上海金融	核心期刊、CSSCI	上海市金融学会	405
16	武汉金融	核心期刊	《武汉金融》杂志社	394
17	商场现代化	普刊	中商科学技术信息研究所	392
17	南方金融	核心期刊	中国人民银行广州分行	392
19	西部金融	普刊	中国人民银行西安分行	382
20	黑龙江金融	普刊	中国人民银行哈尔滨中心支行	374

为进一步有效了解学者研究动态，我们将“来源类别”选为“核心期刊”和“CSSCI”再次进行检索。根据检索结果，将发文量排名前20 的期刊列举如表 1－2 所示。由数据统计结果可知，排名前 20 的核心和 C 刊总发文量为 5767 篇，其中排名前 5 的期刊总发文量达 2496 篇，占比都将近 1/2，可见在该研究领域中《中国金融》《上海金融》《武汉

金融》《南方金融》《金融理论与实践》五大经济管理类期刊影响力较大。并且，排名前20的期刊中包含《中国金融》《浙江金融》《证券市场导报》《财会月刊》四大“社科双效期刊”以及《中国财政》“社科双百期刊”。根据出版地分析，期刊主要集中在北京市、广东省、湖北省等高等学府较多或国内经济发达地区。

表1－2　1992～2018年发文数量排名前20的核心、CSSCI刊物

序号	期刊名称	主办单位	发文数量（篇）
1	中国金融	中国金融出版社	958
2	上海金融	上海市金融学会	405
3	武汉金融	中国金融学会	394
4	南方金融	中国人民银行广州分行	392
5	金融理论与实践	河南省金融学会	347
6	价格理论与实践	中国价格协会	333
7	财政监督	湖北省中央企业会计学会	278
8	商业经济研究	中国商业经济学会	271
9	金融与经济	江西省金融学会	266
10	浙江金融	浙江金融学会	248
11	银行家	山西省经贸委	237
12	财会通讯	湖北省会计学会	217
13	国际金融研究	中国国际金融学会	198
14	特区经济	深圳市经理进修学院	189
15	金融发展研究	山东省金融学会	181
16	证券市场导报	深圳证券交易所	179
17	金融研究	中国金融学会	178
18	中国财政	中国财政杂志社	171
19	财会月刊	武汉市财政局	165
20	商业研究	哈尔滨商业大学	160

注：上述所列期刊中《上海金融》《国际金融研究》《证券市场导报》为CSSCI期刊。

（三）发文机构

按照发文机构类别统计可知，1949～2018 年发文量排名前 20 的机构中高校 18 个，即“双一流”高校 15 个（10 个一流大学、5 个一流学科高校）和非双一流高校 3 个，包括 2 个财经类高校（东北财经大学、江西财经大学）和 1 个政法类高校（华东政法大学）；政府机构 2 个，即中国银行业监督管理委员会和中国财政部。根据发文机构所处地域对典型地区分析可知，华北地区 7 个，其中北京占有 6 个；华东地区 7 个（厦门大学、上海财经大学、复旦大学、江西财经大学、华东政法大学、山东大学、南京大学）；东北地区仅 1 个（东北财经大学）；西南地区 2 个（西南财经大学、四川大学）；华中地区 2 个（中南财经政法大学、武汉大学）；西北地区 1 个（西安交通大学）（见表 1－3）。

表 1－3　　1949～2018 年发文数量排名前 20 的机构

序号	机构名称	类别	地域	发文数量（篇）
1	中国人民大学	一流大学 A 类	北京	874
2	中央财经大学	一流学科	北京	683
3	西南财经大学	一流学科	四川	623
4	北京大学	一流大学 A 类	北京	613
5	中南财经政法大学	一流学科	湖北	598
6	武汉大学	一流大学 A 类	湖北	593
7	东北财经大学	财经类	辽宁	530
8	厦门大学	一流大学 A 类	福建	514
9	中国银行业监督管理委员会	政府机构	北京	495
10	南开大学	一流大学 A 类	天津	453
11	上海财经大学	财经类、一流学科	上海	445
12	复旦大学	一流大学 A 类	上海	444
13	西安交通大学	一流大学 A 类	陕西	434
14	江西财经大学	财经类	江西	378

续表

序号	机构名称	类别	地域	发文数量（篇）
15	对外经济贸易大学	财经类、一流学科	北京	345
16	华东政法大学	政法类	上海	342
17	山东大学	一流大学 A 类	山东	339
18	财政部	政府机构	北京	333
19	四川大学	一流大学 A 类	四川	297
20	南京大学	一流大学 A 类	江苏	295

注：为使研究更加全面，将发文量排名在 21～30 的机构依次列举如下：吉林大学、首都经济贸易大学、暨南大学、湖南大学、浙江大学、辽宁大学、安徽财经大学、清华大学、中山大学、浙江财经大学。

针对发文类别为高校的机构具体分析可发现，部分高校设置了政府监管专业相关领域较高水平的学术研究院所或研究基地，如东北财经大学产业组织与企业组织研究中心、江西财经大学产业经济研究院、山东大学山东省反垄断与规制经济学研究基地，以及发文排名在 21～30 的首都经济贸易大学中国产业经济研究院、浙江财经大学中国政府管制研究院等。其中东北财经大学产业组织与企业研究中心下设“产业组织研究室”“规制经济研究室”“反垄断研究室”等，是教育部人文社科重点研究基地；江西财经大学产业经济研究院具有“规制与竞争研究中心”和“产业结构与产业发展研究中心”，为江西省高校人文社会科学建设重点研究基地；浙江财经大学中国政府管制研究院具有“城市公用事业政府监管协同创新中心”“政府管制与公共政策研究中心”“公用事业管制政策研究所”“中意食品监管研究中心”“管制理论与政策研究”创新团队等，是规制经济学科重要的专门化研究基地。

由此可以得出，政府监管领域研究成果主要集中在双一流高校和部分特色财经类高校，其研究相对系统化、专业化，突出强调政产学研用的有机结合，进一步推进了政府规制理论与政策的研究，为完善社会主义市场经济体制提供支持。

（四）发文作者

根据检索结果分析，1949～2018 年发文量排名前 20 的作者其主要研究方向既涉及经济性规制，也涵盖社会性规制，但总体来看研究经济性规制尤其是金融监管的作者占比较大，研究社会性规制的作者占比相对较小，如表 1－4 所示。金融监管领域发文量排名前三的作者依次为巴曙松、王兆星、张鹏，其中巴曙松也在所有作者中以 131 篇的发文量排名第一，处于遥遥领先的位置；自然垄断产业方面主要的研究学者有王俊豪、肖兴志、周小梅等；社会性规制方面有王志刚、胡颖廉、邵蓉、周小梅等。同时，为使研究更加全面，又将“来源类别”选择“核心期刊”和“CSSCI”，其余条件不变，进一步检索。根据数据结果，并将排名前 20 的作者列举如表 1－5 所示。

表 1－4　　1949～2018 年发文数量排名前 20 的作者

序号	作者	主要研究方向	工作单位	发文数量（篇）
1	巴曙松	金融监管	国务院发展研究中心金融研究所	131
2	王兆星	金融监管	中国银监会	62
3	张鹏	金融监管	中央财经大学	56
4	何霞	电信监管	信息产业部电信科学技术研究院	51
5	王俊豪	自然垄断产业管制	浙江财经大学	50
6	张强	金融监管	湖南大学	47
7	伍浩松	核监管	中国核科技信息与经济研究院	45
8	李东卫	金融监管	中国银监会山西省阳泉市监管分局	43
8	王胜邦	金融监管	中国银监会	43
8	肖兴志	自然垄断产业规制	东北财经大学	43

续表

序号	作者	主要研究方向	工作单位	发文数量（篇）
11	李长健	农业经济	华中农业大学	37
11	李成	金融监管	西安交通大学	37
13	王志刚	食品安全监管、金融监管	中国财政科学研究院	33
14	郝旭光	证券监管	对外经济贸易大学	32
15	童文俊	金融监管	中国人民银行上海总部	31
15	胡颖廉	食品药品监管	国家行政学院	31
17	周小梅	自然垄断产业监管、食品药品监管	浙江工商大学	31
18	邵蓉	药品监管	中国药科大学	30
19	张红凤	食品安全监管	山东财经大学	27
20	尹振涛	金融监管	中国社会科学院金融研究所	26
20	赵全新	价格监管	杭州市物价局	26
20	陆岷峰	金融监管	南京财经大学	26

注：为使研究更加全面，将发文量排名在21~30的作者依次列举如下：叶文辉24、于良春24、任玉珑24、蒋海23、张茅23、王冀宁22、尹继志22、陈富良22、阮静20、范合君19、吕廷杰19。

表1-5　1992~2018年核心和C刊发文数量排名前20的作者

序号	作者	主要研究方向	工作单位	发文数量（篇）
1	巴曙松	金融监管	国务院发展研究中心金融研究所	62
2	王兆星	金融监管	中国银监会	49
3	王俊豪	自然垄断产业监管	浙江财经大学	45
4	肖兴志	自然垄断产业监管	东北财经大学	38
5	王胜邦	金融监管	中国银监会	29
5	周小梅	自然垄断产业监管、食品药品监管	浙江工商大学	29

续表

序号	作者	主要研究方向	工作单位	发文数量（篇）
7	郝旭光	证券监管	对外经济贸易大学	28
8	李成	金融监管	西安交通大学	25
9	任玉珑	电力监管、环境监管	重庆大学	22
9	于良春	自然垄断产业监管	山东大学	22
9	张强	金融监管	湖南大学	22
12	王冀宁	食品安全监管	南京工业大学	21
13	蒋海	金融监管	暨南大学	20
13	张红凤	食品安全监管	山东财经大学	20
15	陈富良	自然垄断产业监管	江西财经大学	18
16	范合君	自然垄断产业监管	首都经济贸易大学	17
17	胡颖廉	食品药品监管	国家行政学院	16
17	沈庆劼	金融监管	北京交通大学	16
17	尹继志	金融监管	河北金融学院	16
20	刘新梅	基础设施产业政府管制	西安交通大学	15

具体而言，在金融监管领域，巴曙松、王兆星、张鹏等学者的学术成果、代表性论文等从各个层面推动了我国金融监管的改革和完善，为金融体系的良好运作提供了强有力的理论保障。作为中国银行业协会首席经济学家的巴曙松，其研究领域主要为金融、投资、宏观经济管理与可持续发展，相关论文主要涉及利率市场化、金融改革、风险管理、次贷危机、外汇储备、资产证券化等，巴曙松曾被评为 2006 ~ 2015 年中文文献经济学领域被引用频次最高的中国学者。根据检索结果，其被引次数排名前三的论文分别为《加强对影子银行系统的监管》《第三方支付国际监管研究》《从微观审慎到宏观审慎：危机下的银行监管启示》。巴曙松早在 2009 年就提出了加强影子银行系统的监管，认为金融危机

后对影子银行系统的信息披露和适度的资本要求将是金融监管改进的重要内容，建立健全监管体系势在必行①。随后发表的《从微观审慎到宏观审慎：危机下的银行监管启示》被引达302次，提出对于危机下的银行监管而言，不仅要注重微观层面资本充足率等风险，还需关注宏观层面银行业面临的系统风险。更加明确指出宏观审慎监管的发展道路，在注重特定经济形势以及制度、系统适用性等前提下，以更广阔的视角与微观监管并肩作战，使银行业更好地为经济发展服务②。金融危机后巴曙松的一系列学术论文从不同层面指出国内改革和完善金融监管体系的着力点，提出金融危机下全球金融监管走向。王兆星主要关注领域为金融、投资经济体制改革，研究涉及银行服务、金融信息共享、金融风险识别、金融信息整合、金融安全稳定、金融创新、流动性风险等。其具有代表性的两大系列学术成果为国际金融监管改革和银行监管改革。

自然垄断产业方面，王俊豪、肖兴志等学者在该领域的学术影响力较大。早在1998年王俊豪在《经济研究》上发表了《论自然垄断产业的有效竞争》，是其被引用量最高的论文，被引次数达到300次，为我国自然垄断产业规制的研究奠定了基础，在整个政府监管领域具有里程碑式的意义。而后又有《中国自然垄断产业政府管制体制改革》《自然垄断产业市场结构重组的目标、模式与政策实践》《中国垄断性产业管制机构的改革——以中国电信产业管制机构为例》等影响深远的学术成果相继发表，一定程度上填补了我国该领域的研究空白。肖兴志主要研究方向为自然垄断、规制改革、产业政策等，其中在自然垄断领域，被引用量最高的一文为《中国自然垄断产业规制改革模式研究》，该文在其前期研究成果的基础上，结合了中国自然垄断产业规制体制特征和规制改革规律，进一步推导出我国自然垄断产业规制改革的基本模式③。

---

① 巴曙松．加强对影子银行系统的监管［J］．中国金融，2009（14）：24－25.

② 巴曙松，王璟怡，杜婧．从微观审慎到宏观审慎：危机下的银行监管启示［J］．国际金融研究，2010（5）：83－89.

③ 肖兴志．中国自然垄断产业规制改革模式研究［J］．中国工业经济，2002（4）：20－25.

学者们对自然垄断产业规制体制、改革模式、规制效果等方面进行了深入剖析，将放松规制与强化规制有机结合，使我国自然垄断产业高效运行。

药品监管方面，邵蓉发表的《我国药品市场信用缺失分析及监管法律完善策略》《中美药品监管队伍建设情况的比较分析》《中外药品广告监管之比较与借鉴》《国外药品安全政府管制经验浅析》等论文成果，基于我国药品市场的现状，结合对中外药品监管的对比研究，提出完善监管的相关策略。食品监管方面，胡颖廉《食品安全监管的框架分析与细节观察》、周小梅《开放经济下的中国食品安全管制：理论与管制政策体系》、程启智《食品安全卫生社会性规制变迁的特征分析》、张红凤《我国食品安全问题的政府规制困境与治理模式重构》、刘鹏《中国食品安全监管——基于体制变迁与绩效评估的实证研究》等以不同的科研视角对食品监管进行研究，针对性强、成果突出、学术影响较深。环境监管方面，肖兴志《环境规制对产业升级路径的动态影响研究》、于良春《环境规制目标与管制手段分析》等具有代表性的论文对环境监管模式深入探究，提出将“命令控制型”“经济激励型”“自愿型”有效结合，进一步完善了我国环境规制的制度框架，降低监管成本，提高监管效率。

（五）关键词

为突出政府监管研究的重点领域，除去“监管”“规制”“对策”等无意义关键词，得到图1－3。“金融监管”居于首位，且论文数量远高于其他关键词，“食品安全”与“环境规制”紧随其后。从内容上来看，排名前十五的关键词主要为金融、食品与环境三大领域。从类别上来看，关键词不仅体现了研究领域，也体现了研究重点，即“监管体系”“监管模式”等。一直以来，探索符合经济社会发展的监管体系或模式，是政府监管各领域永恒的课题。

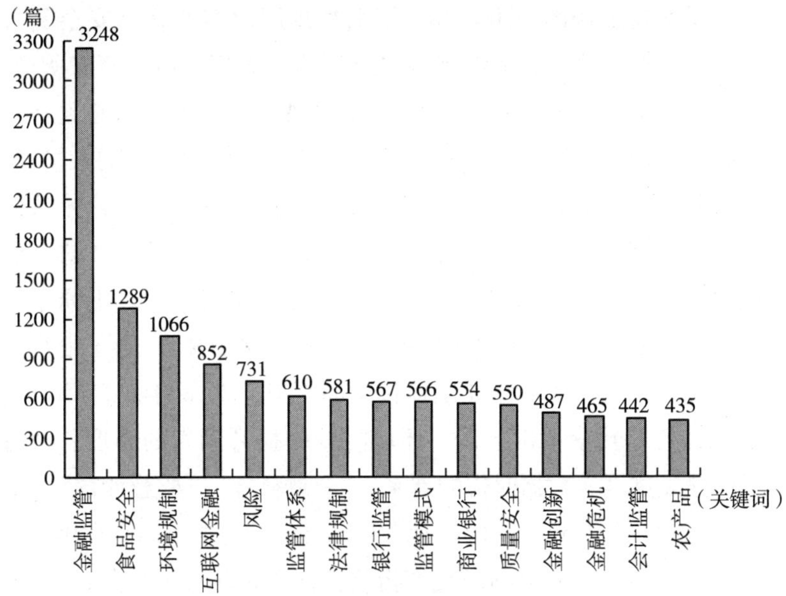

图 1－3 1949～2018 年政府监管论文排名前十五的关键词

二、阶段变化

（一）1949～1992 年

1949～1978 年，政府监管领域论文共两篇，分别为《外汇管制与自由兑换》《当前美国的进口贸易管制措施》。1979～1992 年，论文数量开始增加，研究内容多为对美国、日本等其他国家某一具体领域的管制，如《新加坡对外资的利用和管制》《日本放宽外汇管制》《美国的出口管制制度》等。此段时期，由于论文数量较少且写作规范问题，关键词没有显现。

（二）1993～2018 年

1993～2001 年，论文数量快速增加，但排名前十五的关键词均为经济性规制内容。2002～2012 年，论文数量急剧增加，是我国政府监管论文数量增速最快的一个时期。社会性规制内容“食品安全”开始出现，且排名第二位。经济性规制关键词依旧出现，但内容有所变化。前一时期，关键词“放松管制”“金融自由化”等体现了放松经济性规制的重要性；2002～2012 年，有关监管模式、体系等关键词大量增加，“金融危机”排名靠前，体现了我国对放松监管及现有监管体系的反思。同时，关键词“博弈”也体现了博弈模型这一分析工具被广泛应用于政府监管。2013～2017 年，论文数量处于平稳阶段。不同于前几个时期，“金融创新”有了实质性进展，“互联网金融”“影子银行”等新兴词汇开始出现，社会性规制地位不断提升。2018 年，“环境规制”与“金融监管”数量不相上下，环境问题被提升到新的高度。随着互联网的快速发展、大数据时代的到来，“金融科技”“监管沙盒”“监管科技”成为讨论的热点。同时，社会生活方式的急剧变革也催生了学者们对“共享经济”一系列新时代产物监管方式的研究（见表 1－6）。

表 1－6　　　1993～2018 年阶段性排名前 15 的关键词

1993～2001 年	2002～2012 年	2013～2017 年	2018 年
金融监管（194）	金融监管（1865）	金融监管（972）	金融监管（217）
金融风险（39）	食品安全（588）	互联网金融（702）	环境规制（211）
中央银行（26）	银行监管（459）	环境规制（621）	互联网金融（150）
证券市场（23）	金融危机（349）	食品安全（611）	食品安全（88）
监管体系（22）	监管模式（339）	风险（388）	风险（83）
WTO（19）	法律规制（326）	质量安全（375）	质量安全（77）
自然垄断（18）	会计监管（324）	农产品（300）	金融科技（65）
混业经营（17）	监管体系（307）	影子银行（240）	农产品（59）
保险监管（16）	自然垄断（268）	监管体系（240）	商业银行（52）
金融创新（16）	金融创新（264）	商业银行（231）	金融风险（49）
外资银行（16）	商业银行（262）	法律规制（212）	共享经济（44）
放松管制（16）	监管体制（251）	监管模式（195）	监管体系（41）
金融自由化（15）	博弈（247）	金融创新（168）	互联网（40）

续表

1993～2001年	2002～2012年	2013～2017年	2018年
风险（15）	证券市场（245）	安全监管（163）	金融创新（39）
银行监管（15）	风险（245）	金融风险（149）	安全监管（39）

注：为突出研究前沿，将2018年关键词排名拓展到前20，依次列举如下，监管沙盒（38）、法律规制（37）、监管科技（36）、区块链（35）、财务监管（33）。括号内数字为具有该关键词的论文数量。

第二节 国内政府监管实践背景

政府监管研究出现上述特点及阶段性变化，与我国经济社会发展背景的变化不无关系。本节把中华人民共和国成立以来至今的时间划分为五个阶段，结合我国经济改革历程与政府机构改革历程，分析政府监管的研究背景，即政府监管演进的原因。

一、1949～1978年

1949年10月1日中华人民共和国成立，党和政府开始对旧中国半殖民地半封建的经济制度进行根本性地改造，决心创建一个社会主义新中国的经济体制。经历国民经济恢复期及第一个五年计划，直到1956年底，三大改造基本完成标志我国确立社会主义制度，开始进入社会主义初级阶段。1957～1965年，是全面建设社会主义的时期。虽然出现“大跃进”与“人民公社化”运动，经济决策出现严重失误，但在1960年，《关于1961年国民经济计划控制数字的报告》提出“调整、巩固、充实、提高”的方针，纠正“左倾”错误。而1966年开始，我国进入了持续十年的“文化大革命”时期，经济遭到严重破坏。

随着经济形势的变化，政府机构不断改革，但当时没有使用机构改革的概念，一般称作精简调整①。在此阶段，政府机构精简与调整十分频繁，且调整时期持续数年，反复不断。1952 年，第一次大规模调整开始进行，此次调整以加强中央集权为中心。政务院（国务院前身）工作部门由 1949 年的 35 个增加到 1953 年的 42 个。1954 年 9 月，第一届全国人大颁布《中华人民共和国宪法》《中华人民共和国国务院组织法》，标志我国新的国家机构与政府管理体制基本建立。此后，中央和地方各级机关进行了较大规模的精简，然而随着第一个五年计划的提前完成，政府对各项事务的管理权限不断向中央集中，1956 年底国务院工作部门达到 81 个，形成了中华人民共和国成立以来政府机构数量的第一次高峰。1956 年 10 月《关于改进国家行政体制的决议（草案）》的提出，标志着以扩大地方自主权为主要内容的第二次精简调整开启。1959 年底，国务院工作部门由 81 个减少为 60 个。1960 年，面对国民经济困难，中央重新调整经济政策，开始收回下放给地方的一些权力，重新强调集中统一，进行第三次政府机构精简调整。上收下放企业和管理权限、精简中央国家机关和事业单位、精简企业职工并减少城镇人口、试办“托拉斯”探索工商管理体制改革，但这些尝试与探索都被突如其来的“文化大革命”所打断。“文化大革命”期间，政府机构也遭到了严重的冲击，1970 年国务院工作部门被裁并为 32 个，实际上国务院只管理 19 个部门，是中华人民共和国成立以来中央政府机构数量的最低点。随着经济整顿的陆续进行，工作部门在 1975 年底达到 52 个。

政府机构的调整与当时的经济、政治形势密不可分，职能上强化政治统治，即使在经济职能上，也强调指令性计划。政府机构虽然不断变化，但只是数量上的增加减少、权力的上下移动，而其管理职能与管理方式没有进行根本性变革，因此机构改革效果不显著。20 世纪 70 年代，规制经济学这一新兴学科基本形成②，从新中国成立到十一届三中

① 夏海. 政府的自我革命——中国政府机构改革研究［M］. 北京：中国法制出版社，2004：14.

② 王俊豪，王玲. 国内管制经济学的发展、理论前沿与热点问题［J］. 财经论丛，2010（6）：1－9.

全会改革开放前，这一学科还没有被引入我国，加之我国实行计划经济体制，以计划作为资源配置的主要方式，“规制”在我国鲜有出现，相关论文在近三十年间，仅有两篇。

二、1979～1992年

1978年12月党的十一届三中全会召开，开启了改革开放历史新时期，停止“以阶级斗争为纲”，把全党的工作重心转移到社会主义现代化建设上来。1979～1992年，我国处于计划经济体制向市场经济体制转变的过渡阶段。具体来看，1982年党的十二大首次提出“建设有中国特色的社会主义”，它既是党的十二大的指导思想，也是整个新的历史时期改革开放和现代化建设的指导思想。会议还提出“计划经济为主，市场调节为辅”的原则。1984年党的十二届三中全会召开，通过了《中共中央关于经济体制改革的决定》，突破把计划经济同商品经济对立起来的传统观念，确认我国经济是“公有制基础上的有计划的商品经济”。1987年党的十三大把社会主义有计划的商品经济新体制界定为计划和市场内在统一的体制，并提出了“国家调节市场，市场引导企业”的经济运行模式，表明我国不再把市场调节置于次要地位。1988年党的十三届三中全会提出近两年的改革建设重点应放到治理经济环境和整顿经济秩序上来。在此阶段，我国的经济体制中“计划”逐渐弱化，“市场”不断增强。

1979～1992年，我国经历了两次大规模的政府机构改革。第一次改革发生于1982年，主要内容为改革领导体制、裁并工作部门、精干领导班子与紧缩编制。改革的目的为精兵简政与干部队伍年轻化，国务院工作部门由100个减少为61个。此次改革是在经济体制改革开始起步但尚未全面展开、政治体制改革还未开始的情况下进行的，因此对政府职能与政企关系的认识与实践有较大局限性。1988年，国务院进行第二次机构改革，工作部门减少至65个①。此次改革首次提出了“转

---

① 宋世明，王君凯．我国政府机构改革历程与取向观察［J］．改革，2018（4）：39－46.

变政府职能”，改革的重点是与经济体制改革关系十分密切的经济管理部门，其重心要从直接管理转为间接管理，加强宏观管理职责，弱化微观管理职责。这次改革是在经济体制与政治体制改革不断深化的背景下进行的，遵循转变职能与政企分开的原则。然而，改革是以“有计划的商品经济”为指导思想，虽对高度集中的计划经济管理体制有所触动，但政府职能未发生根本性变化。

规制经济学在这一阶段的后期开始传入我国，随着我国经济体制逐步由计划转向市场，“转变政府职能”思想的提出，规制经济学在我国开始酝酿。论文数量缓步提升，研究内容包括金融管制、产品质量监督管理、食品管制、药品管制等各个方面，研究范围多为美国、英国等发达国家。在此阶段，论文总体数量较少，研究重点不突出，处于规制经济学的酝酿阶段。

三、1993～2001 年

1992 年 10 月党的十四大的召开，第一次明确提出了建立社会主义市场经济体制的目标，我国开始进入社会主义市场经济时代。1993 年 3 月，《宪法》第 15 条修改为“国家实行社会主义市场经济”，社会主义市场经济首次被写进中国宪法。同年 11 月，党的十四届三中全会召开，会议审议通过的《中共中央关于建立社会主义市场经济体制若干问题的决定》将党的十四大提出的相关目标原则具体化、系统化，勾画了社会主义市场经济体制的基本框架，把经济运行机制从计划体制转到市场体制，进一步推进了社会主义市场经济的理论与实践。1997 年党的十五大对公有制与私营经济的看法有重大突破，公有制不再仅代表国有经济与集体经济，其实现形式应当多样化，同时非公有制经济是我国社会主义市场经济的重要组成部分，提出“公有制为主体、多种所有制经济共同发展”，非公有制经济地位的提升有利于充分发挥市场机制作用。1998 年党的十五届三中全会召开，会议重点是为建设社会主义新农村制定行动纲领，认为面对亚洲金融危机及各项艰巨的改革任务，需打牢农业基础，以增加应对国际金融危机的能力，为国企改革等创造良好环境。

1993 年的政府机构改革是在党的十四大提出“建立社会主义市场经济体制”背景下进行的，此次改革重点是转变政府职能，根本途径为政企分开，加强宏观调控与监督，做到宏观管好，微观放开。撤销能源部、轻工业部、纺织部等 7 个部，新组建 6 个部委，更名 1 个部，保留 34 个部委，加上直属机构、办事机构，改革后国务院共设 59 个工作部门。随着社会主义市场经济体制的建立和发展，市场在资源配置中的作用显著增强，而原有的政府机构弊端凸显，机构改革迫在眉睫。1998 年进行的政府机构改革是改革开放以来力度最大、精简机构人员较多、各方面认同度较高的一次改革。与 1993 年机构改革不同，此次改革目的与目标高度协调。计划时代的产物——工业专业经济部门在此次改革中几乎全部撤销，政企不分的局面有了很大程度的扭转，政府职能转变有了重大突破。具体来看，国务院证券委员会被并入中国证券监督管理委员会（简称中国证监会），统一负责证券业监管。同年，中国保险监督管理委员会（简称中国保监会）成立，负责对保险业统一监管。同时，国家环境保护局升级为正部级的国家环境保护总局。在食品安全（卫生）方面，新成立国家质量技术监督局，负责原卫生部审批和发布食品卫生国家标准等工作。

随着我国社会主义市场经济体制的建立及不断完善，政府职能开始转变，政企分开取得突破性进展，政府监管在我国进入起步阶段。论文数量快速增加，研究热点开始显现。“中央银行”“证券市场”“保险监管”等热点与证监会的变动、保监会的成立等不无关系。我国刚刚进入社会主义市场经济时代，政府在职能定位上偏重经济职能，同时国外经济性规制理论出现较早，导致国内研究多集中于经济性规制领域。在此阶段，经济性规制快速发展，而社会性规制仍旧处于酝酿阶段。

四、2002 ~ 2012 年

2001 年 12 月，中国正式加入世界贸易组织（WTO），不但有利于我国更好地融入国际社会，扩大出口贸易，也有利于推进我国经济体制改革。在此大背景下，党的十六大提出“健全现代市场体系，加强和完善宏观调控”“完善政府的经济调节、市场监管、社会管理和公共服务的职能”，使市场在资源配置中的基础性作用在更大程度上发挥。2003年10月党的十六届三中全会审议通过的《中共中央关于完善社会主义市场经济体制若干问题的决定》明确了强化经济体制改革的指导思想与原则，从全局描绘经济体制改革的新蓝图。股份制成为公有制的主要实现形式，放松非公有制经济市场准入，完善产权制度与市场体系，市场经济进一步发展。2007年10月，党的十七大报告把“转变经济增长方式”变为“转变经济发展方式”，把国内生产总值目标由“总量”变为“人均”，同时强调“加强政府监管和社会监督”，表明对经济社会发展和全面建设小康社会提出了更高要求。2008年10月党的十七届三中全会重点关注农村改革发展，意味着我国正把农村的改革与应对当前美国次贷危机、解决宏观经济矛盾等问题结合起来考虑。

2003年的政府机构改革重点包括健全金融监管体制、加强食品安全和安全生产监管体制建设等五大方面。国家发展计划委员会改组为国家发展和改革委员会，“计划”从此消失，宏观调控体系进一步完善。设立中国银行业监督管理委员会（简称中国银监会）加强金融监管，标志着我国“一行三会”分业监管、分工合作的金融监管体制正式确立。此外，国家药品监督管理局重组为国家食品药品监督管理局，原属于国家经贸委管理的国家安全生产监督管理局变成国务院直属机构。此次改革的特点是重点加强宏观调控和执法监管部门，解决当时经济社会发展的突出矛盾和问题，进一步转变政府职能。与以往机构改革相比，这次改革没有对人员精简做出具体的数量要求，没有进行全面改革，而是抓住重点。机构改革从重“量”转向重“质”，从重“形式”转向重“内容”。2008年，我国开始进行大部制改革。国家环境保护总局升级为环境保护部，从国务院直属机构变为组成部门。同时，国家食品药品监督管理局改由卫生部管理，食品药品监督管理机构省级以下垂直管理改为地方分级管理。此次改革加强与改善了宏观调控，着眼于社会管理与公共服务，同时对一些职能相近的部门进行整合，实行综合设置，明确责任主体。

随着我国加入 WTO，市场经济建设快速发展，政府职能进一步转变，大部制改革开启，国内政府监管研究全面推进，是论文数量增速最快的一个时期。金融监管机构的变革、美国次贷危机的爆发引起学者对“金融监管”“监管模式”“监管体系”“金融危机”等的研究与探索。政府职能转变中，强调经济职能的同时，也注重社会职能，“食品安全”一类社会性规制关键词开始出现。在此阶段，经济性规制不断完善，社会性规制快速发展，国内政府监管处于全面建设时期。

五、2013～2018 年

2012 年 11 月党的十八大将“创新驱动”作为经济发展方式的新动力，在深化行政体制改革方面，主张“建设职能科学、结构优化、廉洁高效、人民满意的服务型政府”，对权力运行的制约和监督进行加强。2013 年 11 月党的十八届三中全会对全面深化改革进行新部署，《中共中央关于全面深化改革若干重大问题的决定》（以下简称《决定》）对社会热点问题做出回应，如完善主要由市场决定价格的机制、完善统一权威的食品药品安全监管机构、加强地方政府公共服务、市场监管、社会管理、环境保护等职责。对于政府与市场的关系，《决定》把市场在资源配置中的作用上升为决定性，表明在经济生活领域，实行的是市场主导下政府的有效作用，而非政府主导下市场的有限作用，政府与市场的关系进一步理顺。随着我国经济已由高速增长阶段转向高质量发展阶段，中国特色社会主义的发展已经进入新时代。“新”成为十九大报告的关键词，“新时代”“新格局”“新发展理念”“新形势”等词频频出现。“加快建设创新型国家”“加快完善社会主义市场经济体制”等都是对建设现代化经济体系的新要求。在报告中，“改革”出现 69 次，“创新”出现 59 次，对于未来经济发展，改革与创新成为重点。2018 年 2 月以深化党和国家机构改革为主题的十九届三中全会召开，审议通过《中共中央关于深化党和国家机构改革的决定》《深化党和国家机构改革方案》，推进了国家治理体系和治理能力现代化深刻变革。

2013 年《国务院机构改革和职能转变方案》发布，拉起了新一轮政府机构改革序幕。开始实行铁路政企分开，组建交通运输部（下设国家铁路局），取消铁道部，组建中国铁路总公司，承担铁道部的企业职责；组建国家卫生和计划生育委员会；将国务院食品安全委员会办公室、国家食品药品监督管理局、国家质量监督检验检疫总局、国家工商行政管理总局（部分职能）整合为国家食品药品监督管理总局（加挂国务院食品安全委员会办公室牌子）等，我国监管体制呈现从多部门向大部制的单一部门监管发展趋势。此次改革重点在于转变政府职能和理顺职责关系，稳步推进大部制改革，继续推进简政放权。2018 年，“两会合并”“三局合一”、组建生态环境部等举措是我国大部制改革的又一次推进。“两会合并”将金融监管形成合力、“三局合一”打通市场监管全流程，这些举措解决了过去分业监管、分段监管的弊病①。此次改革结合新时代新形势，以问题为导向，聚焦重点领域和关键环节，延续以往大部制改革思路，但对职能相近部门的改革有了更全面深入的拓展，机构整合更具科学性。

2013 年以后，政府监管论文数量不再大幅度增长，陷入“瓶颈”。在互联网发展大背景下，生活方式急剧变革，政府监管面临全新挑战，政府监管进入改革创新阶段。“互联网金融”“影子银行”“共享经济”“网约车”等词汇成为新的研究热点，“环境规制”“食品安全”等社会性规制重要性增强。党的十九大报告已经不再提及以经济建设为中心，而是强调五个全面，即政治、经济、文化、社会与生态，可见有关社会性规制内容地位不断提升。在此阶段，经济性规制进入创新期，社会性规制进入活跃期。

① “两会合并”是指组建中国银行保险监督管理委员会，不再保留银监会与保监会。“三局合一”是指组建国家市场监督管理总局，不再保留国家工商行政管理总局、国家质量监督检验检疫总局和国家食品药品监督管理总局。

我国的经济体制从计划经济转向市场经济，“市场”的重要性逐步提升。党的十五大提出“使市场在国家宏观调控下对资源配置起基础性作用”，十六大提出“在更大程度上发挥市场在资源配置中的基础性作用”，十七大在这一基础上增加“从制度上”，十八大增加“更大程度更广范围”，十八届三中全会把“基础性作用”上升为“决定性作用”，可见建立社会主义市场经济体制以来，对政府与市场关系的认识不断深化。改革开放至今，国务院机构平均每 5 年改革一次，20 世纪的机构改革是为了与当时的市场经济体制变化相匹配，而随着市场经济体制的建立及不断完善，21 世纪机构改革多以问题为导向。机构改革的主要特征由机构精简到转变政府职能，再到大部制改革，简政放权不断深入，高效服务型政府逐步形成。伴随着经济体制变革与历次政府机构改革，监管体系逐步建立与完善，推动着国内政府监管历经“开始酝酿—起步阶段—全面推进—改革创新”各个阶段（见表 1 – 7）。虽然社会性规制起步较晚，但后期发展势头迅猛，如今与经济性规制并驾齐驱。

表 1 – 7　　1949 ~ 2018 年我国经济体制改革、政府机构改革与国内政府监管发展

<table>
<tr><th rowspan="3">发展阶段</th><th rowspan="3">经济体制</th><th colspan="4">经济体制改革</th><th colspan="2">政府机构改革</th><th colspan="2">具体领域</th></tr>
<tr><th colspan="2">党代会</th><th colspan="2">三中全会</th><th rowspan="2">年份</th><th rowspan="2">主要特征</th><th rowspan="2">经济性</th><th rowspan="2">社会性</th></tr>
<tr><th>时间</th><th>主要内容</th><th>时间</th><th>主要内容</th></tr>
<tr><td>还未形成 1949 ~ 1978 年</td><td>计划经济体制</td><td colspan="4">新民主主义向社会主义过渡—全面建设社会主义—“文革”时期</td><td colspan="2">加强中央集权—扩大地方自主权—强调集中统一</td><td colspan="2">还未形成</td></tr>
<tr><td rowspan="2">开始酝酿 1979 ~ 1992 年</td><td rowspan="2">有计划的商品经济体制</td><td>十二大</td><td>计划经济为主，市场调节为辅</td><td>十二届</td><td>公有制基础上的有计划的商品经济</td><td>1982</td><td>机构精简</td><td rowspan="2" colspan="2">酝酿期</td></tr>
<tr><td>十三大</td><td>国家调节市场，市场引导企业</td><td>十三届</td><td>治理经济环境和整顿经济秩序</td><td>1988</td><td>“转变政府职能”首次提出</td></tr>
</table>

续表

发展阶段	经济体制	经济体制改革				政府机构改革		具体领域	
		党代会		三中全会		年份	主要特征	经济性	社会性
		时间	主要内容	时间	主要内容				
起步阶段 1993～2001 年	社会主义市场经济体制	十四大	首次提出“建立社会主义市场经济体制”	十四届	勾画社会主义市场经济体制的基本框架	1993	“政府职能”开始转变	快速发展	持续酝酿
		十五大	公有制为主体、多种所有制经济共同发展	十五届	为建设社会主义新农村制定行动纲领	1998	“职能转变”与“政企分开”取得重大突破		
全面推进 2002～2012 年		十六大	完善政府的经济调节、市场监管、社会管理和公共服务的职能	十六届	描绘经济体制改革的新蓝图	2003	进一步转变“政府职能”	不断完善	快速发展
		十七大	加强政府监管和社会监督	十七届	重点关注农村改革发展	2008	首次明确提出“大部制”		
改革创新 2013～2018 年		十八大	建设职能科学、结构优化、廉洁高效、人民满意的服务型政府	十八届	全面深化改革进行新部署	2013	“大部制”改革稳步推进	创新期	活跃期
		十九大	加快完善社会主义市场经济体制	十九届	深化党和国家机构改革	2018	“大部制”改革深入拓展		

第二章

改革开放以来国内政府监管研究热点

结合前文国内政府监管的研究概况，本章选取金融监管、食品安全监管与环境规制三大重点领域进行研究热点的系统梳理。由于改革开放以前，规制经济学这一学科还未形成，为便于分析，本章的时间跨度选取 1979 ~ 2018 年。基于北大核心 1992 年开始出现，南大核心（CSSCI）1998 年开始形成，为便于比较不同期刊来源的论文研究热点，本章第四节选取 1998 ~ 2018 年政府监管的论文作为研究对象。

第一节　金融监管

一、研究热点

金融监管的必要性在于其信息不对称、自然垄断与外部性。对该问题存在两个对立的学派，即金融监管学派与自由银行学派。从理论上来看，金融业历经“自由—管制—自由—监管”多个阶段。自 20 世纪 30 年代以来，金融业由自由发展转向管制，而在 20 世纪 70 年代，自由化开始回归。在这一时期，“金融抑制”被认为是造成发展中国家经济落后的罪魁祸首，因此主张金融自由化，坚持效率优先，以促进金融业的发展，带动经济繁荣。在20世纪90年代，基于金融市场缺陷，一些学者认为政府适当干预是必要的，主张安全与效率并重。自由化越是发展，金融监管理应更加严格。实际上，金融自由化并没有否定金融监管的基础，反而增加了金融监管的现实必要性。因此，为规避与化解金融风险，实施有效的金融监管是20世纪末全球性重大课题。

改革开放前，我国金融业一直由中国人民银行代表政府统一经营与监管。改革开放后，逐步放松金融业的进入管制。1979年开始，我国逐渐恢复并重建了三家国家专业银行，全面恢复中国人民保险公司国内业务、成立城市信用合作社等，金融机构开始呈现多元化发展局面。1983年9月，中国人民银行开始专门行使中央银行职能，新设中国工商银行承担其工商信贷和储蓄业务，金融业的经营与监管相分离，开始了我国真正意义上的金融监管。此段时期内，我国对金融监管的研究较少，研究内容多为对外汇、利率、外资银行等具体方面的管制，部分学者对放松金融管制的后果、金融管制的历史演变等进行分析，但研究对象普遍为美国、英国等西方国家或国际社会。赫国胜在梳理美国放松金融管制进程的基础上，分析其放松管制原因，并从金融机构的收益、风险、服务、业务价格四方面阐述放松金融管制的影响①。董玉华利用银行法把英国金融管制分为三个时期，通过分析银行法的出台背景、银行法之间的差异等梳理英国金融管制的历史演变②。早期研究内容上大多仅限于对他国金融管制的分析，而没有对我国的借鉴意义或启示。1993年《关于金融体制改革的决定》正式发布，对现行金融体系全面重塑，为我国的金融分业监管奠定了现实基础。1995年，“四法一决定”③ 等金融法律的通过，构成了我国金融体制分业经营的法律基础。我国的金

① 赫国胜．美国放松金融管制的进程及其影响［J］．世界经济，1989（9）：48－52.

② 董玉华．英国金融管制的历史演变［J］．国际金融研究，1991（8）：24－25，36.

③ “四法”是指《中华人民共和国中国人民银行法》《中华人民共和国商业银行法》《中华人民共和国保险法》《中华人民共和国票据法》，“一决定”是指《全国人民代表大会常务委员会关于惩治破坏金融秩序犯罪的决定》。

融监管尚处于不成熟阶段，强化金融监管，建立健全金融体系，发展和完善金融市场是学者们研究的重点问题①②。如张庆珍、温树英认为，加强金融监管是国际金融趋势，是我国加入 WTO 后防范金融风险的必要手段，也是金融体制改革的重要内容。必须坚持正确原则，通过建立健全法律体系，提高金融监管水平。在监管技术上，采用激励相容制度方案；在监管理念上，从猫与老鼠的对立关系转变为脑与四肢的协同关系；在监管模式上，主张功能型监管；在监管机制上，从单一转变为多样化监管。

2007 年美国次贷危机爆发，并迅速发展为全球金融危机，金融监管面临着前所未有的挑战。随后，大量学术研究都是围绕这一主题进行。美国金融监管失灵的本质原因是过度自由化，加之监管重叠与空白领域并存，监管主体与金融发展不相适应，最终造成危机爆发。危机过后，金融监管更加注重系统性风险，宏观审慎监管的地位提高。在推进金融体系改革的过程中，必须处理好金融创新与风险控制的关系，建立以政府为主导的金融危机应急处理体系，构建金融机构的评级制度，积极参与国际合作等。2013 年，互联网金融在我国兴起，2015 年后开始迅速发展，“影子银行”“P2P 网络信贷”等成为热门词汇。几年中，网贷平台频繁出现跑路现象，这与金融创新和金融监管之间的矛盾不无关系。一方面，互联金融飞速发展，金融创新日新月异；另一方面，金融监管严重滞后甚至存在不少灰色地带。因此，加强互联网金融监管成为重中之重。同时，金融“脱媒”后，风险特点发生转变，信息的公共属性增强，必须加强互联网金融市场的透明度，建立健全相关征信系统，提高监管效率③。通过相关文献梳理可知，对于金融监管的研究，具有明显的阶段性特点，金融监管改革的重点也在不断变化（见图 2 – 1）。

① 张贵明．强化我国金融监管势在必行［J］．税务与经济，1999（1）：52 – 54.

② 李琼．论我国金融监管体系的改革与完善［J］．湖南大学学报（社会科学版），2000（2）：31 – 33.

③ 岳意定，王远方．互联网金融中的监管问题：基于激励理论的分析框架［J］．求索，2017（2）：129 – 134.

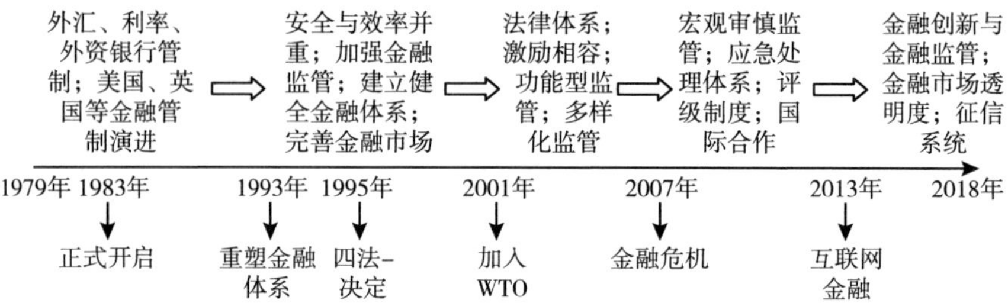

图 2-1　1979～2018 年金融监管研究热点与改革重点

二、法律法规

改革开放以来，我国金融监管的法律建设逐步推进（见表 2-1）。1983 年国务院颁发了《关于中国人民银行专门行使中央银行职能的决定》，明确中国人民银行专门行使中央银行职能。1986 年颁布的《中华人民共和国银行管理暂行条例》旨在加强对银行和其他金融机构的管理，促进金融事业的健康发展，对金融监管进行了初步的法律界定。1995 年《中华人民共和国中国人民银行法》《中华人民共和国票据法》《中华人民共和国保险法》《中华人民共和国担保法》《中华人民共和国商业银行法》等相继出台，标志我国的金融法律框架初步构建。其中，《中华人民共和国中国人民银行法》确立了中国人民银行的地位与职责，对于依法制定和实施货币政策，加强金融监管，维护金融秩序等具有重要意义，是我国金融法律法规体系的基础与核心。

表 2-1　我国金融监管主要法律法规

颁布时间	法律法规	修改时间
1983 年 9 月 17 日	《关于中国人民银行专门行使中央银行职能的决定》	无
1986 年 1 月 7 日	《中华人民共和国银行管理暂行条例》	无
1995 年 3 月 18 日	《中华人民共和国中国人民银行法》	2003 年
1995 年 5 月 10 日	《中华人民共和国票据法》	2004 年

续表

颁布时间	法律法规	修改时间
1995年6月30日	《中华人民共和国保险法》	2002年、2009年、2014年、2015年
1995年6月30日	《中华人民共和国担保法》	无
1995年9月10日	《中华人民共和国商业银行法》	2003年、2015年
1998年12月29日	《中华人民共和国证券法》	2004年、2005年、2013年、2014年
2001年4月28日	《中华人民共和国信托法》	无
2003年10月28日	《中华人民共和国证券投资基金法》	2012年、2015年
2003年12月27日	《中华人民共和国银行业监督管理法》	2006年
2006年10月31日	《中华人民共和国反洗钱法》	无

随着市场经济体制的不断完善，金融行业呈现专业化分工，各具体领域不断颁布相应法律法规与制度条例。2003年，为加强对银行业的监督管理，《中华人民共和国银行业监督管理法》出台。同年，《中国人民银行法》《商业银行法》进行了修正或修订。2004年，《金融监管分工合作备忘录》出台，明确银监会、证监会与保监会的职责，避免监管真空和重复监管。各项法律法规经过不断修改与完善，构成了我国金融监管强有力的法律基础。2008年银监会与保监会签署《中国银监会与中国保监会关于加强银保深层次合作和跨业监管合作谅解备忘录》，规范了银行业与保险业之间深层次合作，表明金融监管的协调机制与跨业模式加强。为鼓励互联网金融创新发展，避免风险，被称作互联网金融行业“基本法”的《关于促进互联网金融健康发展的指导意见》于2015年出台，旨在规范互联网金融秩序。对互联网金融监管的依据主要有《非银行支付机构网络支付业务管理办法》(2015)、《互联网保险业务监管暂行办法》(2015)、《非银行支付机构分类评级管理办法》(2016)、《网络借贷信息中介机构业务活动管理暂行办法》(2016)、《网络借贷资金存管业务指引》(2017)、《关于进一步做好互联网金融

风险专项整治清理整顿工作的通知》(2017)、《关于规范支付创新业务的通知》(2017)、《关于规范金融机构资产管理业务的指导意见》(2018)等。由于金融创新不断深入，一些监管领域仍有空白，相关法律法规需进一步建立完善。

三、监管模式

1979年以前，我国的金融体系组织结构单一，中国人民银行既管理又经营，且以计划为导向，属于“大一统”的金融体系。改革开放后，我国先后恢复并重建了中国农业银行、中国银行和中国人民建设银行。1980年，河北省成立第一家城市信用社，随后遍及全国。不但银行性金融机构恢复，非银行性金融机构也开始出现，信托投资公司、租赁公司等不断成立。1983年9月，中国人民银行职能转变，专门履行中央银行职能，金融业的经营与监管不再一体，我国金融监管正式开启。这一时期，中央银行对所有金融机构的全部业务进行全面监管，监管模式属于混业监管（见图2-2）。

1992年10月，国务院证券委员会和中国证监会宣告成立，分业监管趋势开始显现。1998年4月，国务院证券委员会并入中国证监会，基本形成了集中统一的全国证券监管体制。1998年11月，中国保监会成立，分业监管体制进一步完善，形成“一行两会”监管模式。同年，央行管理体制进行改革，撤销省行，设立9个大区行。机构设置从依据行政区划转变为依据经济区划，有利于摆脱地方政府行政干预，结束政银不分局面，加强金融监管。2003年4月，中国人民银行对银行、金融资产管理公司、信托投资公司及其他存款类金融机构的监管职能被分离出来，并和中央金融工委的相关职能进行整合，成立中国银监会，标志我国“一行三会”分业监管格局正式形成，既实现金融宏观调控与微观监管的分离，也满足技术化要求。然而，混业经营快速发展，金融业务交叉化、多元化特点突出。随着互联网金融快速崛起，金融市场的国际化增强，我国的金融监管正不断调整，积极应对。2017 年 5 月，中国人民银行金融科技委员会宣布成立，旨在加强金融科技工作的研究规划和统筹协调，利用大数据、人工智能、云计算等技术丰富金融监管手段，提升跨行业、跨市场交叉性金融风险的甄别、防范和化解能力。2018 年，中国银监会与保监会进行合并整合，组建中国银行保险监督管理委员会。统一监管有利于集中整合监管资源，发挥专业化优势，按照经营业务性质来划分监管对象，正成为监管改革的大趋势。

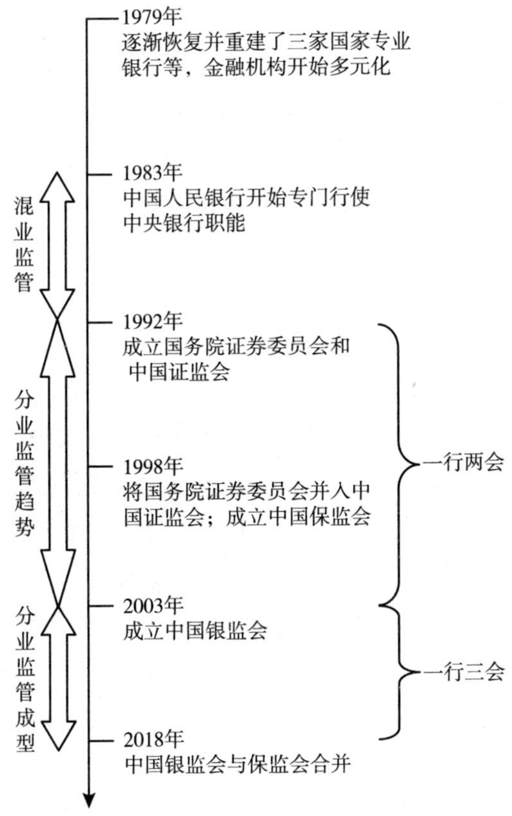

图 2－2　1979～2018 年金融监管模式变迁

第二节 食品安全监管

一、研究热点

造成食品安全问题的根本原因在于信息不对称导致的市场失灵。食品安全问题大致分为两种类型：一种是“无良”，即在农产品种植、食品加工、经营等各环节中，金钱利益驱使下的企业在投入物选取和用量上不守承诺而导致的食品安全问题；另一种是“无知”，即由于管理疏漏、无知或现有技术的局限性而导致的食品安全问题。总体而言，我国食品安全问题多表现为“无良”，需要依靠监管来解决。

改革开放以前，解决温饱是食品安全的最大目标，政府主要采取内部管控的方式对企业进行约束。1979 年《中华人民共和国食品卫生管理条例》正式颁布，食品监管开始进入转型时期。1982 年《中华人民共和国食品卫生法（试行)》出台，我国开始培养食品卫生监督管理的专业人员，组建食品监管执法队伍。但当时监管方式仍未摆脱内部监管模式，具有计划经济色彩。第一篇有关食品问题的政府监管论文为 1982 年咏平的《什么叫食品管制》，该文阐述了食品管制的原因、由来以及具体内容。1992 年以前，有关食品问题的论文仅有 3 篇，且这一时期的食品问题主要关注食品供给数量或食品卫生。1995 年《中华人民共和国食品卫生法》出台，标志着我国食品安全监管模式转向外部监管，由国务院卫生行政部门负责。在此阶段，论文数量缓慢增加，不但注重食品数量，食品质量的关注度也得到提高。加工工艺标准执行不严和监督管理不力是造成食品质量事故的主要原因，部分学者针对食品加工环节的监督管理进行深入研究。

进入 21 世纪，由于媒体等有效监督，食品安全问题开始引起社会广泛讨论。科技与工业化的高速发展，不但没有减少食品安全事故，反而加重了事故的影响后果。食品安全事故的发生地由农村贫困地区转移到经济水平较高的城市，事故原因由卫生问题转移到化学品替代等，给人民的生命健康造成极大威胁。安徽阜阳劣质奶粉事件、苏丹红事件、三聚氰胺事件等大型食品安全事故频发，引发了学界对食品安全监管的反思。该时期论文数量快速增加，研究问题集中于两个方面：一是对他国食品安全监管体系的研究；二是对我国食品安全监管存在问题及对策研究。普遍认为，法律法规不健全、食品安全标准不完善、监管部门众多缺乏协调统一等是造成我国食品安全监管不力的主要原因。因此，加强食品安全立法、明确统一的食品安全标准、一体化监管是改革的方向。同时，主张多元监管模式，提倡第三方力量参与。第三方力量能够影响食品安全公共政策的制定；降低食品安全公共产品供给的成本；培育公民、企业与社会的食品安全公共意识。2009 年，我国颁布了《中华人民共和国食品安全法》。从《食品卫生法》到《食品安全法》不仅体现了立法形式与内容的转变，更体现了监管理念与思想的转变，然而，分段监管模式并未改变。此后，食品安全从对危机的应对转移到对风险的规制。事后的危机应对无法解决根本问题，因此必须树立风险规制意识，设立安全预警制度，加强风险教育。

2013 年，大数据时代到来，食品安全监管开始发生智能化变革，随后有大量学者对此进行研究。利用大数据技术，食品安全监管向全产业链监管、循“数”监管和全方位监管转变，智能化监管机制急需建立完善。同时，物联网技术也普遍被应用于食品安全监管中，创造全新的物联网管理模式。特别针对供应链条长而复杂的农产品，物联网能够融合信息源与物理源，实现高效化信息交互，开启农产品市场准入、信息查询、市场巡查预警等功能。通过建立物联网监控平台，解决信息不对称现象，实现供应链条的全程质量安全监管。应用新兴技术，食品的追溯体系得以真正建立，信息不对称情况得到部分缓解，多元监管才能更好落实。然而，近几年网络订餐逐渐流行与普及，给食品安全的监管带来新挑战。由于互联网的虚拟性与隐蔽性、第三方平台审查缺位、相关法律法规缺失等问题，导致网络订餐产业出现监管空白，乱象频生。

2015 年新版《中华人民共和国食品安全法》开始实施，首次明确网络食品第三方平台的责任，网络订餐监管由此开启。通过文献梳理发现，食品安全监管研究在 21 世纪后才逐步得到重视并逐渐成为重要研究领域，内容上不断更新，从重质量到重安全、从多头监管到一体化监管；方法上逐渐丰富，从案例分析到博弈论分析、从理论分析到实证分析。新技术的出现进一步推动了监管革新，同时也给监管带来新挑战（见图 2-3）。

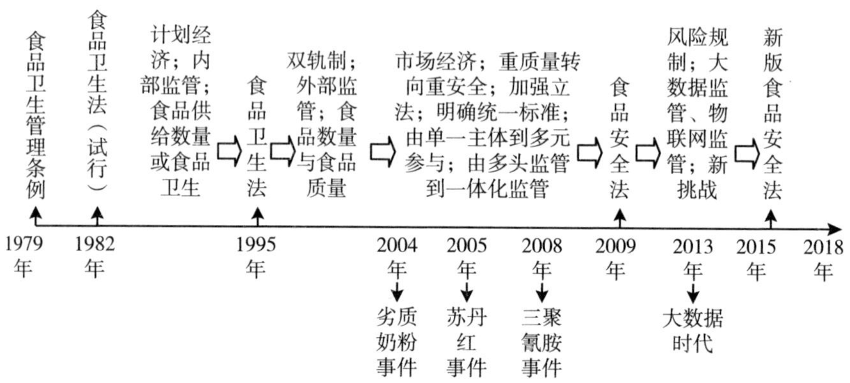

图 2-3　1979~2018 年食品安全研究热点与改革重点

二、法律法规

1979 年国务院正式颁布《中华人民共和国食品卫生管理条例》，1982 年人大常委会将其进一步完善，颁布《中华人民共和国食品卫生法（试行）》，该法是国家对食品安全监管的根本性法律。1993 年，《中华人民共和国产品质量法》（以下简称《产品质量法》）颁布，加强对产品质量的监管，提高质量水平，明确相关责任。1995 年《中华人民共和国食品卫生法》（以下简称《食品卫生法》）出台，旨在保证食品卫生，避免食品污染与有害因素对人体造成的危害，确保人民身体健康。该法弥补了我国法律法规中有关食品质量安全领域的不足，使我国食品卫生工作步入法制化正轨。然而，无论《产品质量法》还是《食品卫生法》，都无法从源头上保障食品安全，为此2006年我国第一部针对农产品质量安全的综合性法律《中华人民共和国农产品质量安全法》出台。

随着市场经济的快速发展，食品市场环境变得错综复杂，食品问题不再是原有的卫生质量问题，而更多的是非法添加非食用物质等安全问题。对此，《中华人民共和国食品安全法》（以下简称《食品安全法》）于2009年正式颁布。该法是我国首次以法律形式表述“食品安全”，表明对食品安全规制的认识无论从观念上还是制度上都有了巨大进步。2012年《国务院关于加强食品安全工作的决定》发布，加大食品安全监管力度，进一步健全食品安全监管体系。为进一步满足社会需要，《食品安全法》于2015年进行修订。在原有法律的基础上，进一步完善统一权威的食品安全监管机构，从分段监管过渡到食品药品监管部门统一监管；更加强调预防为主、风险防范，新建立责任约谈、风险分级管理等重点制度；实施食品安全共同监管，充分发挥媒体、消费者等各个群体在食品安全治理中的作用等。新版《食品安全法》也对农药使用、婴儿配方奶粉、网购食品等社会关注的问题做出了回应，同时，加大了对食品安全违法行为的处罚力度。为规范网络食品经营行为，应对网络餐饮服务乱象，保障公共饮食安全与身体健康，食品药品监管总局先后发布《网络食品经营监督管理办法》（2016）、《网络餐饮服务食品安全监督管理办法》（2017）等。我国食品安全的相关法律法规从无到有，不断细化，根据新问题新形势不断调整与改进（见表2－2）。

表2－2　我国食品安全主要法律法规

颁布时间	法律法规	修改时间
1979年8月28日	《中华人民共和国食品卫生管理条例》	无
1982年11月19日	《中华人民共和国食品卫生法（试行）》	无
1993年2月22日	《中华人民共和国产品质量法》	2000年、2009年
1995年10月30日	《中华人民共和国食品卫生法》	无
2006年4月29日	《中华人民共和国农产品质量安全法》	无

续表

颁布时间	法律法规	修改时间
2009年2月28日	《中华人民共和国食品安全法》	2015年
2016年6月15日	《网络食品经营监督管理办法》	无
2017年11月6日	《网络餐饮服务食品安全监督管理办法》	无

其他食品安全相关法律法规主要有：《国境卫生检疫法》（1986）、《标准化法》（1988）、《进出口商品检验法》（1989）、《食品广告管理办法》（1993）、《消费者权益保护法》（1993）、《食品企业通用卫生规范》（1994）、《查处食品标签违法行为规定》（1995）、《农药管理条例》（1997）、《食品卫生监督程序》（1997）、《国家重大食品安全事故应急预案》（2005）、《食品召回管理规定》（2007）、《食品安全法实施条例》（2009）、《餐饮服务食品安全监督管理办法》（2010）、《食品添加剂生产监督管理规定》（2010）、《食品添加剂新品种管理办法》（2010）、《食品生产许可管理办法》（2015）等。

三、监管模式

改革开放以前，我国对食品监管实行的是高度集权的计划体制，即指令性计划监管。1982年《食品卫生法（试行）》的颁布从立法上确认了卫生行政部门所属县以上卫生防疫站或食品卫生监督检验所为唯一的食品卫生监督机构。食品卫生执法职能由卫生部门、食品生产经营主管部门共同履行转变为监督机构全部承担，监管模式从多部门过渡为单一部门（见图2-4）。这一时期，我国食品安全监管体制介于计划经济与市场经济、政企合一与政企分离的过渡模式。1993年，轻工业部门被撤销，食品企业开始逐步成为独立的市场经济主体，食品安全管理开始转变为第三方监管型体制。1995年，政企合一的食品行业主管部门相关职权被废除，确立由国务院卫生行政部门主管全国食品卫生监督管理工作。执法主体由卫生防疫站改为各级卫生行政机关，即事业单位执法改为行政执法，卫生防疫工作与监督工作逐步区分开来。

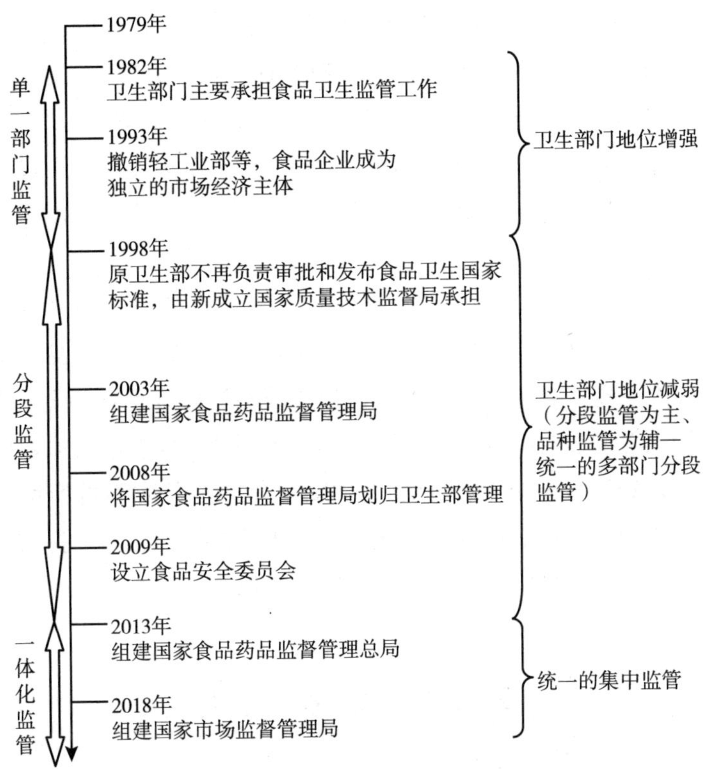

图 2－4　1979～2018 年食品安全监管模式变迁

1998 年政府机构改革后，我国食品安全形成多部门分段监管模式，包括卫生部门、农业部门、工商部门、质检部门等。1998 年，卫生部成立卫生法制与监督司，承担卫生立法与公共卫生监督管理职责。原卫生部食品卫生国家标准的审批和发布职能，由新成立的国家质量技术监督局负责。2001 年国家质量技术监督局与国家出入境检验检疫局合并，成立国家质量监督检验检疫总局，主管全国质量、计量、出入境商品检验、出入境卫生检疫、出入境动植物检疫、进出口食品安全和认证认可、标准化等工作。2003 年，原有国家药品监督管理局改为国家食品药品监督管理局，承担食品安全的综合监督、组织协调与依法组织查处重大事故的职能。2004 年 9 月，《国务院关于进一步加强食品安全工作的决定》明确食品安全监管体制，即“按照一个监管环节由一个部门监管的原则，采取分段监管为主、品种监管为辅的方式”。卫生部门的主导地位逐渐弱化，多部门分段监管体制正式确立。2008 年，国家食品药品监督管理局并入卫生部。根据 2009 年《食品安全法》设立食品安全委员会，统筹指导食品安全工作，监管模式调整为统一的多部门分段监管。

2013 年，食品安全相关部门职责进一步整合，组建国家食品药品监督管理总局。新组建国家卫生和计划生育委员会，负责食品安全风险评估与标准制定。食品进入生产、流通、消费等环节后，由国家食品药品监督管理总局监管，最终由卫生部门进行评估，反馈给农业部门和国家卫生和计划生育委员会便于改进。2018 年，国务院不再保留工商总局、质检总局、食药监总局，组建国家市场监督管理总局。打破监管碎片化，形成食品安全领域统一的集中监管格局。

第三节　环境规制

一、研究热点

环境规制是指由于环境污染具有负外部性，政府制定相关政策对企业的经济活动进行调节，从而达到环境与经济双赢的目标。环境规制目的是使生产者与消费者在做出决策时考虑到外部成本，以使他们的行为调节到社会最优化生产与消费的组合①。20 世纪 70 年代，环境规制作为社会性规制的一部分，开始被人们广泛关注。从理论发展来看，第一

① 傅京燕. 环境规制与产业国际竞争力［M］. 北京：经济科学出版社，2006：52.

位把环境问题进行经济学分析的经济学家是庇古，他提出的庇古税在一定程度上解决了环境的外部性影响。20 世纪 60 年代，科斯从产权的角度为环境的外部性问题提供了另一种思路。随后，大量学者从公共经济学角度出发，提出各种政策意见解决环境的市场失灵问题。20 世纪 80 年代后，委托代理理论、信息经济学等现代经济学理论与方法被应用其中，环境规制理论进一步深入。从规制手段上来看，传统的环境规制以命令控制性为主，随后以市场为基础的激励性手段开始被应用，之后自愿性环境规制、隐性环境规制开始出现。从内容上来看，是否进行环境规制不是研究的重点，如何使环境与经济协调发展才是研究的主题。对此学术界产生了两种观点，即“遵循成本说”与“创新补偿说”。学者们从各种角度、应用不同方法，试图论证环境规制与经济发展的关系，找出二者共同发展的破解之道。

改革开放前，我国的环保工作以治污为主，1983 年第二次全国环保会议后才把环境管理摆在突出位置。在此期间该领域内论文极少，研究内容仅为环境保护的监督管理。曲格平认为，强化环境监督职能十分必要，重点应放在对工业和城市布局、控制新老污染源、城市“四害”整治、乡镇企业污染防治、珍稀物种和自然保护区、有毒化学品等方面的监督[①]。1992 年 6 月，联合国环境与发展大会首次将经济发展与环境保护结合起来进行认识，提出了可持续发展战略，标志着环境保护事业在世界范围内开始发生历史性转变。我国学者的研究内容开始出现环境管制对贸易的影响，此后环境保护与经济发展联系起来。2001 年我国加入 WTO，环境政策面临挑战。我国与其他国家的环境规制存在差异，会对国际贸易产生一定影响。当环境规制较严格时，我国会进口更多的污染密集性产品；当环境规制较宽松时，我国会向发达国家出口更多污染密集性产品。环境规制对国际分工、对外贸易、企业竞争力的影响研究开始增加，且首次出现实证研究。2005 年后，我国进入环境污染事故的高发期，环境问题呈现地域广、影响大、频率高的趋势。“松花江

① 曲格平．坚持改革、强化环境保护的监督管理［J］．管理现代化，1987（3）：8－10.

重大水污染”“河北白洋淀死鱼”“太湖污染”“巢湖滇池蓝藻”等一系列重大事件的爆发，对人民生活与经济发展都产生重大影响。2007年，党的十七大报告在全面建设小康社会奋斗目标的新要求中，第一次明确提出了建设生态文明的目标，环境问题被提升到了新的高度。2010年后，低碳经济开始进入环境规制的研究视角。因为产业结构是影响低碳经济发展的重要因素，因此，要构建低碳产业机构，环境规制必须有效介入。2012年，党的十八大报告把生态文明建设放在突出地位，并将其纳入中国特色社会主义事业“五位一体”的总布局。

2013年，“雾霾”成为年度关键词。2014年国家减灾办、民政部第一次把损害健康的雾霾天气纳入2013年自然灾情进行通报。在此期间，有关空气污染，尤其是雾霾的研究成为环境规制新的课题。如王书斌、徐盈之基于企业投资偏好视角，分析环境规制对工业发展与雾霾污染脱钩的作用机制，认为其影响取决于环境规制的工具，环境行政管制与环境污染监管强度的提高能够增强企业投资偏好的雾霾脱钩效应，而环境经济性规制强度的提高则会减弱此效应①。2015年，党的十八届五中全会创造性地提出了绿色发展理念，并把它作为指导未来我国经济社会发展的五大理念之一。此后，“绿色技术创新”“绿色生产率”等研究快速增加，成为新的研究重点。2017年，党的十九大报告把生态文明建设提升为“千年大计”，同时将“美丽”一词纳入国家现代化目标之中，将提供更多“优质生态产品”纳入民生范畴。

通过文献梳理发现，一直以来我国对环境规制的研究多集中于环境规制对外商直接投资、技术创新、企业竞争力、特定产业等的影响，应用一系列研究方法对全国、各区域或某一省份进行具体研究。同时，随着环境问题的不断出现与国家大政方针的推出，生态环境的地位不断提升，新的研究内容不断出现（见图2-5）。

① 王书斌，徐盈之．环境规制与雾霾脱钩效应——基于企业投资偏好的视角［J］．中国工业经济，2015（4）：18-30.

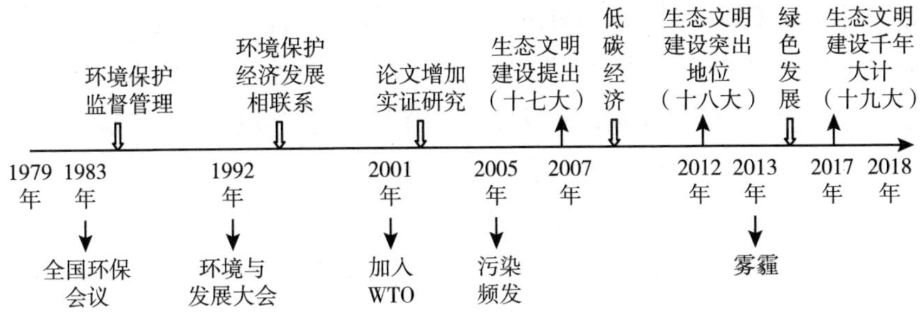

图2-5 1979～2018年环境规制的社会背景与研究热点

二、法律法规

1978年3月5日在第五届全国人民代表大会第一次会议上通过的《中华人民共和国宪法》对环境保护做出明确规定，即“国家保护环境和自然资源，防治污染和其他公害”，为改革开放后的环保工作奠定法制基础。1979年9月，《中华人民共和国环境保护法（试行）》颁布，该法是我国环境保护的基本法，标志我国环境保护的法律法规体系开始建立。随后，《海洋环境保护法》《水污染防治法》《森林法》《矿产资源法》《大气污染防治法》等相继出台，环境法体系初步建立。1989年12月，《中华人民共和国环境保护法》正式出台，明确规定：“国家制定的环境保护法规必须纳入国民经济和社会发展计划”。环境法体系开始进入调整阶段，对不合时宜的相关法律进行修改，同时制定新的法律法规。进入21世纪后，环境问题集中爆发，环境保护被摆在更加重要的战略地位。2002年6月，《清洁生产促进法》出台，该法是我国首部循环经济法，开启我国治污模式从末端治理向全过程控制的转变。为进一步实施可持续发展战略，《环境影响评价法》《放射性污染防治法》《可再生能源法》《循环经济促进法》纷纷出台，我国环境法体系不断完善。2014年4月，党的十二届全国人大常委会第八次会议审议通过环保法修订案，新版《环境保护法》被誉为“史上最严的环保法”和“长牙齿”的法律。该法将生态文明理念引入其中，加大了违法排污的责任，同时将民间力量纳入环境治理的机制中。《中华人民共和国环境保护税法》于2016年12月颁布，2018年1月1日正式实施，“环境保护税”自此取代了“排污费”。该法是我国第一部专门体现“绿色税制”、推进生态文明建设的单行税法，有利于构建绿色财税体制，调节排污者污染治理行为，建立绿色生产和消费体系。

我国环境规制的法律法规从无到有，从“有法可依”过渡到“科学立法”。内容上，从末端治理为主到强调预防与全过程控制，再到清洁生产与循环使用，环境法体系逐步强化（见表2－3）。然而，面对日益严峻的环境问题，我国有关环境的法律法规仍需与时俱进，为建设“美丽中国”提供法律依据。

表2－3　　我国环境规制主要法律法规

颁布时间	法律法规	修改时间（截止到2018年）
1979年9月13日	《中华人民共和国环境保护法（试行）》	无
1982年8月23日	《中华人民共和国海洋环境保护法》	1999年、2013年、2016年、2017年
1984年5月11日	《中华人民共和国水污染防治法》	1996年、2008年、2017年
1984年9月20日	《中华人民共和国森林法》	1998年、2009年
1986年3月19日	《中华人民共和国矿产资源法》	1996年、2009年
1987年9月5日	《中华人民共和国大气污染防治法》	1995年、2000年、2015年、2018年
1989年12月26日	《中华人民共和国环境保护法》	2014年
1991年6月29日	《中华人民共和国水土保持法》	2010年
1995年10月30日	《中华人民共和国固体废物污染环境防治法》	2004年、2013年、2015年、2016年
1996年10月29日	《中华人民共和国环境噪声污染防治法》	2018年
1997年11月1日	《中华人民共和国节约能源法》	2007年、2016年、2018年
2002年6月29日	《中华人民共和国清洁生产促进法》	2012年
2002年10月28日	《中华人民共和国环境影响评价法》	2016年、2018年
2003年6月28日	《中华人民共和国放射性污染防治法》	无

续表

颁布时间	法律法规	修改时间（截止到2018年）
2005年2月28日	《中华人民共和国可再生能源法》	2009年
2008年8月29日	《中华人民共和国循环经济促进法》	无
2016年12月25日	《中华人民共和国环境保护税法》	2018年

三、监管模式

改革开放前，我国的临时环保机构为1974年末成立的国务院环境保护领导小组，1982年机构改革将其撤销，成立城乡建设环境保护部，下设环境保护局作为全国环境保护的主管机构。1984年5月，根据《国务院关于环境保护工作的决定》成立国务院环境保护委员会，负责环境保护方针政策的研究、审定，提出规划要求并领导全国的环境保护工作。同年12月，城乡建设环境保护部环境保护局改为国家环境保护局，仍归城乡建设环境保护部领导。1988年7月，国家环境保护局从城乡建设部分离，成为副部级的国务院直属机构。1989年《环境保护法》明确了我国环境保护监督管理体制，即统一监督管理与分级分部门监督管理相结合。这一阶段，环境问题以政府直接行政规制为主，具有计划经济特点。1992年联合国环境与发展会议后，我国出台《环境与发展十大对策》，实施可持续发展战略。1996年7月，国务院召开第四次全国环境保护会议，提出“保护环境就是保护生产力”，环保的地位逐渐加强。1998年，国家环境保护局升级为正部级的国家环境保护总局，国务院环境保护委员会被撤销。这一阶段具有计划经济向市场经济过渡的特征，相关管理体制不断完善。

2006年，环保部六个区域督查中心逐步设立，主要承担加强环境保护监督执法、应对突发环境事件、协调跨省界污染纠纷等职能。2008年国务院机构改革，原国家环境保护总局升级为环境保护部。2016年7月《环境保护督察方案（试行）》审议通过，截至2017年10月，实现全国督察全覆盖。环境规制模式由“以查企业为主”转变为“查督并举、以督政为主”，环境保护从督查到督察，实现监管思路从“治标”到“治本”的重大转变。督政改变了环境管理重心，从治污末端转向决策前端，从微观转向宏观，从找不到人变为找得准人。原六个区域督查中心由事业单位转为环境保护部派出行政机构，更名为区域督察局，督政职能进一步强化。2018 年 3 月，国务院组成部门再一次调整，组建生态环境部，不再保留环境保护部。环境保护部转变为生态环境部，很大程度上改善此前部门职能重叠造成的资源浪费，减少监管死角和盲区，集中力量加大环境执法力度和污染整治力度。改革开放以来，我国环境规制相关部门地位不断提升，监管向集中统一方向发展（见图 2 –6）。

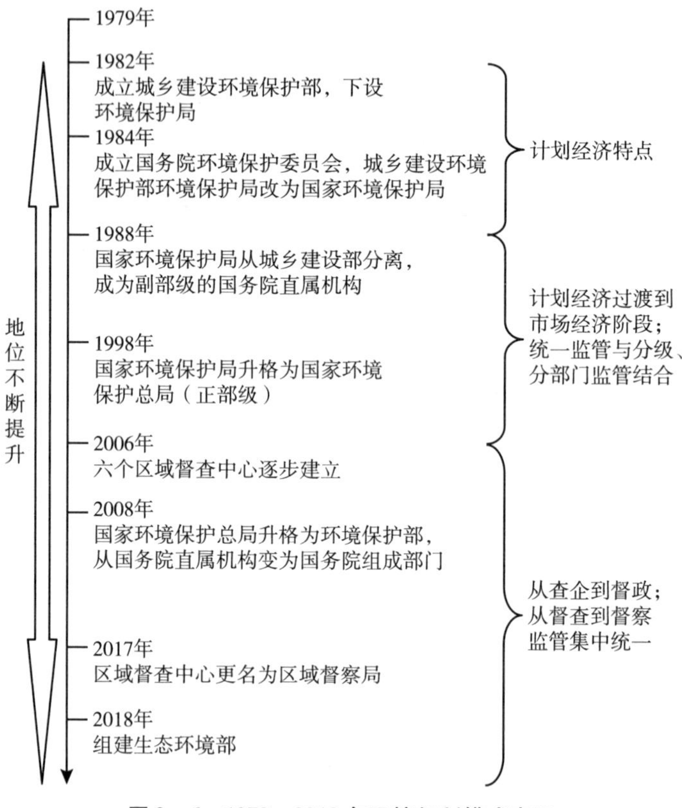

图 2 –6　1979 ~2018 年环境规制模式变迁

第四节　不同期刊来源比较分析

按照前文时间跨度划分，本节把 1998～2018 年划分为三个阶段，即 1998～2001 年、2002～2012 年、2013～2018 年①。来源类别分别选取 CSSCI、核心期刊、全部期刊，其余条件同上，检索结果如表 2－4 所示。

表 2－4　　1998～2018 年阶段性不同期刊排名前 15 的关键词

序号	1998～2001 年			2002～2012 年			2013～2018 年		
	CSSCI	核心期刊	全部期刊	CSSCI	核心期刊	全部期刊	CSSCI	核心期刊	全部期刊
1	金融监管	金融监管	金融监管	金融监管	金融监管	金融监管	环境规制	环境规制	金融监管
2	金融风险	金融风险	金融风险	环境规制	食品安全	食品安全	金融监管	金融监管	互联网金融
3	中央银行	中央银行	中央银行	食品安全	银行监管	银行监管	互联网金融	互联网金融	环境规制
4	保险监管	自然垄断	证券市场	金融危机	环境管制	金融危机	食品安全	食品安全	食品安全
5	证券市场	监管体系	监管体系	银行监管	金融危机	监管模式	技术创新	商业银行	风险
6	自然垄断	监管体制	WTO	自然垄断	自然垄断	法律规制	商业银行	影子银行	质量安全
7	改革	证券市场	自然垄断	法律规制	商业银行	会计监管	资本监管	风险	农产品
8	放松管制	改革	混业经营	博弈	监管模式	监管体系	演化博弈	技术创新	商业银行
9	监管体制	放松管制	保险监管	改革	改革	自然垄断	宏观审慎监管	资本监管	监管体系
10	监管体系	金融自由化	金融创新	监管模式	法律规制	金融创新	影子银行	法律规制	影子银行
11	偿付能力	保险监管	改革	保险监管	监管体系	商业银行	环境管制	监管体系	法律规制

① 检索时间为 2019 年 3 月 5 日。

续表

序号	1998～2001 年			2002～2012 年			2013～2018 年		
	CSSCI	核心期刊	全部期刊	CSSCI	核心期刊	全部期刊	CSSCI	核心期刊	全部期刊
12	证券监管	WTO	放松管制	商业银行	会计监管	监管体制	金融创新	宏观审慎监管	市场监管
13	创新	网络银行	银行监管	次贷危机	保险监管	博弈	门槛效应	演化博弈	监管模式
14	银行监管	证券监管	金融自由化	监管体制	信息披露	证券市场	风险	金融创新	金融创新
15	土地用途管制	混业经营	竞争	宏观审慎监管	金融创新	风险	法律规制	金融风险	安全监管

1998～2001 年阶段性关键词统计分析中，三类期刊来源论文关键词差别不大，研究热点基本属于经济性规制领域，涉及“中央银行”“证券市场”“保险监管”“自然垄断”等方面。核心期刊在此阶段出现了“网络银行”，紧跟时代步伐。由于网络技术的发展，改变了传统的信息传播方式，该时期学者的研究成果普遍认为网络银行将成为 21 世纪银行业发展的主流趋势，尹龙 2001 年在《对我国网络银行发展与监管问题的研究》一文中指出监管当局的首要问题不是要不要监管，而是如何应用适当的策略和程序进行监管。同时借鉴国外网络银行监管的美国和欧洲两种模式经验，结合我国现存的银行竞争力与监管抑制、社会监管成本与监管效率、银行创新与标准统一、国内银行保护与社会福利损失等实际情况，从监管框架、次序、市场进入、退出等诸多方面提出针对我国网络银行监管切实可行的策略①。

在 2002～2012 年阶段中，三类期刊来源论文社会性规制关键词差别较大，特别是环境领域。CSSCI 中“环境规制”已排名第二，占据重要地位，且排名前三的关键词中，两个属于社会性规制。核心期刊中“食品安全”排名第二、“环境规制”排名第四，社会性规制论文比重

① 尹龙．对我国网络银行发展与监管问题的研究［J］．金融研究，2001（1）：76－86.

较 CSSCI 更少。而在全部期刊中，“环境规制”这一关键词并没有出现。在社会性规制处于快速发展阶段，CSSCI 走在最前列，普刊略有滞后。在经济性规制领域，CSSCI 已出现“宏观审慎监管”，发文时间大多集中在 2008 年金融危机之后，其中被引量排名前三的论文为《关于宏观审慎监管框架下逆周期政策的探讨》（李文泓、2009）、《金融危机改革的理论综述》（谢平、2010）、《从微观审慎到宏观审慎：危机下的银行监管启示》（巴曙松，2010），学者主要针对金融危机提出金融监管改革方向，紧跟社会热点，具有良好的时效性。

在 2013 ~ 2018 年，CSSCI 和核心期刊排名前 15 的关键词基本一致，且顺序同步，“环境规制”取代一直占据第一的“金融监管”，社会性规制地位提升，经济性规制进入创新期。核心期刊中“宏观审慎监管”开始出现，紧跟 CSSCI 的研究步伐。但在全部期刊中，“环境规制”才开始出现，且社会性规制研究内容分散，包括“质量安全”“农产品”“安全监管”等，区别于其他两类期刊仅集中于“环境规制”与“食品安全”。对于“演化博弈”等分析手段的应用，普刊远远滞后。

整体来看，在政府监管起步时期，不同期刊来源论文研究重点大体相似，偏重经济性规制。进入到全面推进阶段后，CSSCI 不论研究内容还是手段，都领先于其他期刊。在政府监管改革创新阶段，核心期刊关键词几乎与 CSSCI 相同，而普刊研究重点分散且滞后。但由于普刊数量较大，因此能够使研究对象更加全面充分。

第三章

近 20 年国外政府监管研究进展与热点分析

对国外政府监管进展与热点分析是我国转变政府职能、推进放管服改革的重要基础理论。本书利用文献计量分析与图谱法、归纳演绎法，对近 20 年国外政府监管的研究进展、知识基础、研究热点、知识演进等方面进行深入分析。研究发现社会性监管、金融危机、监管风险、视角变迁、全球化监管是五大热点研究方向。美国的监管研究沿着进步时代—新政时期—社会体制—效率体制—全球化监管的进路展开；英国从对市场失灵的狭义角度，转向更具有分散性和去中心化的监管治理。

第一节 研究进展

政府监管是现代市场经济中不可或缺的制度安排，监管政策的研究是市场与政府关系的不断探索，是经济社会不同发展阶段的体现。监管的范围与深度，即监管问题，是近年来监管经济学争论的焦点。

早期的监管研究分散于微观经济学和产业经济学中，直到 20 世纪 70 年代，研究者采用规范的经济学供求研究范式，并将以前的研究加以系统化时，规制经济学才从产业组织理论中区分出来，成为一门独立的学科。美国经济学家卡恩（A. E，Kahn）在其 1971 年出版的《规制经济学原理：原理与制度》以及《贝尔经济学与管理科学杂志》（The Bell Journal of Economics and Management Science）的创刊，代表着规制经济学学科的诞生。[①] 1989年《规制经济学杂志》（Journal of Regulatory Economics）的创刊，成为发表监管经济学发展最新前沿动态的核心期刊。20世纪80年代，监管经济学在委托—代理理论、机制设计、信息经济学的研究方法支持下有了极大发展。[②] 20世纪90年代，拉丰和梯若尔（Laffont and Tirole）突破前人研究，加入了信息不对称条件，运用博弈论等方法，出版了《政府采购与规制中的激励理论》，标志着新监管经济学的诞生。此后的规制经济学研究重心逐渐转移到理论的具体实践应用上。[③]

目前，国外政府监管发展已相对成熟，体系较为完整，基本形成了一门相对独立的学科。我国政府监管研究起步较晚，基础相对薄弱。从国外正规监管政策的演变背景、进程、趋势、特点的考察中，了解国外监管研究的全貌，获得政府与市场关系的启示，也为中国监管政策的演进提供经验借鉴。因此，对国外监管经济学研究文献进行回顾与总结，有助于把握其发展动态和研究前沿，有利于我国监管经济学研究的发展与创新。当前国外学术界围绕监管经济学学科的知识基础和研究热点有哪些？监管经济学的理论进展如何？学科影响评价如何？这些问题都需要系统归纳与梳理。本书采用文献计量和归纳演绎方法，对国外相关期刊文献进行深入分析、归纳、梳理，一方面，通过寻找监管经济学近十年的知识基础、研究热点、研究进展、影响评价等，总结国外现有研究的突出优势与不足之处，为国内相关研究指明方向；另一方面，深入探讨监管经济学理论及其实践应用，尤其在我国转变政府职能、放管服改

① 邓菁．监管经济学研究范式的演进与变革——基于科学研究纲领的视角［J］．中南财经政法大学学报，2017（6）：32－40.

② 张红凤，杨慧．监管经济学沿革的内在逻辑及发展方向［J］．中国社会科学，2011（6）：56－66.

③ 王俊豪，王岭．国内管制经济学的发展、理论前沿与热点问题［J］．财经论丛，2010（6）：1－9.

革大背景下，针对放松经济性监管、强化社会性监管的现实需求，为提升监管的科学化水平提供必要的理论支撑，促进市场监管制度的不断完善，提高监管效果。

为了清晰权威地展示该领域的研究热点与趋势，本书搜索的国外文献来自 Web of Science（WOS）数据库，其中的 SSCI 索引。具体的数据获取方法：主题 = “regulation” or “regulatory”、时间跨度 = 1998 ~ 2018、year = 2、文献类型 = article、Web of Science 类别 = economics，进一步排除部分图书章节、会议论文、已撤销的出版物，得到有效 SSCI 期刊文献共计 12972 篇。

本书对国外文献采用文献计量分析法和归纳演绎法进行研究。文献计量分析（biliometric analysis）是当下主流的文献分析方法，采用数学、统计方法，对文献体系和文献计量特征进行文献聚类、数量、变化规律的研究，进而讨论某一学科领域的知识结构和规律。文本选择 Citespace V 软件对文献进行计量分析，它是一种可视化软件，能分析和挖掘某学科领域的现状、热点及变化趋势，同时绘制学科的知识图谱。本书使用 Citespace V 对文献的知识基础与热点主体进行描述分析。归纳演绎法主要针对研究对象的研究进展、影响评价等进行分析探讨。归纳和演绎是辩证统一的，二者互为条件、相互补充、相互转化，通过对某一现象中两个侧面的研究，使得研究视角、内容更加全面。①

研究发现美国以“命令—控制”的进路形成了监管国，研究可以分为 5 个阶段：1880 ~ 1920 年进步时代—1920 ~ 1930 年新政时期—1960 ~ 1970 年社会体制—20 世纪 80 年代效率体制—21 世纪全球化监管；英国为代表的 OECD 国家的研究视角突破了“命令—控制”的思路，因为经常遇到的是碎片化、分散化的监管权力，形成了“去中心化的监管”，这已经成为欧洲学者对监管研究的独特贡献。同时监管经济学还存在很多困惑和悖论，如在市场发挥重要作用的同时，监管数量也

① 李杰，陈超美 . CiteSpace：科技文本挖掘及可视化（第二版）[M]. 北京：首都经济贸易大学出版社，2017.

惊人的增长；怎样解释监管失灵的性质；如何解释不同的监管风格和进路，这些问题还需要理论与实务界加以思考。

第二节　知识基础与研究热点

一、描述性分析

从图3－1可见1998～2018年间，监管经济学研究的文献数量从1998年242篇，到2018年1035篇，呈现先缓慢，再加速，后波动上升的趋势，大致分为探索起步——高速成长——蓬勃发展三个阶段。第一阶段1998～2004年间，发文量在242～320篇之间缓慢波动上升；第二阶段2005～2013年间，发文量从301篇猛增到958篇，文献数量明显增多；第三阶段2014～2018年间，发文量保持在902～1035篇之间小幅波动上升。

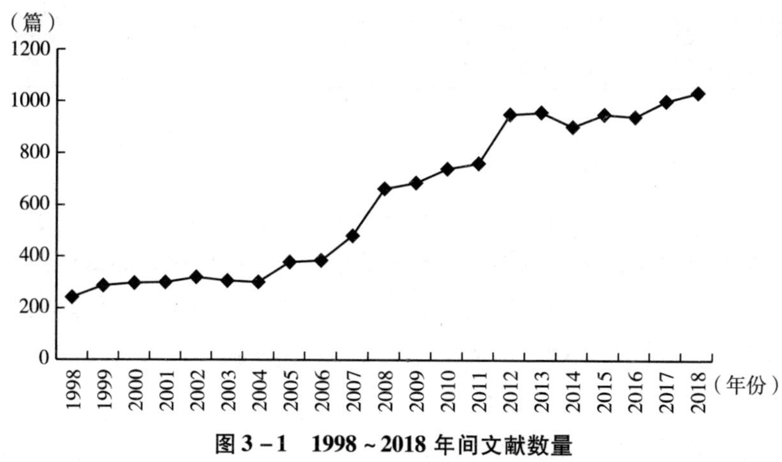

图3－1　1998～2018年间文献数量

从被共引期刊分布来看，表3－1列举了前10位核心被共引期刊，这几种期刊相对于其他期刊来说具有更重要的研究价值，他们共同构建了监管经济学的研究基础。除了表3－1中前10名高频次期刊外，规制经济学杂志（*Journal of Regulatory Economics*）是国外研究监管的专业期刊，1989年出版至今，共发文899篇。这本期刊为分析监管理论和制度提供了一个高质量的平台，为研究人员、决策者和机构提供了当前理论和实践的视角。

表3－1　　高频被共引期刊（前10位）

期刊	文献数量	中心性
美国经济评论（*The American Economic Review*）	5157	0.47
政治经济学杂志（*Journal of Political Economy*）	3460	0.11
经济学季刊（*Quarterly Journal of Economics*）	3172	0.12
计量经济学（*Econometrica*）	2764	0.06
经济与统计评论（*The Review of Economics and Statistics*）	2067	0.15
金融杂志（*Journal of Finance*）	1994	0.05
经济研究综述（*The Review of Economic Studies*）	1890	0.01
经济展望杂志（*Journal of Economic Perspectives*）	1863	0.00
兰德经济学杂志（*The Rand Journal of Economics*）	1847	0.10
法学与经济学杂志（*Journal of Law & Economics*）	1793	0.05

二、知识基础

文献计量学认为，两篇文献同时被第三篇文献引用，那么这两篇文献形成共引关系，具有共引关系的全部文献将形成聚类。聚类研究揭示了研究领域的知识基础，引用聚类的文献则表示研究前沿（上述第三篇文献）。

知识基础是由聚类分析得出，表示研究领域中文献的引文和共引的轨迹，具有一定的稳定性，它能反映出该研究领域的知识基础本质，明确对象的研究动态，并预测研究趋势。本文利用Citespace V软件绘制近20年间国外监管经济学领域的知识基础，Node Types = Cited reference，其他设置不变。12972篇文献络中含有587个节点，1634条连线，网络密度0.0095。图中节点代表被共引文献，连线表示共引强度，连线越粗表示文献间联系越密切；圆圈的大小表示共引文献的频次；颜色代表年份，时间越久远，颜色越深，反之越浅。进一步整理10篇文献的具体信息，表3-2归纳了12972篇文献中排名前8位的被共引文献的题目、作者、被共引频次、时间。

表3-2　　国外监管经济学研究被共引文献（前8篇）

文献名称	作者	频次	年份
银行治理、监管与风险承担（Bank governance，regulation and risk taking）	莱文森（Laeven）	76	2009
劳动规制（The Regulation of Labor）	波特罗（Botero）	66	2004
2007~2008年流动性和信贷紧缩研究（Deciphering the Liquidity and Credit Crunch 2007-2008）	布伦纳迈尔（Brunnermeier）	57	2009
金融危机的影响（The Aftermath of Financial Crises）	莱因哈特（Reinhart）	54	2009
银行监管：何者最有效？（Bank regulation and supervision：what works best?）	小巴斯（Barth）	46	2004
金融监管的宏观审慎方法（A Macroprudential Approach to Financial Regulation）	汉森（Hanson）	45	2011
进入管制是创业的障碍（Entry regulation as a barrier to entrepreneurship）	克拉珀（Klapper）	42	2006
污染避风港效应分析（Unmasking the pollution haven effect）	莱文森（Levinson）	38	2008

从被共引频次看，美国学者莱文森（2009）的《银行治理、监管与风险承担》76次，布伦纳迈尔（2009）57次、莱因哈特（2009）54次、巴斯（2004）46次、汉森（2011）45次。它们出现于金融危机时

期，对放松监管后引起金融业风险增加，从理论上加以阐述，是成为高频共引文献的主要原因。莱文森（2009）对银行风险、银行所有权结构、银行监管制度三者进行了评估，结果发现银行风险承担随各银行公司治理结构内股东的相对权力而呈正相关。这样，风险监管边际效应的实际标志随着所有权集中程度而变化。这些发现表明，相同的监管对银行风险承担具有不同的影响，这取决于银行的公司治理结构。这篇论文的研究成果，为金融监管的发展提供了源动力。① 布伦纳迈尔（2009）研究了资产市场流动性与交易者资金流动的关系，来解释中央银行进行金融监管的理论机制。研究发现经销商的资金驱动了资本市场的流动性，如果经销商的利润不稳定或与消费者需求冲突，会引起流动性螺旋。当市场出现短暂的价格变化时，中央银行可以向金融家发出信号，表明价格的下降是流动性事件，而非基本面永久的减少，从而恢复市场的流动性。② 莱因哈特（2009）考察了金融危机之后衰退的深度和持续时间，银行业危机与产出和就业的大幅下降有关。该文献是次贷危机后有关金融监管研究的重点被引文献。③ 巴斯（2004）利用在107个国家建立的银行监管新数据库，评估了政府对银行监管的不同做法，并评估了不同监管政策的有效性。第一，评估了两种监管理论的有效性，包括政府监管以纠正市场失灵和政府监管以支持政治选区；第二，评估了一系列广泛的监管和监督政策对银行业发展和脆弱性的影响，研究结果表明在促进银行业的良好表现和稳定方面，最有效的监管做法是那些强制准确披露信息、增强私营部门对银行的监督、鼓励私人代理人实施公司控制的做法。④ 汉森（2011）对107个国家的银行监管和监督进行了评

---

① Laeven L, Levine R. Bank governance, regulation, and risk taking [J]. Journal of Financial Economics, 2009, 93 (2): 259 -275.

② Brunnermeier M K. Deciphering the Liquidity and Credit Crunch 2007 -2008 [J]. Journal of Economic Perspectives, 2009, 23 (1): 77 -100.

③ Reinhart C M, Rogoff K S. The Aftermath of Financial Crises [J]. American Economic Review, 2009, 99.

④ Barth J R, Caprio G, Levine R, et al. Bank Regulation and Supervision: What Works Best? [J]. Journal of Financial Intermediation, 2001, 13 (2): 205 -248.

估，以评估具体监管和监管实践与银行部门发展、效率和脆弱性之间的关系。①

波特罗（2004）66次、莱文森（2008）38次，是社会性监管研究的高频被共引文献。近20年间经济发展和居民生活水平的提高，使得社会性监管依然是研究的重点领域，劳动安全、产业安全、就业机会、环境污染、产品质量等都是近年来社会经济关注的焦点，是文献多次被共引的原因。波特罗（2004）从85个国家的就业、集体关系、社会保障法调查了劳动市场的监管。发现法律渊源比政治因素对监管的变化有更大的影响。较重的劳动监管与劳动力参与率低和失业率高有关，尤其是年轻人，这些结果最自然地与法律理论相一致。②莱文森（Levinson，2008）利用理论和经验来检验环境监管对贸易流动的影响。选择1977～1986年美国对130个制造业的监管以及与加拿大和墨西哥的贸易数据，对该模型的简化估计表明，削减成本增加的行业净进口增长最大。对于平均行业，归因于监管成本的净进口变化占同期贸易总额增长的10%。③

克拉珀（2006）42次，研究经济性监管，他利用一个欧洲企业的综合数据库，研究了市场进入监管对新有限责任公司的创建、进入者的平均规模以及现有公司成长的影响。研究发现，严厉的法规阻碍了新公司的创建，特别是在那些自然应该有高进入的行业。进入监管还迫使新进入者规模更大，并导致自然高进入行业的现任公司增长更慢。④

① Hanson S G, Kashyap A K, Stein J C, et al. A Macroprudential Approach to Financial Regulation [J]. Journal of Economic Perspectives, 2011, 25 (1): 3－28.

② Barth J R, Caprio G, Levine R. Bank Regulation and Supervision: What Works Best? [J]. Social Science Electronic Publishing.

③ Levinson A. Unmasking the Pollution Haven Effect [J]. International Economic Review, 2008, 49 (1): 223－254.

④ Klapper L F, Laeven L, Rajan R G, et al. Entry regulation as a barrier to entrepreneurship [J]. Journal of Financial Economics, 2006, 82 (3): 591－629.

三、研究热点

词频是指文献中出现词语的次数。词频分析法是通过文献中提取的关键词或主题词的频次高低分布，来研究该领域研究热点和发展动向的方法。关键词可以体现文献研究领域的热点内容。本书通过 Citespace V 关键词图谱分析，NodeTypes = Keywords，其他设置不变，代表对共现关键词做文献计量分析，得到图 3 -2。图中三角符号大小表示含有该关键词文献数量的多少，一个关键词与其他关键词的连线表示词汇被不同研究方向关注，具有学科交叉性。中心性超过 0.1 代表影响力较大，说明对该词开展的研究具有更多的意义。图谱中节点 121 个，连线 796 条。排除监管（regulation）以外的关键词，将出现频率大于 200 次以上的关键词进行分类，大致可以分成 5 类。

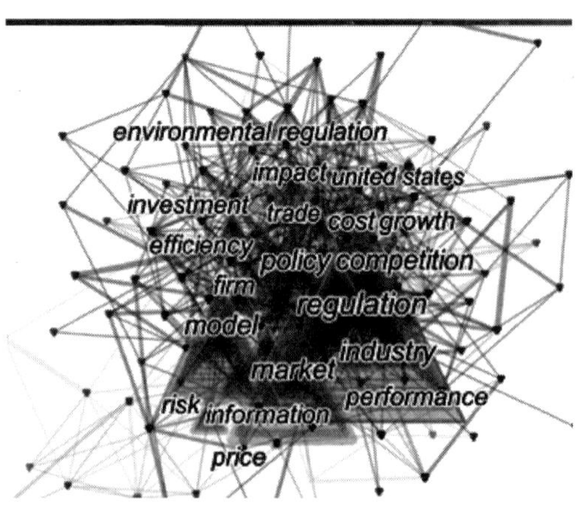

图 3 -2　国外监管经济学文献高频关键词图谱

（一）区域性焦点领域（geographic concentration）

该分类集中出现于 2001 年，主要包含关键词有 industry、cost、impact、price、environment regulation、united states、quality、pollution 等。

这部分研究围绕地区监管目标、方法、效果等方面展开。20世纪80年代~90年代初，世界格局成多极化发展，形成欧盟、北美自由贸易区、亚太经济合作组织三大区域经济集团。21世纪初，三大区域组织的发展态势继续深化。食品安全、空气污染、环境恶化、能源枯竭、恐怖袭击等，监管的公共行政网络是全球化的，显然各国应当正是公共行政网络的实现，关注国家内部与跨国、国际监管之间的复杂关系，关注不同文化情境对监管关系的影响，部分学者认为，寻找区域、全球化的监管设计，还存在一些问题。①

（二）金融危机（financial crisis）

研究文献在2008年后数量明显增多，主要包括demand、liquidity、monetary policy、systemic risk、bank、moral hazard、insurance等关键词。2008年美国次贷危机演变的全球金融风暴，让研究者对于金融行业放松监管提出了质疑，金融危机的产生与放松监管有密不可分的联系，重新建立有效监管是这一时期文献增加的主要原因。

（三）视角变迁（transition）

研究集中出现在1999年，主要包含的关键词有firm、incentive、reform、europe、liability、choice等。传统的监管从整理市场失灵出发，认为政府是有效治理市场的手段，将政府看作监管者，政府拥有更多的资源有能力处理非合规的现象。从OECD国家近年来的研究与实践中发现，监管体系中的主体包括政府、监管机构、非政府组织，如私人、企业、媒体、协会、社团等形式，不同的主体在监管空间中占据不同成分的资源，监管资源的碎片化和监管主体的多元化，使得研究视角发生了转变，也给监管经济学的发展带来了创新与挑战。②

---

① 倪子靖．监管俘获理论的变迁［J］．制度经济学研究，2008（3）：94－119.

② 罗伯特·鲍德温著，宋华琳，李鸻，安永康，卢超译．牛津监管手册［M］．上海：上海三联书店，2017.

（四）监管风险（regulatory risk）

分类集中出现于 2000 年，主要包含关键词有 behavior、demand、reform、incentiveregulation、capitalregulation、expenditure、creditrisk、scale 等。监管的产生是在相当程度上控制风险或者使风险最小化的一种行为，而现代技术的发展，如医药、杀虫剂、核能以及采用技术的决策或行为，在降低饥荒、瘟疫、资源消耗的同时，也潜伏着不确定性，威胁着人类健康与生存环境。技术风险无所不在，有转化成巨大灾难的随机性、突发性。历史和经验已经证明无论国家、国际组织、非政府组织、企业、个人等都不能独立的应对技术风险。主体多元化、合作互补、符合的全球化风险治理体系，成为必然的发展选择。①

（五）社会性监管（social regulation）

该分类集中出现于 1998 年，主要包含关键词有 environment regulation、food safety、pollution、standard、model、management、liability 等。监管从社会性的角度看，它并不强调通过促进产业发展或提高市场活力，而更重视在高度工业化的生产中视保护公众健康、环境，减轻健康与环境给公众带来的风险。包括美国环境保护局具有环境立法权，设立工业废水废气排放类别和数量的标准，采用污染控制技术，监管生产场所安全和职业有害物等。20 世纪 90 年代以来，世界经济全球化与区域经济集团化发展。地区间经济发展的同时也来带了压力与挑战。在这个历史背景下，监管的设计面临着重大问题。发展中国家与发达国家相比，较少重视社会性监管，但跨国职业安全与健康、全球环境保护，都不是一个具体国家政策所能监管的。

---

① 李晓新．经济制度变迁与法律监管［M］．北京：法律出版社，2016.

第三节　知识演进

政府监管的发展往往与政策与制度的时代特征有关，它塑造了国家、社会中不同利益部门、经济参与者之间的关系。监管政策是在各部门追求利益目标的过程中被设立出来的，那么当新的政策和制度结合在一起时，将产生新的提议，来回应之前失败的执行措施。本文总结了典型国家或地区的前沿理论进展，梳理近20年间国外政府监管的理论热点与知识演进。

国外政府监管研究领域中，不同国家的研究实力也不同。Node Type = Country，其他参数不变，得到地理分布图谱。图3-3中，国家名称大小、引文年轮大小表示发文量多少。1998年有很多国家展开政府监管的研究，引文年轮代表发文数量，美国发文量排名第一，共4877篇。其他国家包括英国1500篇、德国1005篇、法国751篇、加拿大615篇、澳大利亚575篇、中国565篇、意大利558篇、西班牙篇、荷兰483篇等；2000~2002年间，希腊、土耳其、波兰、爱尔兰、哥伦比亚、印尼、卢森堡等国家开展研究；2003年以后，乌克兰、罗马尼亚、立陶宛、匈牙利、克罗地亚等国家也逐步展开研究。

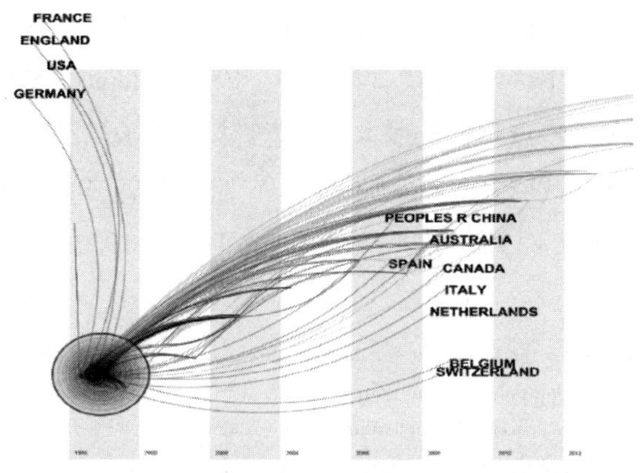

图3-3　国外监管经济学文献地理分布图谱

从图中引文年轮的大小，我们得到，关键国家可以分成 1998 年大量发文国家如美国、英国、德国、法国等，及 2000 ~ 2002 年间发文国家和其他国家。美国的文献产生时间较早，发文量最多，为 4877 篇，美国文献数量占国外文献总数的 37.6%，远远超过排名第二的英国。说明美国在规制研究广度、深度上都远远超越其他地区。从连线上看，连线代表不同文献具有相同研究方向，其中 1998 年发文国家与 2000 ~ 2002 年间发文国家的文献、与其他国家的文献都有高度相关关系，2000 ~ 2002 年间文献与其他国家研究也有很多借鉴之处。说明世界各国保持着较多的学术交流与合作，世界各国不仅在本国知识基础的成果上丰富研究，也保持着与世界其他地区的同步，让政府监管的发展走向国际化。20 世纪 90 年代，全球经济中不同市场的整合使得国内的消费者与生产者更容易受到全球决策的影响，一国以内的监管正在受到挑战。现在虽然难以确定监管的主要构成，但一个全球化的监管体制正在涌现。

一、美国

美国在政府监管的研究中具有重要地位，从研究时间和研究成果来看，都领先于其他国家。美国采用典型的“命令—控制”机制设立目标、控制体系。监管的话语在社会、国家组织、政府策略中蔓延，已经让我们生活在一个“监管国”的时代（Majone，1997；Moran，2002）。[①②] 美国与其他国家不同的特点是，从根本上将监管权力下放给地方机构，而没有建立广泛的全国性政府（Waldo，1948）。[③] 监管在美国的发展阶段可以分为 5 个阶段：1880 ~ 1920 年进步时代——1920 ~ 1930 年新政时期——

① Majone G D. From the positive to regulatory state：Causes and consequences of changes in the mode of governance [J]. Journal of public policy，1997，17 (2)：139 - 168.

② Moran M. Review article：Understanding the regulatory state [J]. British journal of political science，2002，32 (2)：391 - 413.

③ Waldo D. The administrative state [M]. New York：Ronald press co. 1948：70 - 78.

1960~1970年社会体制—20世纪80年代效率体制—21世纪全球化监管。

1887年美国成立了最早的经济监管机构州际商业委员会，同时颁布了监管商务法。1907~1913年，美国29个州各自设立了监管委员会，完成监管机构和功能的初步设置。这一时期的监管主要针对市场失灵，包括对铁路、运输、电力、通信、民航、金融等领域的反垄断。这一时期的监管具有如下假设：认为政府是有能力而且有效率的校正市场。19世纪末20世纪初，美国进步主义运动倡导改革信念是：行政与政治分离，行政可以委托给专家型的行政官员（Wilson，1887）。[①] 在这种角度下，美国的监管机构和活动逐步兴起。

1929~1933年爆发的大萧条，让凯恩斯主义与国家干预主义兴起，罗斯福上台后通过70多个新政立法，设立监管机构，核心内容是出于公共利益与经济增长的需求对私人产权进行控制，主张国家干预。此后的几十年间，美国政府支出不断增长，政府也成为最大的投资者。这些政策为美国带来了数十年的经济稳定，并强化了联邦政府对公用事业价格和进入的控制程度。罗斯福新政是一个分水岭，国家保持高度乐观的姿态，支持监管机构的增加，标志着美国“监管资本主义”时代的来临。

社会体制即注重社会性监管，出现在1960年后，经过了大萧条时代政府干预为美国带来十余年的经济稳定与发展之后，人们关注的焦点从过去的纠正市场失灵，转移到健康、环境、安全、质量和诸多生活质量和社会公平相关的问题上。这段时间里，美国成立了环境保护署、消费者安全委员会、核监管委员会等机构。在机动车安全、产品设计、水和空气污染及其他领域的监管中，也见证了围绕社会公平正义的一系列创意的复兴（Sunstein，1990）。[②]

效率体制是监管的一个特殊时期，它出现在20世纪70年代后期，产生于对新政时期乐观主义的怀疑和对社会性监管机构的不满，体现在

---

① Wilson W. The study of administration [J]. Political science quarterly，1887，2（2）：197-222.

② Sunstein CR. After the rights revolution：reconceiving the regulatory state [M]. Cambridge MA：Harvard university press，1990：30-45.

监管成本收益的度量上，如繁文缛节、超负荷、经济和社会生活的过度官僚化，社会体制被证明是美国历史上成本最高的监管措施。有批评家提出，监管构成了竞争和经济增长的主要壁垒，之后政策演变的焦点集中在监管质量和方向。监管转向了合规成本和监管负担，随着监管改革和去监管的提议，引起了监管机构的变化，包括对被监管主体的授权或市场监管的运用。“更好监管”意图将繁文缛节、监管质量、理性规划中建立沟通的桥梁。表 3-3 介绍了从市场体制到效率体制阶段美国监管机构设立和法律颁布情况。①②

表 3-3　　美国监管机构与监管法律

监管机构	监管法律	监管目标
州际商业委员会 1887	监管商务法 1887	监管运输路线、费率、营业守则
食品和药品管理局 1906		监管食品药品的生产颁发许可
联邦储备委员会 1913		对商业银行进行监管、制定信贷和货币政策
联邦家庭贷款银行委员会 1932	银行法 1933	监督联邦特许储蓄、家庭出去和家庭融资机构
联邦储蓄保险公司 1933	银行法 1933	监督投保银行业务
证券与交易委员会 1934	证券法 1933，证券交易法 1934	监管证券发行交易中的行为
联邦通讯委员会 1934	通信法 1934	监管洲际电信和广播业
联邦电力委员会 1935	公用事业法 1935，公用事业控股公司法 1935	监管电力批发业务
联邦海事委员会 1936	联邦海事法 1938	监管远洋运输费率
民用航空管理局 1948	航空邮寄法 1934，机动运输法 1935，民用航空法 1938	监管民用航空业金融和费率标准

① 丹尼尔·史普博．监管与市场［M］．上海：上海人民出版社，1992.

② 陈镇明．政府再造——西方“新公共管理运动”述评［M］．北京：中国人民大学出版社，2003.

续表

监管机构	监管法律	监管目标
联邦航空管理局 1984		监管航空领域行为
国家公路交通安全局 1970		监管公路交通安全行为
环境保护署 1970		监管企业的环境质量标准
证券投资者保护委员会 1970	证券交易法 1934	监管证券投资行为的交易秩序
消费者安全委员会 1972		监管消费品安全标准
核监管委员会 1974		对民用核电厂许可
	银行法 1933	放松银行业洲际监管
	天然气监管法 1989	放松天然气的价格监管
	通信法案 1996	放松电信市场监管
	小企业公平监管法 1996	放松中小企业监管
	国会审核法 1996	限制联邦政府的监管权限
	金融现代服务法 1999	允许金融机构混业经营
	监管改革法 2002	降低政府监管成本、提高监管质量

进入 21 世纪后，当政策制定和改革者关注改造政府和回归市场时，全球经济中不同市场的参与者越来越多受到全球范围内决策的影响，一个全球化的监管正在涌现。全球化监管根据不同的制度，具有多种形式，各具优缺点，从各国政府监管能力由强到弱，出现了合作、协调、国家监管条约、国家监管机构、国际标准体系 5 种国际化监管程度。对应的例子分别有国际反垄断、消费者产品安全监管协作、《京都议定书》、欧盟对环境的监督、ISO140。

美国在全球化监管中的反垄断政策是有必要的。1993 年克林顿当局控制了反垄断机构，政策的支持者认为传统的反垄断执法不能适应美国的国际竞争力，1994 年反垄断司加强了与加拿大、日本、欧盟地区的反垄断机构合作，同时《国际反垄断执法协助法》在国会通过，美国与澳大利亚、巴西、加拿大、德国、欧盟、以色列、日本开展合作或双边协议。同时美国与 OECD 成员国、北美自由贸易协定成员国寻求政策与实践的协调。还为苏联加盟共和国、拉美国家提供技术支持，推进国际化反垄断监管。

国内政策的局限性导致了人们开始寻找全球化的解决方案，同时全球化监管也遇到了一系列问题：目标多元化、“搭便车”、缺乏可信的制度、参与机制不完善。如对于环境政策，环境与发展世界委员会提出对污染控制和清洁技术的支出需要与收入和消费相平衡，这一理念在发达国家、高收入地区、对环境质量高偏好的地区容易被接受，而在发展中国家、低收入地区还不能接受这种理念。如何协调不同国家目标与可持续发展是全球监管面临的目标多元化问题。“搭便车”问题源于全球政府的缺失，给人们留下“搭便车”预期的激励。《京都议定书》是为发达国家设定的“一揽子”减排目标，而其批准与实施的过程是缓慢的。“搭便车”的思想可以使不履行义务的国家享受他国环保带来的收益，同时也没有提高本国环保的成本，“搭便车”国家获得成本优势得以迅速发展。实施可信的惩罚制度能解决“搭便车”问题，它可以减少“搭便车”的收益，重新计划对不同发达国家程度的影响。全球监管的背景下，公共制度的缺失会使国家接受非政府组织的标准。这些标准的参与是自愿的，缺少强制性，相比较法律制度，标准实现的目标是有限的。

二、英国

20 世纪 70 年代以来，经合组织（OECD）成员中，监管逐渐成为一种重要的政策工具。从公共政策领域利用监管工具的走向，与不断发展的国家政府期许与特征，以英国为代表，来阐述国家监管治理过程中的主要观念及其应用。以英国为代表的 OECD 成员的研究视角突破了“命令—控制”的思路，他们认为仅仅聚焦监管机构具有相当的局限性，因为经常遇到的是碎片化、分散化的监管权力，已经成为欧洲学者对监管研究的独特贡献。英国政府的监管研究可以从 1950 年起，以进入21世纪作为时间划分标志，分成两个阶段。

早期的监管研究集中在产业经济学和福利经济学，主要关注政府通过监管纠正市场失灵的过程与作用。传统的观念认为，经典的或科层式的监管是有效的。[①] 1997年大选获胜的英国工党，在之前保守党政府遗留的监管体系下，建立了数个新的监管机构，如金融服务管理局、食品标准局，引入国民医疗服务体系作为公共服务提供者和国家检察署的外部监管。1950年英国政府对企业国有化进行控制，生产和消费进行行政控制，通过公共投资、公有制企业、税收来保持经济稳定，中央政府形成公益领域的科层式官僚机构。而在某些重要的经济生活领域，如金融市场、法律职业、医疗职业、大学，允许行业自我监管。还有工作安全、食品卫生、种族平等领域，不受政府和自我监管的控制。

英国政府体系出现的整体式转型主要产生于撒切尔时代，主要原因包括经济、政治、文化变迁的多重作用。20世纪70年代末期，英国的竞争问题开始显现，激发了政府机构改革的动力；这一时期经济的低迷和公众对政府的怀疑，促使之前的政府模式变得不合时宜；1973年英国加入欧洲经济共同体，加速了科层社会的瓦解，推动监管向欧洲化和全球化、监管权力化的改革。这时的英国政府不再试图管理整体经济，而是强调通过干预来纠正特定的市场失灵；旧的文官科层逐渐瓦解，倾向于松散、相互协调的公共机构体系；控制体系从公有制转化为受监管的私人产业组成的网络；社会性监管受到法律控制，服从于监管机构。

这时期监管领域核心的问题在于监管资源的碎片化。同时，治理一词从政府活动到公司治理被赋予了更广泛的含义，其导控主体不仅限于国家和公司，已经覆盖了如体育、社会、宗教组织等非政府主体。所以新近的研究对监管经济学进路的假设提出了质疑，尤其是将监管主体转向更多元的主体与工具，去思考在某一监管领域承担监管任务的各种主

---

① 马克·艾伦·艾斯纳著，尹灿译．监管政治的转轨［M］．北京：中国人民大学出版社．2014.

体，以及它们组成的具有思想、利益和机构的“监管体系”，综合考虑监管与治理的观念，使用“监管治理”一词也许更加恰当。[①]“监管空间”的隐喻，核心观点在于，要占有监管权并有能力实施监管，需要相关的资源，而资源呈现分散化或碎片化的形态（Hancher & Moran，2010）。[②] 监管资源包括法律、合同、信息、财富、组织等能力。换句话说，资源的获取和占有能力，未必以科层的形式运作于监管空间中，监管者未必凌驾于被监管者之上。同时在监管空间里，除了监管者与被监管者，还存在很多政府与非政府主体，他们也在不同程度上分享着监管资源，各主体间存在复杂多变的关系，彼此依赖，相互协商。在英国，政府部门保留重要的监管权力，如吊销许可、罚款；而监管机构承担监督和执行的职责。虽然政府机构拥有法律权威，并不意味着可以决定权力运行的方式。当监管资源呈现碎片化形式，非政府的社会治理能在一定程度上解决政府监管失灵。英国对监狱的监督发展过程，是资源碎片化的一个例证。1877 年中央要求地方设立监狱探视员与监狱稽查署，在发生监狱管理危机后，政府重新启用监狱稽查署和狱政监察专员，并将部门监狱外包给私人运营商，设立监狱服务监督局和对外包监狱的控制人。此时监狱监管体系的发展反映出监管权威分散化的问题。英国电信领域也提供了资源碎片化的例子。1984 年诞生的英国电信局是该领域的监管者，在其出现以前英国电信（公司）是垄断运营商，也是政府在电信领域的首席政策顾问，之后将正式权力移交给电信局。政府部门还保留了英国电信（公司）的部分正式监管权力，特别是市场准入的权力。财政部还掌握该公司近一半股份，1991 年财政部将全部股份向公众出售。

这一思考进路提醒我们，在政府能力有限的同时，要认识到非政府主体存在的价值与潜力，这是一种“去中心化的监管”或“混合监管

① 科林·斯科特著；安永康，宋华琳译．监管、治理与法律：前沿问题研究（法学精义）[M]．北京：清华大学出版社，2018.

② Hancher L，Moran M. Introduction：Regulation and deregulation [J]. European Journal of Political Research，2010，17（2）：129－136.

体系”，它在很大程度上关注非政府监管、私人监管、私人主体与公共主体之间的关系。这种思想进路，对“监管国”的研究提出挑战，监管国描述成政府通过监管对私人活动加以干预和控制，并不能涵盖自我监管、私人监管等发展趋势，“后监管国”的关键特征在于淡化国家与市场、公共与私人的区分，这与广义的监管概念更为契合。

随着经济全球化发展，产生了很多全球问题，如金融危机、劳动力市场的增长、环境污染、外部影响等，这些问题让理论和实务界更为关注全球监管。出现了跨国层面的政府组织以及非政府组织，它们制定规则、标准、条约、合同、自我监管等工具。它们分享信息、观念、资源、政策等，协调不同国家的监管行动，分散化、网络化、非科层化是国际化监管的一个特点。总的来说，以英国为代表的OECD成员中，监管一词从公共机构应对市场失灵的狭义角度，转向更具有分散性和去中心化的监管治理。这种转变为监管治理的研究与实践带来了机遇与挑战。

第四章

国外政府监管研究前沿

第一节　行业自我监管

20 世纪 80 ~90 年代以来，西方国家的行业自我监管活动兴起，许多行业开始通过组成行业协会等方式对内部成员的行为进行自我管理。早期的行业自律行为产生的原因主要是传统的政府监管行为逐渐暴露出一些弊端。社会上存在对于政府过度监管行为的指责，很多行业对于政府的严格监管存在不满，于是开展行业自我监管活动来试图避免政府监管。同时，政府部门的监管压力逐渐加大，监管过程的烦琐导致关于社会监管的各项行政性支出不断增加。因此，很多学者从成本收益理论对政府监管进行批判。一些行业为谋取更多的利益，少数公司成员团结起来出于自愿组成的行业协会或者联合组织便成为维护行业成员的共同利益的重要力量，这些组织不断朝着更加专业化、规范化的方向壮大和发展，向外界展现行业正面形象。

一、行业自我监管的优势与局限性

行业自我监管也称行业自律，在西方很多国家，行业自我监管是其监督治理的一大特色。甘宁厄姆和里斯（Gunningham and Rees，1997）认为在某些情况下，行业自我监管是一种有效的社会监管手段，但是在一定程度上被主流监管理论所低估。①

行业自我监管不同于政府直接监管。首先，行业内部的企业群体之间沟通与协商，合作制定出统一准则。随后，通过成员之间依据这些准则对群体的行为进行约束，成员间彼此相互监督。在美国、欧洲和其他发达经济体，随着行业自我监管制度不断完善，政府直接监管作用相对下降。很多国家都在尝试通过行业自我监管方式，走行业自律与政府监管相结合的监管之路。行业自我监管存在于西方国家的许多行业之中，表4－1汇总了西方国家20世纪70年代以来的典型行业自我监管项目情况。

表4－1　　西方国家典型行业自我监管项目情况

名称	国家（地区）	时间	参与组织	目的	项目内容
医疗制药行业自律	欧洲	1978	欧洲制药工业协会联合会（EFPIA）	促使成员能够创新，提供新的治疗方法和疫苗，确保欧洲有一个更健康发展的未来	与患者群体合作，使得他们积极参与有关医疗体系的讨论，EFPIA在2017年为患者组织和其倡导者提供了27019.55欧元的支持。其中包括向欧洲患者论坛提供的12000欧元捐赠和赠款，以及为2017年参加会议的患者组织支持者提供的15019.55欧元的报销；加强行业和卫生保健专业人员（HCP）之间的合作关系，互相交换信息，分享最佳临床实践，EFPIA为2017年参加会议的医疗保健专业人员，报销了1551.76欧元的旅行和住宿费；完善透明披露机制，2016年，要求公开披露支付给医疗专业人士的费用，相关信息可在官网查询

① Gunningham N，Rees J. Industry self-regulation：an institutional perspective［J］. Law & Policy，1997，19（4）：363－414.

续表

名称	国家（地区）	时间	参与组织	目的	项目内容
责任关怀（RC）	美国、加拿大	1985	美国化学工业协会、加拿大化学工业协会	促使化工行业自愿改善安全、健康情况和环境质量	要求参与者遵守六项准则（社区认知和紧急情况应变准则、配送准则、污染预防准则、生产过程安全准则、雇员健康和安全准则、产品监管准则）
处方药营销推广自律	英国	1993	英国制药行业协会（ABPI）、英国处方药行为规范局（PMCPA）	以专业、道德和透明的方式对处方药推广进行限制，确保适当使用药物，提供高质量的医疗服务	所有与患者安全有关的信息必须准确和透明地共享；处方药不得随意向公众推广；向公众提供的处方药信息必须真实，不能误导和鼓励使用特定的处方药；公司必须确保提供的材料是真实的，最新的推广活动必须在市场授权的范围内进行；根据守则对某公司提出的任何投诉，将被视为严重事项，被裁定违反守则的公司会受到制裁
林业自律	全球	1993	森林管理委员会（FSC）	旨在促进对环境负责、对社会有益，在经济上可行的森林经营活动	森林管理公司要取得 FSC 认证的资格，必须遵守有关当地人民合法权利、劳工权利和与森林管理有关的各种原则和标准；FSC 要求进行 FSC 认证的独立第三方机构对其标准的符合性进行认证，并对评估报告、管理计划和定期监测结果进行公开报告
烟草购买年龄限制（We card）	美国	1995	美国烟草协会、烟草零售联盟	改善烟草业的形象，遵守政府关于禁止向青少年出售烟草产品的法律规定	开展青少年禁烟运动；加强媒体宣传活动；在全国各地的加油站、便利店等地的门窗上张贴倡议标志；为商家提供对照日历（每年更新一次，含 18 岁和 21 岁购买时间轴），通过与购买者身份证出生时间对比，决定是否出售（如实际出生日期晚于日历时间轴，则不能出售）
渔业自律	全球	1997	海洋管理委员会（MSC）	解决过度捕捞问题并确保全球鱼类资源的长期可持续性发展	要求成员遵守联合国粮食及农业组织的可靠渔业认证和生态标签计划标准

续表

名称	国家（地区）	时间	参与组织	目的	项目内容
酒业营销广告自律	美国	1999	美国啤酒协会、蒸馏酒精委员会、葡萄酒协会、联邦贸易委员会（FTC）	保护青少年免受酒类产品营销的影响	蒸馏酒协会，葡萄酒协会和啤酒协会采取修订后的自我监管广告和营销指南，规定了广告的内容和位置以及营销工作，要求每个广告针对至少 70% 的达到法定饮酒年龄的观众；作为其参与的一部分，FTC 确保公司遵守守则，协助会员处理合规问题，确保规则执行，并提出改进建议
学校饮料供应标准	美国	2006	美国心脏协会、美国软饮料协会、威廉·J·克林顿基金会、软饮料厂商	维护中小学学生在学校的健康和营养状况	要求行业承诺限制学校饮料的分量；并规定在学校销售的饮料的热量和营养成分的标准
儿童食品和饮料广告倡议	美国	2007	美国商业改善局理事会、约 15 家食品和饮料公司	鼓励更健康的饮食选择和健康的生活方式	明确对 12 岁以下儿童食品广告的限制；减少或取消在不健康食品广告中使用第三方授权的角色；减少对不健康产品的植入式广告；不得在针对 12 岁以下儿童的互动游戏中使用相关不健康食品的陈述；参与企业不得在小学为食品或饮料产品做广告
“明智选择”项目	美国	2008	基斯顿食品研究中心、一些大型食品公司	让消费者更容易对不同产品进行比较，选择合适的健康食物	符合“明智选择”标签的食物必须符合一定的营养标准；要求在包装正面显示产品的食物数量和每份食物的卡路里数
投资行业自律	加拿大	2008	加拿大投资行业监管组织（IIROC）	保护投资者和市场的完整性，维持资本市场的高效运转和竞争力	建立了高质量的监管和投资行业标准，监管全部投资交易者的投资活动，确保已注册的投资顾问的能力能够适应市场需要；进行财务规定的检查，确保公司有足够的资金；通过检查公司的咨询和交易流程确保其商业行为合规；进行监察，确保市场的交易履行证券交易规则；处罚违反规则的市场参与者

支持行业自我监管的人认为行业自律的优势是明显的。与政府制定的法律相比，行业自我监管是出于自愿的，通常被定义为一种以消费者福利为核心、对社会负责的行业实践。具有良好基础的自我监管体系优势明显：它能够节约政府资源，避免严格和高成本的政府监管；比政府监管更少对抗性，便于在行业内部开展；适应性强、更灵活、更及时有效。同时，行业内部成员之间的相互监督及制约，使得个体能更好地遵守约定。而且行业内部人员对该行业具体情况的了解更加准确全面，其协商制定的准则会在确保行业标准的同时具备较高可行性。莫利和阿伦（Molly and Arun，2015）认为，解决共享经济监管所面临的挑战必须采用适当的自我监管的方法。自我监管并不等同于放松管制或没有监管。相反，这是将监管责任重新分配给政府以外的各方。①

但是，质疑行业自我监管有效性的学者则认为其往往无法实现规定的承诺，存在只是服务于行业内部利益，而非公共利益的行为。布雷斯韦特（Braithwaite，1989）认为利益相关方存在经常以牺牲公众利益为代价服务于私人利益的行为，实际上是通过其他方式规避更直接和有效的政府干预。将监管拱手让给行业会带来机遇，但风险很高。在某些行业（例如烟草、啤酒），行业自我监管面临一种可悲的失败。② 有研究表明，行业自律并不能保护年轻人免受酒精营销的影响。违反酒类自我监管营销规范的行为是非常普遍的，这导致酒精营销过多地暴露在青少年面前，可能造成对青少年和其他弱势群体的有害影响。事实上，在巴西、英国和美国实施酒精营销自律很可能是为了达到推迟法定监管的目的，而不是促进公共健康。

克拉克特（Glachant，2007）认为，在特定的情况下，企业有策略地进入自我监管项目，而不打算遵守他们对该项目的承诺。公司加入这个项目是为了推迟立法，他们不履行自己的承诺，因为他们的不履行行

---

① Cohen M，Sundararajan A. Self-regulation and innovation in the peer-to-peer sharing economy [J]. U. Chi. L. Rev. Dialogue，2015，82：116.

② Braithwaite，John. Crime，Shame，and Reintegration [M]. Cambridge：Cambridge Univ. Press，1989.

为并不会立即被发现。与此同时，企业也在进行游说，试图削弱最终的立法。[①] 在化学责任关怀（RC）项目实施的早期，参与者无法减少他们的污染。这使得很多人对行业准则持怀疑态度，认为只是做做样子，对行业行为没有真正的影响，只是短期主义思想指导下的私人利益最大化。

同时，行业准则仅对正式加入协会的成员具有约束性，而对于那些尚未加入的成员依然可以选择不遵守相关规定，不履行社会责任。昆克尔等（Kunkel et al.，2015）发现并非所有的食品营销人员都参与儿童食品和饮料广告倡议活动（CFBAI）。2013 年，近三分之一的儿童食品广告来自非自律的企业，其广告不受任何营养质量标准的约束。数据显示，这些公司为不健康产品做广告的可能性远远大于进行自我监管的公司，这不可避免地削弱了自我监管的效力。[②]

由此可以看出，行业自我监管具备一定的优势，但是在具体实践中，也存在行业自律失败的许多案例，行业自律流于形式而缺乏约束力。但不能因为行业自我监管具有不确定性的局限就对其全盘否定，而要通过设计合理的制度体系，克服其局限性和弱点，发挥其优势，最终推动监管创新，实现最大绩效。

二、影响行业自我监管效果的内部因素

对于行业内部而言，有多种因素影响着行业自我监管的预期实现效果。

（一）行业准则的规范化、可行性程度

行业准则是行业成员出于自愿，并基于行业成员的共同利益目标制定的。在许多情况下，在最初时多以非常笼统简单的形式起草，规范性

① Glachant. Non-binding voluntary agreements [M]. Journal of Environmental Economics and Management, 2007, 54 (1): 32 – 48.

② Kunkel D L, Castonguay J S, Filer C R. Evaluating industry self-regulation of food marketing to children [J]. American Journal of Preventive Medicine, 2015, 49 (2): 181 – 187.

和约束力较弱。但随着合作共识的增加，遵循更详细的规范才属正常。卡索等（Cashore et al.，2007）认为可在行业自我监管的初始阶段使用适度的临时监管标准，后期根据情况逐步提高标准。[①] 同时，要想吸引行业参与者，必须让企业感受到加入的好处。行业自我监管必须考虑到可能或已经出现的竞争对手的行业计划，必须确保制定的规则足够灵活。自我监管准则应通过渐进改进来实现其规范性。所以为了吸引并规范行业参与者行为，必须制定适度、具有灵活性、便于调整和管理的自律规范。行业内部成员经过协商制定的准则应当符合该行业的现实情况，并且根据时间推移不断细分和改进。

（二）行业协会的影响力和约束力

行业协会以该行业的专业人员组成，对行业内部情况有较好的了解，便于制定合理的准则。协会代表行业内部成员共同利益，其活动对行业个体成员会产生强有力的影响。作为社会中介结构，协会可以协调政府和企业之间的矛盾，同时也能够调节行业与社会之间的矛盾。协会在传播标准的行业道德规范方面起着重要作用，是促使企业履行社会责任的媒介。协会通过遵循健全的准则，反对纯粹的投机行为，使得自我监管能够朝着支持道德规范行为的方向发展。

（三）信息透明化和披露程度

丽莎等（Lisa et al.，2010）认为缺少透明度，完善的问责制，客观评估标准的行业自律设计是无法实现的。[②] 这意味着怎样提高透明度是构建行业内部监管系统过程中要思考的重要问题。首先，只有保证信

---

① Cashore B, Auld G, Bernstein S, McDermott C. Can non-state governance "ratchet up" global environmental standards? Lessons from the forest sector. Rev Eur Community Int Environ Law, 2007, 16 (2): 158 - 172.

② Lisa L. Sharma, Stephen P. Teret, Kelly D. Brownell. The food industry and self-regulation: standards to promote success and to avoid public health failures [J]. American Journal of Public Health, 2010, 100 (2): 240 - 246.

息公开披露，才能保证问责的顺利进行。这涉及行业准则、行业自我监管的实施过程、企业的信息数据等多方面的信息公开。其次，公开信息及数据的客观性、真实性也影响着自我监管的效果。同时，构建科学的绩效评估体系，公开绩效考核评价标准尤为重要。企业的绩效考核行为和信息公开行为也要受到监管，因此必须建立严格的内部自我监管体系，这需要严格制度约束和适当的激励机制两方面来实现。

（四）对成员行为的惩罚和奖励程度

很多行业自律失败的原因是对渎职成员的行为没有相应的惩罚措施。这样很容易导致行业内部成员的短期主义。米切尔和詹妮弗（Michael and Jennifer，2003）通过选取 4000 多家公司的样本，考察化学品、纺织、制浆、造纸等行业的环境自我监管项目效果，结论认为，没有对违法渎职行为进行明确制裁，诸如此类的行业自律项目可能会吸引更多的污染企业。[①] 只有当自律计划中对违法渎职行为有明确的制裁，才可能避免逆向选择问题。如果违规成本较低，则行业内部人员可能会选择违背行业道德，同时，也会间接吸引一些本不愿遵守行业准则的企业趁机而入。通过适当地增加对于表现良好成员的奖励，如授予荣誉称号等，可以增强成员遵守准则的积极性，并形成模范效应。

三、影响行业自我监管效果的外部因素

前面分析了影响行业自我监管效果的内部因素，从行业外部影响因素看，大部分学者认为政府监管、第三方监管对行业自我监管起到正向的激励作用。

首先，政府监管在一定程度上能够促进行业自我监管活动，确保行业自律活动的有效性。马莫入和弥生（Mamoru and Yayoi，2015）认为行

① Lenox M J，Nash J. Industry self-regulation and adverse selection：A comparison across four trade association programs［J］. Business strategy and the environment，2003，12（6）：343 –356.

业自我监管能否成功，关键不在于惩罚方案的合理性和可信度，而在于政府对惩罚方案实施的支持力度。例如，消费者对食品行业自律体系的信任程度取决于政府的支持程度。政府较低的限制性约束可能导致消费者信心下降，从而破坏行业自律的努力。① 多种因素可以成为激励行业自律的动机，对于一些行业来说，某些情况下政府干预被视为一种威胁，而自我监管行动是一种防范外部监管的手段。加文（Garvin，1983）认为作为一种政策选择，行业标准和政府监督相结合是最可取的混合制度系统。② 加尔布雷斯 - 埃马米和洛布斯坦（Galbraith - Emami and Lobstein，2013）调查行业自律或政府监管的介入是否减少了儿童接触不健康食品和饮料产品的宣传，认为如果没有足够的政府监督，仅凭企业的自我监管不太可能取得预期效果。③ 威斯科特等（Wescott et al.，2012）认为，如果有“透明和独立”的监督支持，行业自律可以成为“改善公共卫生结果的一个宝贵工具”。④ 纳什和艾伦菲尔德（Nash and Ehrenfeld，1997）通过研究发现环境自我监管项目在美国和其他发达国家激增。政府出台的环境法规和消费者越来越多的环境保护主义行为给予行业很大的压力，很多行业试图避免政府监管，并通过承诺自愿减少环境污染影响来安抚群众。⑤ 德文庞特（Deavenport，1993）认为“如果行业在这个问题上不带头，政府就会带头”。⑥

其次，第三方监管力量也加快了行业自律进程。媒体舆论、非政府组织（NGO）、消费者等外部压力也促使行业成员履行准则，减少短期主

① Miyamoto M，Tanaka Y. Food Industry Self - Regulation and the Role of the Government [J]. International Journal of M arketing Studies，2015，7（4）：1.

② Garvin D A. Can industry self-regulation work? [J]. California Management Review，1983，25（4）：37 - 52.

③ Galbraith - Emami S，Lobstein T. The impact of initiatives to limit the advertising of food and beverage products to children：a systematic review [J]. Obesity reviews，2013，14（12）：960 - 974.

④ Wescott R F，Fitzpatrick B M，Phillips E. Industry self-regulation to improve student health：quantifying changes in beverage shipments to schools [J]. American Journal of Public Health，2012，102（10）：1928 - 1935.

⑤ Nash J，Ehrenfeld J. Codes of environmental management practice：assessing their potential as a tool forchange [J]. Annual Review of Energy and Environment，1997，22：487 - 535.

⑥ Deavenport EW.. Taking the Fear Out of Chemicals，speech to National Association of Chemical Distributors Annual Meeting [J]. Chemical Manufacturers Association：Arlington，VA，1993.

义的投机行为。博德温（Boddewyn，1989）强调行业自律需要“适当结合社会监管与控制”。① 很多自律行为的成功都离不开一定的外部监管。1979 年 3 月 28 日凌晨，美国宾夕法尼亚州的三里岛（Three Mile Island，TMI）核电站出现核电事故。事故发生不到两周，行业内部建立了一个私营机构，美国核电运行研究所（INPO），该机构主要职责为制定行业准则，实施现场检查，并调查事故。根据里斯（Rees，1994）的调查结果，自事故发生以来，核电站的安全水平大大提高，INPO 对改善核安全的贡献非常大。② 而促使 INPO 建立的动力是行业面临的外部压力：首先是事故发生后政府监管的介入，政府对核电国有化的讨论使其感受到危机；其次是媒体和民众舆论对其施压和监督，促使其履行监督职责，并及时公布监督结果。

同样的案例还有，1993 年美国服装品牌公司 Gap 考虑到拉丁美洲的工作条件，Gap 及其供应商协商通过一项行业准则来确保以合乎道德的方式生产其产品。准则规定，如果供应商不遵守其规定，就会取消业务往来，并告知政府。最初，由于公司的内部监督系统有明显缺陷，所以影响并不大。但在 1995 年，一些第三方非政府组织将注意力集中在中美洲剥削工人的问题上，并向 Gap 施加压力，要求其加强监督力度，完善企业监管系统。迫于压力，Gap 进一步完善其执行准则。而且引入了对工作条件的第三方监控，使基层参与进来，以确保 Gap 更好了解实际情况。此后，公司对供应商的监督明显改善，效果显著。

安德里亚斯等（Andreas et al.，2016）对英国一些公开营销未被临床试验认可的药物的违规行为进行研究，认为自我监管效果在很大程度上依赖于公司外部人员的投诉，这意味着外部举报人对行业自律效果具有重要影响。③

---

① Boddewyn J J. Advertising self-regulation：True purpose and limits［J］. Journal of Advertising，1989，18（2）：19－27.

② Rees，Joseph V. Hostages of Each Other：The Transformation of Nuclear Safety SinceThree Mile Island［J］. Chicago：Univ. of Chicago Press，1994.

③ Vilhelmsson A，Davis C，Mulinari S. Pharmaceutical industry off-label promotion and self-regulation：a document analysis of off-label promotion rulings by the United Kingdom Prescription Medicines Code of Practice Authority 2003－2012［J］. PLoS medicine，2016，13（1）：e1001945.

同时，随着行业标准化认证的发展，第三方认证机构的作用也不可忽视。例如，在食品安全领域，很多企业接受 HACCP、ISO 等标准认证，这有利于企业认识到食品生产、加工等过程中可能存在的风险，构建自我监管体系，并选取合理的手段预防和控制风险，也可以使得行业内部成员通过这类认证手段获得民众的信任。

综上所述，要实现行业自我监管预期效果，既需要依靠行业内部规范来实现自律，更需要政府及社会各方面的监督和共同努力。

四、启示与借鉴

由于行业自我监管存在不确定性等局限，有必要建立合理的制度体系来确保行业自律行为的有效性。结合国际上相关的监管经验教训与我国实际，这里构建了我国行业自我监管体系（见图 4－1）。该体系显示了行业、政府、第三方监管主体之间的内在联系，三大主体之间相互联动，发挥各自监管优势，共同分担监管责任，有利于协力提升行业自我监管效果。

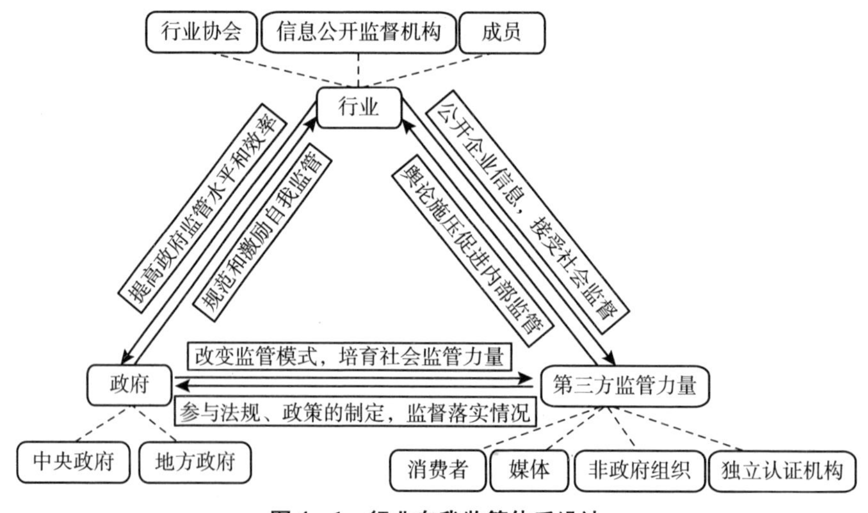

图 4－1　行业自我监管体系设计

资料来源：笔者绘制。

（一）基于行业内部角度，应从内部规范行业自律行为，加强对行业内部成员的违规、渎职行为的制裁，惩治短期利己主义行为

一是重视行业协会的协调作用，提升行业协会的影响力。首先，要提高行业自律机构、组织的专业性。只有由该行业专业人员组成的行业协会，才能更加了解行业现实情况，制定更符合实际和切实可行的准则。其次，政府要赋予行业协会一定的行业自我监管主动权和自治权，这有利于激励行业协会对行业内部成员的主动管理和自律行为，而非被动接受。最后，政府部门加强监督评估，及时取消部分不遵守行业道德，领导性、规范性及专业性较弱，纵容行业内部成员违规行为的行业协会。

二是重构社会责任体系，重视行业和企业内部的道德建设。若想实现行业自我监管的目标，不可缺少的是对行业道德的倡导。首先，要明确行业道德准则，这种道德准则应当代表行业成员的共同愿望和利益，如反对非正当竞争等。这需要经过行业内部成员之间通过协商合作进行制定，才能对成员具有一定约束力。并且，行业道德准则在代表行业成员共同利益的同时，也要保证维护社会利益。奥尔莎诺娃（Olšanová K，2013）认为广告业的自我监管要保证广告业创作的广告符合道德准则，根据准则，广告应合法、得体、诚实、真实，对消费者和整个社会具有社会责任感，同时在尊重公平竞争规则的前提下创作。[①] 其次，要制定出对违背行业道德准则的个体或者集体行为的惩罚措施。最后，发挥行业协会等自律机构在传播行业道德过程中的媒介作用，积极组织和开展行业道德教育活动，宣传和表彰行业道德模范。对于企业自身而言，应当宣扬履行社会责任的企业文化价值观，将社会责任观渗入企业的日常生产、经营及管理活动中。

---

① Olšanová K. Food Marketing to Children – Review of The Issue for Further Exploration [J]. Central European Business Review, 2013, 2 (3).

三是建立并完善企业信用和声誉机制。金和莱斯利（Jin and Leslie，2003）认为对于餐饮行业而言，在餐馆外张贴检查结果，对顾客光顾量和经营业绩都有显著影响。[①] 伯恩克和格雷厄姆（Boehnke and Graham，2000）认为这种打分法对大型零售或食品服务连锁商的影响较强，因为声誉是维护高水平品牌效益的重要工具。[②] 当前，我国的企业信用和声誉的评估体系还不完善。这就容易导致即使出现违规行为被媒体曝光，但由于违规成本相对较小，一些企业对自身声誉受损的应对行动依然不严谨，对事件的反省程度较低，存在只道歉不切实整治的行为。当前，应该构建企业社会评估信用体系，增强对不合规企业的惩治力度。对于违规企业纳入失信黑名单，降低信用等级。对于生产规范、信誉较高的企业也要采取适当的激励机制。政府可以给予其一定的政策优惠、奖补或相应的荣誉表彰。

四是提高信息透明度，建立并完善企业的信息披露制度。提高企业信息透明度是促使行业自律成功的重要环节。一般而言，行业中部分企业出于维护企业信誉目的，会主动选择进行信息公开披露。但更多企业会选择披露有利于自身的正面信息，而掩盖一些负面信息，甚至很少进行信息公开披露。这需要制定出正式的信息披露制度，利用制度约束来强制企业履行信息披露的企业社会责任。对于信息披露制度的制定，应当注重流程的规范性，明确规定企业应当多长周期进行一次信息公开，严格要求信息公开的质量和范围。同时也要充分发挥大数据应用技术对企业信息公开的作用。为了保证信息公开的真实性和客观性，可以通过建立专门监管机构对企业信息公开操作进行监督，同时，利用专业评估机构对企业信息公开进行考核和评价。

---

① Jin G Z，Leslie P. The effect of information on product quality：Evidence from restaurant hygiene grade cards ［J］. The Quarterly Journal of Economics，2003，118（2）：409－451.

② Boehnke R H，Graham C. International survey on public posting of restaurant inspection reports，and/or grade card posting schemes based upon health inspections ［J］. Region of Ottawa－Carleton Health Department ed.，Ottawa，Canada，2000.

（二）基于第三方社会监管力量角度，应充分发挥消费者、媒体、第三方机构组织等对行业的监督作用

一是增强第三方检测和评估认证机构的专业性。建立专业的第三方认证机构，可以对企业履行社会责任情况进行反映。同时，第三方检测及认证机构的介入可以确保认证工作的社会化、公平性、独立性。这可以在一定程度上减少政府的监管压力，保证监管结果的真实性和权威性。当前要进一步规范认证标准和程序，提升机构认证的质量水平，努力使认证水平逐渐向国际权威认证机构标准靠拢。加强与国外专业认证机构间的沟通合作和技术交流，合理学习及借鉴其先进认证经验。

二是发挥媒体的舆论监督和引导作用。由于企业和政府间存在信息不对称，监管部门不能确保毫无遗漏、无时无刻管控所有企业，并及时向消费者反馈企业各方面的信息。而社交大众媒体的兴起使得消费者和政府可以较快且以较低成本获取这些信息。媒体曝光企业隐患信息，一方面可以使消费者增强维权意识，通过舆论引导对相应企业产品进行联合抵制，造成企业的声誉受损，使其销量受到严重影响；另一方面可以通过加强民众对事件的关注度，促使政府对不合格产品企业进行监管治理，促使其进行内部系统整顿。尼克松等（Nixon et al.，2015）认为新闻报道是社会问题得以公开讨论的重要渠道。这些现象的报道有助于确定哪些问题应出现在公共议程中，促使公众和政策制定者认真看待这些问题并制订潜在的解决方案。[①] 对于企业自身而言，媒体报道和民众舆论压力会促使其履行社会责任，遵守行业自律准则，严格约束规范其生产及经营行为。这要求进一步提升媒体报道的权威性及专业性。当今社会各平台的大众媒体鱼龙混杂，存在部分媒体平台对报道事实的人为歪曲等不严谨报道等行为，这种行为会增加消费者的不必要担忧，也增加

① Nixon L，Mejia P，Cheyne A，et al. “We're part of the solution”：evolution of the food and beverage industry's framing of obesity concerns between 2000 and 2012［J］. American journal of public health，2015，105（11）：2228－2236.

了监管成本，需要进一步通过制度化等途径，对大众媒体进行约束和规范。

三是重视消费者对企业行为的监督作用，降低消费者投诉举报的成本。消费者作为社会监督力量的主体之一，覆盖面广，其作用不可忽视。应当让消费者参与到相关规则、政策的制定过程中去。加强监管部门同消费者之间的联系，创新交流方式，可以通过部门网站公布详细政策、处理消费者举报等监管工作的进展。通过座谈会或者信箱、直播等网络问政形式听取消费者意见。同时，阻碍消费者维权热情的最大障碍是维权成本昂贵，如果消费者维权成本大大高于维权收益，则个体消费者选择维权概率很小。因此应不断完善消费者举报制度，提升对消费者合理举报的奖励程度，降低其维权与监督成本。

（三）基于政府监管部门角度，应当创新监管理念和监管模式

一是明确政府在行业自我监管中的角色和定位。政府在行业自我监管体系中应当起到协调各方监督主体之间关系的作用。监管部门应改变传统政府单一主导监管模式，培育社会非政府监管力量，适时放权让权，鼓励社会各方主体参与到监管工作中来。同时，制定相关的法律制度来明确划分政府、行业及社会监管主体的监管权责范围。监管立法过程应听取消费者、行业代表、第三方组织代表、行业专家或专业技术人员等主体的建议或意见。

二是转变政府内部监管方式。由于中央政府与地方政府之间存在信息不对称现象，在实际监管活动中，部分地方政府人员可能会选择维护本地某些行业的利益，掩盖对其不利的信息，选择性上报一些有利信息。而中央政府可能不会完全了解地方政府监管中存在的问题和监管政策的具体落实程度。这就要求采取适当的措施对下级政府的监管工作进行监督，也即监管者也要被监管，可以通过完善监管绩效考核、抽查暗访、不定期派遣监管人员对地方具体情况进行考察等途径，监督地方提升监管实效。

总之，在完善我国行业自我监管中，应适当借鉴国外行业自我监管和成功经验和做法，总结其失败教训，转变监管理念和治理模式，建立并完善符合我国实际的行业自律体系，更好地适应新时期监管工作需要，以推动和保障经济社会实现高质量发展。

第二节　协同监管

一、传统政府监管所面临的挑战

政府监管实践最早可以追溯到19世纪的美国及部分欧洲国家，在经历漫长的发展与改革过程中，政府监管逐渐成为国家的重要治理工具。典型的政府监管模式是利用一定的科层制度搜集信息并制定政策措施，以规范社会秩序并提供公共产品及服务等。[①] 直到20世纪70年代，石油危机导致众多经济合作与发展组织成员国发生财政危机之后，人们才第一次在意识层面上对政府监管提出了异议，对其监管能力产生了质疑，[②] 并逐渐引出政府监管的发展进路，由政府单一式监管模式转变为多主体协同监管模式。例如，英国在撒切尔夫人担任首相后，将发展重点集中在私人投资方面，促成公共部门与私人部门之间建立起协同机制。美国里根政府则实行新联邦主义，精简政府权力并将权力下放到地方政府，同时缩减地方政府补助，以降低政府财政压力。而地方政府在缺少财政补贴的情况下，努力寻求与私人部门合作，此时越来越多的私人部门有机会参与到公共事务，因此公私部门的合作也越来越频繁。

在晚近的政府监管研究中，许多传统政府监管批评者认为政府对市

---

① David Levi - Faur and Jacint Jordana, "Globalizing Regulatory Capitalism" (2005) 598 The Annals of the American Academy of Political and Social Science6.

② Harvery B. Feigenbaum, Jeffrey R. Henig and Chris Hamnett, Shrinking the State: The Political Underpinnings of Privatization (Cambridge University Press 1999).

场的干预过大，并且已经影响到了社会福利，需要回归市场本质减少不当干预。[①] 从规范监管理论来看，政府监管存在的最大问题在于经济效率低下和市场失灵问题严重。对于经济效率而言，经济学家们常使用帕累托效率（pareto efficiencey）和卡尔多－希克斯效率（Kaldor－Hicks efficiency）进行描述。其中，帕累托效率表明一种状态，是在不减少其他人福利的前提下，使某人福利增加。卡尔多－希克斯效率是描述财富最大化及分配效率问题，可以解决大部分监管政策都有赢家和输家的状况，更接近现实情况，只要受益人在补偿了利益受损人之后，整体社会福利提升就是具有效率。而政府监管效率低下的原因在于政府对市场的了解不足，无法准确纠正市场主体行为。长久以来，都有学者认为，相比与市场，政府部门一直处于信息劣势地位。[②] 例如，在网络型公用事业服务领域中，往往提供服务的企业比政府对本产业的运作、成本状况了解更为透彻，可以更高效的改善与提升产品和服务。无论是理论上还是实践上都表明政府监管失灵是普遍存在的。[③] 政府监管失灵的原因一方面可能是监管主体在制定法律法规时就存在问题，另一方面可能是监管法律法规在实施过程中存在问题。例如，某些监管法律法规的制定可能是利益集团转移的产物，从社会福利角度而言没有任何价值。或者某些监管政策的制定是建立在一开始错误的判断基础上，导致监管政策制定方向出现问题。美国学者凯斯·桑坦斯则使用了“监管国驳论”一词对政府监管失灵进行了描述，认为某些监管政策其制定本身并没有错误，只是使用了错误的规则与方法导致监管目标无法实现。[④] 例如，在环境监管方面，美国政府为了保护环境，要求企业使用最新技术的规定，导致大量缺乏技术的企业无法正常运营，阻碍了产业发展；最低工

---

① 凯斯·R. 桑斯坦. 权力革命之后：重塑监管国［M］. 北京：中国人民大学出版社，2008.

② Friedrich A. von Hayek，Law，Legislation and Liberty：A New Statement of the Liberal Principles of Justice and Political Economy（University of Chicago Press 1982）.

③ 罗伯特·鲍德温，马丁·凯夫，马丁·洛奇. 牛津监管手册［M］. 上海：上海三联书店，2017.

④ Cass R·Sunstein，“Paradoxes of the Regulatory State，” 56U. Chi. L. Rev. 407（1990）.

资标准虽然可以一定程度维护公平，帮助部分工人，但却伤害了社会最弱小群体，将其排除在就业市场外等。此外，从专业性和技术性角度而言，政府监管还存在非市场失灵问题，比如政府监管往往需要付出高昂的成本，其本身就扭曲了市场并产生低效率问题。例如，美国食品和药品管理局为了禁止向牛饲料中添加己烯雌酚，每年将花费 13200 万美元的监管成本；美国职业安全和健康管理局对丙烯腈的管理，每年将花费 3900 万美元的监管成本；美国国家高速公路交通安全管理局对高速转向管柱保护的维护管理，每年将花费 105000 万美元。①

随着国外学者对监管理论的研究不断深入，人们充分意识到了政府监管在实现监管目标时具有较大局限性。例如，随着技术的发展及新业态的产生，政府会建立更多的监管部门以解决公共政策问题。而监管部门的增多则引起人们对政府部门实施有效监管能力产生担忧，② 一方面新监管部门的建立需要花费大量时间，监管的效果具有未知性；另一方面新部门的建立需要消耗大量人力与资金，可能导致社会福利损失。因此，有关“去中心化监管”（de-centred regulation）思想逐渐涌现，政府监管模式的合理性及目标实现能力正受到极大挑战。

二、国外协同监管研究与实践

（一）协同监管的理论基础

1. 监管资源碎片化与监管空间

在传统政府监管出现诸多问题与监管局限性后，国外学者就此问题展开了研究，创造出许多新的监管理论以对传统政府监管失灵问题进行

---

① Executive Office of the President, Office of Management and Budget, Regulatory Program of the U. S Government xxi (April 1, 1986 – March 1, 1987).

② Jacint Jordana, David Levi – Faur and Xavier Fernández Marín, “The Global Diffusion of Regulatory Agencies: Channels of Transfer and Stages of Diffusion” (2011) 44 Comparative Political Studies 1343.

解释，包括：监管资源碎片化和监管空间等。① 监管资源碎片化指监管资源不仅仅局限于法律、法规，还有市场组织、信息技术等因素。因此，对于政府监管而言，除了基本的法律以外，政府同样可以利用其他资源获得与法律监管相当的监管效果。而正是因为其他主体具有这些监管资源，因此多主体的协同式监管可以弥补单一的政府监管所存在的缺陷。监管空间理论源自汉彻和莫兰（Hancher and Moran）的论说，由于监管是多种监管权力的博弈结果，因此在一个监管空间内，不同监管主体的文化背景、知识技能以及可支配资源等因素的不同，将影响整个监管空间内各监管主体之间的互动。同时，在一个监管空间内，由于监管资源呈现碎片化状态，因此被监管企业可以通过其所拥有的信息和组织能力，获取非正式的监管权力，而该种权力可能对正统的监管规则产生影响。例如，某个产业中的企业是被监管对象。但是，大量企业所组成的行业组织可以出台相关行业准则反向影响监管机构的监管政策制定。即，在一个监管空间内，不仅存在监管主体和被监管主体，还存在许多政府与非政府组织，这些主体与组织之间纵横交错，彼此之间相互依存、相互影响。

2. 私人监管

国外对于监管研究大部分集中在政府监管，即“公”部分，而对于私人监管，即“私”部分研究较少。在少量私人监管文献中，对于私人监管主要集中在监管政策制定，如行业标准、技术标准等方面，极少探讨私人监管在监管政策实施及监督方面的作用。然而，从社会经济发展角度来看，自国家产生以来，就有许多家族及企业，在特定时期内对国家进行了影响或者控制，② 已经开展了私人监管。私人监管的优势在于，其运作模式不一定需要法律授权，更具有独立和自主性。即使私人监管主体不具有法律所授予的正式权力，但是却能建立一套监管体系，包括制定标准及监督合规性等，在没有其他政府部门的协助下，仍

① Victor Tadros, “Between Governance and Discipline: The Law and Michel Foucault” (1998) 18 Oxford Journal of Legal Studies 75.

② John Braithwaite and Peter Drahos, Global Business Regulation (Cambridge University Press 2000) 27.

可以开展监管措施，其专业性也高于政府部门。[①] 例如，信用评级机构所制定的信用评价标准完全是信用评价企业自身制定，其专业性远强于公共部门，在社会中也更具有影响力。

3. 互联网技术发展对协同监管的影响

在互联网技术发展与普及之前，国外对于协同监管的概念及发展趋势仍在理论探讨阶段。然而，在进入 21 世纪以后，随着互联网技术的高速发展，互联网用户数量越来越多，网络交易和支付等手段的兴起使各国政府开始担心其安全性。[②] 由于通过互联网网络进行交易，相比于传统线下交易而言，交易双方难以知晓对方身份，其信息非对称性更强，因此需要一个具有交易双方共同信任的中介机构以保证交易的安全运行。[③] 对此，政府监管部门也认识到了自身监管能力局限性，需要联合社会监管资源和主体，包括企业、非政府组织甚至是消费者，以协同监管方式保证互联网交易的安全性。

（二）国外协同监管实践

1. 美国、英国、德国金融协同监管实践

美国、英国和德国作为世界经济发达国家，其金融监管体系及稳定性较强。同时，也是世界上较早进行金融改革，使用协同监管的几个国家，其金融协同监管改革路径与措施如表 4 - 2 所示。其中，美国金融监管的协同机制包括：通过法律途径明确各监管机构的职责。美联储（FRS）、货币监理署（OCC）、联邦存款保险公司（FDIC）、信用合作社管理局（NCUA）及储蓄监管局（OTS）轮流担任联邦金融机构检查委员会主席，联邦金融机构检查委员会对金融系统进行统一监管。英国

---

① Colin Scott, Private Regulation of the Public Sector: A Neglected Facet of Contemporary Governance, Journal of Law and Society (2002).

② Stuart Biegel, Beyond Our Control? Confronting the Limits of Our Legal System in the Age of Cyberspace (MIT Press 2003).

③ Andrew L. Shapiro, The Control Revolution: How the Internet Is Putting Individuals in Charge and Changing the World We Know (Century Foundation 1999).

在2000年出台《金融服务与市场法》要求英国金融服务管理局（FSA）与国内外金融机构进行合作，并建立信息共享机制。央行副行长兼任FSA理事会理事，FSA主席兼任央行理事会理事，以加强机构之间的互动性。英格兰银行、财政部、金融服务局三方定期召开研究商讨会，对政策的制定和出台进行多方探讨。德国在2002年出台《综合性金融服务监管法》要求监管局和央行参与金融市场监管论坛，共建协同监管机制，并以签署备忘录的形式确立各方职责。此外，为降低监管成本，要求金融监管局在全国各地不再设立下属机构，转而由央行在全国的分支机构负责监管，但是金融监管局可以随时进行现场检查。而央行搜集到的数据在经过处理后要提供给金融监管局，金融监管局则不需要在进行数据搜集活动，以降低监管成本并提升监管效率。

表4-2　美国、英国、德国协同监管改革进路和措施

国家	改革时间	原有金融监管体制	改革措施
美国	2008年	金融危机爆发前，美国沿用七个机构共同进行金融监管模式，监管资源主体相对碎片化。由于缺乏较好的协同机制，导致金融监管重复或存在金融监管空白	提升了美联储的地位，成为金融市场的主要监督者。同时，增添了新金融服务监管委员会以提升各监管部门之间的协调能力，并取消了储蓄监管局和货币监理局，以全国银行监管署取而代之
英国	1998年	主要以分业监管为主。财政部负责金融法律框架制定，英格兰银行负责货币政策制定，金融服务局对银行、证券和保险进行监管。强调货币政策独立性，忽视与金融稳定发展之间的互动性，导致金融监管缺乏效率	放大英格兰银行的权利，赋予监管职能并在内部设立金融政策委员会，负责宏观监管，以协助英格兰银行稳定金融发展。在金融政策委员会下方设立审慎监管局，负责微观监管。另设金融行为局，针对不受审慎监管局监管的对象，重点负责保护消费者权益，进而形成了“双峰监管”体系
德国	2002年	与中国“一行三会”类似，联邦银行监管局、联邦保险监管局和联邦有价证券监管局分别对银行、保险和证券实行分业监管，而德意志联邦银行形式央行权利	采用统一监管标准，新设联邦金融监管局，负责银行、证券、保险监管。联邦金融监管局利用现代化技术搜集德意志联邦银行各地金融数据，以信息共享形式，在独立基础上实现动态监管

2. 生态环境协同监管案例—美国卡纳河改道①

（1）美国卡纳河改道协同监管过程（见图4－2）。为了恢复路易桑纳州的生态环境，当地政府决定通过河水改道的方式，将更多的淡水引入当地河流，以恢复以往的生态系统。但是，在此项目实施中，最大的阻力在于当地渔民和环境机构之间对于栖息地恢复大小问题。商业渔民担心过多的淡水引入将改变河水含盐量，进而影响渔业发展，而州政府和土地拥有者则赞成引入更多的淡水来解决湿地损失问题。对此，美国政府成立了卡纳河改道机构资讯委员会（Caernarvon Interagency Advisory Committee，CIAC）以协调各方利益。CIAC 由 16 名成员组成，他们分别来自联邦政府、州政府、地方机构、地方商业部门、渔民、土地拥有者、非政府组织代表及相关领域科学家。CIAC 想从科学的角度将淡水引入，让相关利益者制订年操作计划以便完成恢复沿海生态环境的目标。因此，CIAC 使用了协同监管的方法来降低各方在河水改道过程中的利益冲突。CIAC 的协同措施包括：每年至少举办一次公开会议，与技术委员会讨论河流改道后的影响，了解当地相关利益者的担忧，找出利益冲突点并尝试达成协议和共识。环境机构和科学研究院每年以报告的形式发布相关数据。当相关利益人有其他信息需求时，相关利益人可以通过合同的形式聘请该项目以外的专家为其提供服务。尽管检测数据表明当地的渔业产量一直呈现上升态势，但是当地渔业代表一直表示他们的牡蛎饲养河床已经被河水改道所破坏。事后，CIAC 也官方承认了牡蛎养殖场遭受到破坏，因此需要寻求解决办法。因此，CIAC 决定使用投票方式解决该问题。起初，CIAC 决定制定盐浓度标准以最大化当地渔民利益，但是随着几次大规模的自然灾害产生，使得 CIAC 又改变了决定，重新对生态环境恢复策略进行了调整，更加偏向环境机构。

---

① Ko，J.，Day，J. W.，Wilkins，J. G.，Haywood，J.，& Lane，R. R. Challenges in Collaborative Governance for CoastalRestoration：Lessons from theCaernarvon River Diversion in Louisiana. Coastal Managenet，2017，45（2）：125－142.

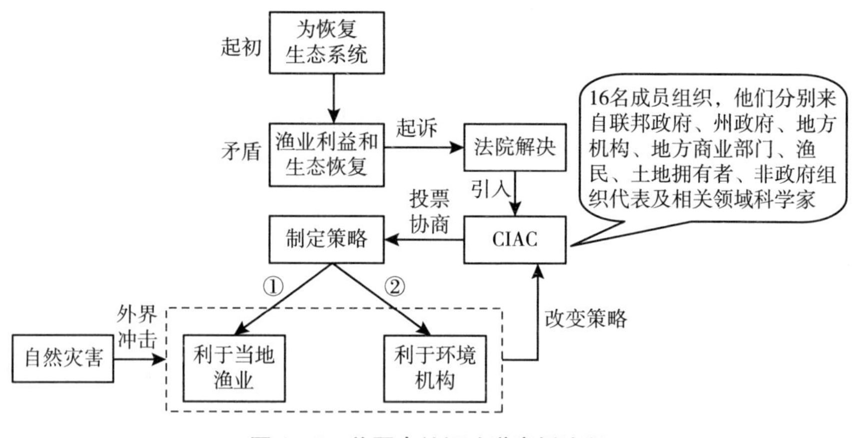

图4-2　美国卡纳河改道案例流程

注：①提升水质盐浓度，增加当地渔业产量；②引入淡水，防止湿地进一步受损。
资料来源：作者根据美国卡纳河改道案例绘制。

（2）案例协同监管总结。第一，CIAC 的协同监管模式已经体现了包容性、科学性、公正性、透明性、审议性以及合法性等特征。但是，由于协商式的监管模式，导致此项目花费时间较长，从开始到结束历时 25 年，表明该项目的协同监管模式十分低效。这是因为该项目中并没有显著的共享利益，即使某些共识的政策被提议用于协同监管计划之中，也仍然不可行。因此，在协同监管中，如果有明确的赢家或者输家，那么输家势必不会参与。而不满利益分配者将寻求其他解决方案，例如本案例中渔业代表多次起诉，而不是努力通过协商解决问题。第二，在协同监管过程中，如果参与主体众多，势必将产生多种利益冲突。当外界因素改变时，有时会引起“小决策专制”问题，例如该案例中，当多起自然灾害发生时，迫于政治压力，CIAC 改变了最初利于渔业者的策略，转而制定利于环境机构的政策。而对此 CIAC 的解决方式是使用内部调节机制以及为利益受损者提供相应的补偿，以保证项目的持续运营。第三，即使该项目的运作过程中，改变了水域的盐含量，但并没有对渔民的收入造成过多影响。可是，现实情况是渔民仍和科学人员的判定产生了分歧，导致项目运作进程减缓。因此，从该项目的协同监管过程中还可以吸取解决分歧的经验办法。例如，加强对利益相关者的教育，为其提供更好的教育可以有效减少某些问题的敏感度。利用已经被证实的知识去解决分歧点，可以很快达成共识。①

综上所述，从该案例的协同监管过程中，可以得出以下经验：协同监管模式应当考虑各参与方的利益，其策略的制定要体现包容性、科学性、公正性、透明性、审议性以及合法性。对于有分歧的环节，可以通过现有的科学证据对其进行说服，以降低相关利益者的敏感性，通过内部调节方式及时解决利益冲突。如果多次协商仍没有达成共识结果时，可以通过投票方式解决。但是，对于利益受损者要给予一定的补偿。

三、协同监管实践难点与问题

（一）市场对资源分配调节存在缺陷，地方监管资源碎片化整合难

由于传统政府监管存在失灵及效率低下等问题，致使 20 世纪 80 年代新公共管理理论兴起，市场化运作模式逐渐成为经济运作的主导方式，大量由传统政府负责监管的事务和活动交由私人部门等其他监管主体负责。市场化的运作模式在一定程度上消除了政府监管的低效率与高成本问题，社会整体监管水平得到提升。虽然市场可以通过“无形的手”指引社会资源进行在分配与调节，尽可能实现资源最优配置。但现实是市场的调节机制也存在一定的“度”，而在此“度”之外，市场资源分配也可能出现失灵。例如，在现代市场交易中，存在大量的信息不对称问题，容易导致资源分配失灵。同时，目前世界各地普遍存在区域发展失衡、财富收入差距明显且分配不均等问题，这也是市场失灵的体现。因此，市场对资源分配调节的缺陷将削弱协同监管的内涵与本质。

① Erika Serfontein & Elda de Waal. Cooperative Governance of SuccessfulPublic Schooling: Successes, Frustrations and Challenges, Africa Education Review, 2018, 15: 4, 67 – 83.

其原因有如下两点：第一，市场参与主体是逐利的，即使市场主体都是“理性人”，但在利益的驱使下及人类自身生理和心理能力的限制，市场参与人也可能进行某些“非理性”行为；第二，当前的市场并非是完全竞争市场，市场中总是有一个或者几个主导主体。而这些主体为追求自身利益最大化，往往不愿意与其他主体进行平等协商，会依靠更高的权力压制其他主体，例如，价格竞争等。因此，在现有的市场主导体制下，协同监管的实践缺乏有利的外在环境，在实际应用过程中，将受到利益获取和分配等因素的阻挠。此外，当前社会主要监管及监管模式是以分业为主，不同产业、地域均存在分割监管状态，社会监管资源碎片化特征显著。而协同监管的实现路径之一是通过整合社会监管资源，进而再分配资源以协同各方利益达到协同监管目标。但是，监管资源的整合可能导致部分主体监管权力的相对减少，因此对于已经适应分业化监管的社会体制而言，想要通过整合监管资源实现协同监管将面临较大阻碍。

（二）多元主体利益、权力冲突难以调节，无法形成稳定的协同监管关系

社会协同监管的顺利实施依赖于多元主体是否能够达成一致目标，并且该目标的一致性不仅仅体现在选择策略的一致性，更加强调的是多元主体在行动执行方面的一致性。虽然利益相关者的多样性对于协同监管是有帮助的，但是要在不同利益者之间达成协议非常困难。因为来自不同部门的利益相关者会依赖特定领域的语言或者文化，进而对主体之间的交流产生挑战。[①] 在多元主体协商过程中，每个主体都会根据自身利益目标提出条件，在利我的框架内进行协商，不同主体之间的利益难以出现交集。即便在一个协同监管系统内就某些监管策略与方针达成一致，但是参与者也可能出现“搭便车”问题，在执行方面不予配合，

① O'Brien, Liz, Mariella Marzano, and Rehema M. White. The Hazards of Correcting Myths about Health Care Reform. Medical Care51, 2013（2）：127－32.

同样难以达到协同监管目标。此外，多元主体的监管权力效力等级的不同，也是导致我国协同监管关系难以维持的重要原因。例如，当前我国社会监管模式以“强一元主体”为主导形式，政府监管的在市场经济中具有绝对的权威。在某些领域中，政府可以通过行政强制性手段阻止社会其他组织群体参与到协同监管当中，进而影响最终的协同效果。而在协同监管过程中，“强一元主体”的主导形式使得政府监管主体的公权力远大于其他社会性监管主体的民间权力，往往导致少数的意见政策压过大多数的意见政策。此外，社会性组织群体发展缓慢及在社会协同监管中的地位作用有限同样不利于建立稳定的协同合作关系。例如，在法律和法规的限制内，社会性组织群体在建设与发展时，除了需要进行必要的注册和登记之外，相关法律还对人员配置以及经费等方面设立诸多门槛，致使我国社会性群体组织发展缓慢且质量不高。而在社会性组织群体实施协同监管政策时，其实质更像是接受政府所派发的任务，只是政府监管职能的一个延伸，缺乏独立性和自主性。

（三）协同监管体系建设缺乏顶层设计支持，社会普遍信用缺失

社会体系的改变与升级是一项复杂的系统性工程，不仅需要充分考虑到不同利益主体的权益，还需要根据实际存在的收益和弊端进行比较与取舍，以协调不同主体之间的利益纠纷。而协同监管体系建设的难点在于需要协调具有不同社会政治、经济及文化背景的多种主体利益，因此需要一个具有高瞻远瞩的战略发展计划为社会协同监管体系建设提供必要的指引方向，而这正是目前所欠缺的。① 当前，我国政府已经意识到在社会性改革过程中政府主体的重要地位与作用，并施行了一系列的简政放权政策以减少政府干扰，为社会其他组织发挥其职能提供了一定必要空间。但是，目前的简政放权领域主要集中在行政审批方面，而某

① Lisa Blomgren Amsler. Collaborative Governance：Integrating Management，Politics，and Law. Public Administration Review，2016，76（5）：700－711.

些重要产业、领域及大众社会所关注的部分仍需要进一步进行改革，以便更加充分的发挥其他社会性组织的监管资源与能力。而影响社会协同监管体系建设的另一个重要因素是信任，萨巴和江民（Saba Siddiki and Jangmin Kim，2017）的实证研究表明多元主体之间的信任对协同合作具有正向作用，而隶属关系则对协同合作具有消极作用。[①] 的确，信任对社会的繁荣发展意义非凡，社会中的诚信度越高，政府、社会及公民之间的合作就普遍，信任可以提升整个社会的凝聚力，是实现协同监管的重要前提。

四、启示与借鉴

（一）协同监管对我国监管体系构建原则的启示

协同监管是在传统政府监管发展达到瓶颈时而产生的新型监管模式，从整个监管理论体系来讲，协同监管与政府监管属于并列关系，二者互补，都是为了实现监管目标，确保社会经济高效、健康发展。从协同监管内涵来看，协同监管其实是公共监管、私人监管及其他监管模式的总和，通过调和的方式将不同利益主体联合起来共同采取监管行动的过程。但是，协同监管不等于混合监管，无论是政府监管，还是私人监管，它们彼此之间必须要有一定的明确界限，以便明确职责，避免重复监管及监管政策冲突。同时，对于协同监管而言，仍需要国家及法律、法规为其授信，提升监管的权威性，因此政府监管在协同监管中必须扮演主导角色，[②] 而其他私人监管方式只能作为政府监管的补充，是完善监管体系与产业的关键要素。在执行方面，协同监管也不是静态、单主

---

① Siddiki，S.，Kim，J.，& Leach，W. D. Diversity，Trust，and Social Learning in Colloaborative Governance［J］. Public Administration Review，2017，77（6）：863－874.

② Jacob Torfing & Christopher Ansell. Strengthening political leadership and policy innovationthrough theexpansion of collaborative forms of governance［J］. Public Management Review，2017，19（1）：37－54.

体、单方面的监管，而是需要不同类型的监管主体以动态形式，在监管中不断协调与互动，以达到实现不同监管主体所制定的监管目标。

当前，我国社会经济发展迅猛，对监管的革新与改革需求强烈。而鉴于协同监管已经在西方国家取得了一定进展和成果，因此将协同监管机制引入我国监管体系中势在必行。同时，出于政治监管与社会发展程度考量，采用协同监管方法，协调不同经济主体的利益，也是促进社会和经济和谐发展的重要手段，符合现阶段我国发展理念。但是，当前我国协同监管的社会基础仍不够充分，在协同监管体系引入方面，仍需加强政府的主导能力、发挥私人监管作用及鼓励新型监管机构加入我国监管体系建设。

（二）完善我国监管体系建设建议

1. 明确政府监管核心地位，突出政府在监管中的领导作用

第一，加强我国监管法律、法规建设，为监管主体提供必要的法律依据以及保证监管效力。科层式的政府监管模式深入人心，以法律为核心的传统政府监管在社会中具有较强的信服力，因此完善监管法律、法规对规范监管产业具有重要意义。但是，为了与协同机制模式实现无缝对接，建议在制定以及修订监管法律、法规时要体现开放性原则，即制定整体监管核心框架，具体内容由相关监管机构或者私人监管机构通过协商和探讨等方式来不断完善，防止监管政策制定过于死板。第二，充分利用互联网技术优势，增强监管部门之间的信息传递，打破信息“孤岛”问题，创造高效、协调的监管模式。对于传统政府监管模式而言，逐级审批的行政流程以及层级信息传递模式极大地限制了监管效率，已经难以满足当前市场对监管的需求，因此加强政府机关部门的信息建设势在必行，需构建信息畅通型一体化政府。同时，在协同监管模式下，由于私人监管与政府监管并不是互相独立的监管机构，需要二者以动态形式协调监管，因此打通私人监管机构与政府监管机构之间的信息壁垒同样重要，例如将私人监管机构接入到政府监管机构系统或者开放政府监管机构的监管系统，为社会提供监管查询等服务。第三，在政府监管

掌握核心监管要素时，适当简政放权，优化监管手段，为私人监管机构发挥作用提供更充足的空间。例如，政府监管部门可以先确定监管重点，比如重点监管产业的运作方式、企业的财务信息等，而具体的实施措施，下放到其他私人监管机构执行。私人监管机构可以利用自身技术优势和行业优势更好的实施监管程序，实现监管目标。

2. 发挥互联网技术优势，培育更多私人监管主体①

协同监管理论及发展应用充分说明了监管主体已经不再限于国家政府及相关机构与部门，由于监管资源的分散式分布状态，使政府以外的主体变成监管主体成为可能。通过互联网技术创造或者培育新型私人监管主体，并与政府监管主体共同构建网络状的协同监管体系更有利于实现监管目标。私人监管主体的丰富将有利于补充传统政府监管主体单一监管的缺陷，完善监管体系，拓展监管范围，调动更多的监管资源以提高监管效率。② 在私人监管主体培育方面，可以利用我国互联网网络用户基数庞大的特性，发展民间私人监管主体，通过大量用户的评价状况对被监管产业进行评价。或者发挥当前自媒体的优势，利用舆论建立相应的社会声誉体系，以市场的影响力来监管被监管产业或者企业的行为，进而建立更加全面的监管体系。具体的培育措施可以从以下几方面开展：第一，发挥政府的威信力，加强政府监管的宣传力度，培养市场主体规范发展意识；第二，发挥媒体宣传作用，充分利用自媒体及其他大型信息媒介的信息传递能力，对监管政策进行深度解读，包括：基本监管内容及违规后的惩罚；第三，建立社会信誉体系，加强企业信誉在市场中的影响作用和地位，让消费者和市场自由选择所需要的企业、产品及服务。

---

① Lawrence Musiitwa Kyazze, Isaac Nabeta Nkote & Juliet Wakaisuka - Isingoma Cooperative governance and social performance ofcooperative societies. Cogent Business & Management, 2017, 4.

② Scott Jacobs and Peter Ladegarrd, Regulatory Governance In Developing Countries, The World Bank Group, Washington, 2010, 6 (19).

第三节 大数据监管

2017 年，全球大数据和分析软件市场达到 541 亿美元，预计将以 11.2% 的五年复合年增长率增长①。布林乔尔森等（Brynjolfsson et al.，2011）发现，采用大数据分析的美国企业，其产出和生产率比其他企业的预期要高 5% ~6%②。大数据意味着目前使用的数据源向更大数据源转变，即一种架构的转变，创造所有信息都按照一种全新的方式存储、索引和检索的环境③。近几年中，大数据发展浪潮席卷全球，而对于大数据的探索与应用，特别是大数据监管，欧美、日本等已经走在世界前列。

早在 1980 年，阿尔温·托夫勒在《第三次浪潮》一书中将大数据称为“第三次浪潮的华彩乐章”，标志着人们第一次对海量数据所带来的价值有了初步了解。此后，国外学者开始重视对大数据的研究，相关论文逐步增加。1998 年，美国《科学》杂志中首次出现“大数据”这一词汇。2008 年，英国《自然》杂志推出了名为“大数据”的封面专栏。2011 年 5 月，麦肯锡《大数据：下一个具有创新力、竞争力与生产力的前沿领域》指出，美国拥有 1000 人以上规模的公司平均存储了超过 200T 的数据，如果对数据进行价值挖掘将激发很多行业及公司的潜力。这一报告开启了商业领域大数据的热潮，企业服务软件成为大数据最初的数据源。随着大数据的迅速发展，可以把其与政府、社会联系起来，为公共领域服务。大数据作为有用的信息资源，应该被政府加以

① IDC. Worldwide Big Data and Analytics Software Forecast，2018 -2022 [EB/OL]. https：//www. idc. com/getdoc. jsp? containerId = US44243318，2018 -09.

② Brynjolfsson E，Hitt L M，Kim H H. Strength in numbers：How does data-driven decision making affect firm performance? [J]. SSRN Electronic Journal，2011（4）.

③ Bennett M. The financial industry business ontology：Best practice for big data [J]. Journal of Banking Regulation，2013，14（3 -4）：255 -268.

利用，从而更好地进行监管[①]。布朗（Brown，2011）和哈里森等（Harrison et al.，2012）呼吁政府改革。在大数据时代，政府治理需要跟上时代步伐，转变治理方式进行改革创新，从过时的官僚主义形式转变到信息时代依靠网络的体制，满足社会新的需要[②③]。

一、大数据监管的优势

（一）数据驱动决策

过去，政府决策时往往缺少足够的数据支持，受限于信息技术，监管者有时不得不凭借经验和直觉，决策风险较大。大数据时代基于全样本数据的决策，有利于规避这种风险。大数据技术透过问题表象，挖掘深层次本质。通过实时数据，进行动态性与关联性系统分析，为政府决策提供技术支持，保障信息质量，开拓信息分析的视野[④]。随着技术不断发展，大数据时代的决策历经“技术驱动”“数据驱动”正逐渐转向“场景驱动”。通过数据信息形成多个包括时间、空间、语义和语境的映射场景，为政策的应用对象进行“画像”，经过量化分析，能够对过去场景进行追溯回顾，并对未来场景进行态势预测[⑤]。

（二）社会风险减弱

大数据在本质上具有前瞻性，因此大数据监管在预测能力上具有突

---

① VR Borkar，MJ Carey，C Li. Big Data Platforms：What's next？［J］. Xrds Crossroads the ACM Magazine for Students，2012，19（1）：44－49.

② B Brown，M Chui，J Manyika. Are You Ready for the Era of Big Data［J］. Intermedia，2011，71（2）：739－741.

③ TM Harrison，TA Pardo，M Cook. Creating Open Government Ecosystems：A Research and Development Agenda［J］. Future Internet，2012，4（4）：900－928.

④ J Bright，H Margetts. Big Data and Public Policy：Can It Succeed Where E－Participation Has Failed？［J］. Policy & Internet，2016，8（3）：218－224.

⑤ 朱琳等．全局数据：大数据时代数据治理的新范式［J］．电子政务，2016（1）：34－42.

出优势[1]。“数据驱动的政府监管”依据数据分析结果制定政策与法规，将监管从事后处罚转向事前预防，减弱社会风险，在工作场所安全、卫生健康、环境保护等方面发挥着重要作用。美国管理咨询公司麦肯锡全球研究院预测，若美国的医疗行业可以高效运用持续增加的大数据来提高效率与质量，那么每年可以获得超过3000亿美元额外价值，能够挽救无数原本不应该失去的生命。

在喷气发动机和送货车上加装感应器，可以监控数百个数据点，并在需要维护时自动发送警报。这使维护成本降低，提高安全性与工作效率。在新生儿重症加护病房中运用数百万个数据点的数据分析与监控，辨识出新生儿接触到潜在致命感染源的可能并及时预警，也能找出辨别的因素，如温度增加与心跳速率等，能够及时发现新生儿的感染状况，拯救新生命。大数据还可以找出可能浪费资源的地方，避免不必要医疗理赔，进而能有效运用纳税人的钱。医疗保险与医疗补助中心运用可预测的分析软件，辨别出高风险的投保人，来降低诈欺、浪费与滥用的风险，此系统已遏止或预防超过1.15亿美元的医疗浪费，该计划在第一年内每花1美元即减少3美元的浪费。

（三）权利边界调整

大数据监管打破了原有公权力对信息的传播流向与内容的垄断，极大丰富了民众和社会对信息的认知，拓宽信息来源，提高民众的“社会能见度”。数据的公开与共享一方面提高政府部门工作效率，降低运行成本，另一方面完善了公民监督权，提升政府公信力。保罗·德克尔（Decker P. T.）认为大数据是“颠覆性创新”，将带来“数据的民主化”，为研究者提供新的机会，有利于建设更高效、透明、创新的政府[2]。数据是会说话的，凭借数据，能够对政府的各种行为、成效和范围进行检验，

---

① Nathan Marz. Big Data：Principles and Best Practices of Scalable Real-time Data Systems [M]. Hampton：Manning Publications，2015：239.

② Decker P T. Presidential Address：False Choices，Policy Framing，and the Promise of Big Data [J]. Journal ofPolicy Analysis and Management，2014，33（2）：252－262.

基于此带来的监督能力增强，将会促进腐败的消失与政府效率的提升。

纽约市开展一系列举措，确保数据开放与公众有效参与，以此促进公众对政府监管的监督[①][②]。早在2012年纽约市颁布地方性开放数据法案，除涉及安全与隐私的数据外，政府及其分支机构所拥有的数据都必须通过政府开放数据门户网站实现对公众开放。同时设立数据科学、GIS、信息安全、软件开发等多个大数据运营分析团队，减少各部门数据共享和应用方面的阻力。大数据成为民众与政府相互理解与沟通的桥梁[③]。通过数据公开，政府能够依据数据来了解民众选择，分析民众行为，改善服务水平。同时，民众可以更好地得知政府的工作进度。

二、大数据监管的挑战

（一）隐私泄露

安德鲁斯（Andrews L.，2012）认为，一般而言，大数据会留下可以被追踪和分析的潜在痕迹，大数据不可避免地会引发隐私问题[④]。伴随大数据发展，信息泄露造成的安全危机和经济损失巨大，国家及民众对大数据所可能引起的隐私与安全问题产生了担忧。美国皮尤研究中心曾进行一项关于数字隐私环境的调查，发现大多数美国人有被窃取数据或欺诈的经历，公众认为近年来个人数据变得不太安全，怀疑政府机构或某些公司是否能够保护他们所收集的客户数据[⑤]。数据安全问题愈发

---

① Cao C, Congdong L I, Wang Y, et al. Governance mode of urban public safety risk in big data era [J]. Urban Development Studies, 2017 (11): 76-82.

② Popescul D, Radu L D. Data security in smart cities: challenges and solutions [J]. Informatica Economica, 2016, 20 (1): 29-39.

③ Clarke A, Margetts H. Governments and citizens getting to know each other? Open, closed, and big data in public management reform [J]. Policy & Internet, 2014, 6 (4): 393-417.

④ Andrews L. I know who you are and I saw what you did: Social networks and the death of privacy [M]. Simon and Schuster, 2012.

⑤ Pew Research Center, Americans and Cybersecurity, http://www.pewinternet.org/2017/01/26/americans-and-cybersecurity/.

严重，对企业而言关乎生死存亡，对国家而言甚至上升到政治问题。个人数据泄露事件轻则波及数千万人，重则影响数十亿人，形势不断恶化。由表4-3可见，泄露主体既有政府也有企业，泄露原因包括自身服务器问题、黑客攻击等。这些事情的发生，说明数据安全和保护面临着越来越严峻的挑战，对个人隐私和敏感数据的管理要求更高，需要具有较强约束力的法律规制和监管措施。

表4-3　　数据泄露事故

主要事件	时间	人数	泄露对象	泄露内容	事件经过
Aadhaar（印度国家身份认证系统）	2017.8～2018.1	11亿	印度公民	号码、姓名、电子邮箱、住址、电话号码及照片	Aadhaar号码与公民的银行账户、手机号码、保险账户、永久性账号卡以及其他服务绑定。2018年1月4日，有人爆料在移动社交工具WhatsApp上推销Aadhaar数据库，可提供大量意想不到的用户信息
UnderArmour（运动装备）	2018.2	1.5亿	MyFitness Pal用户	姓名、电子邮箱、加密密码	美国著名运动装备品牌Under Armour称有1.5亿MyFitnessPal（食物和营养主题应用）用户数据被泄露
Exactis（数据公司）	2018.6	3.4亿	互联网个人和企业用户	数据种类超400类，包括电话号码、电子邮箱、邮寄地址、兴趣爱好、年龄、宠物情况等	Exactis采集了大约3.4亿条记录（2.3亿消费者数据，1.1亿企业数据），几乎是全美的上网人口。此次信息泄露事故并不是黑客撞库引起或者其他恶意攻击，而是Exactis自身服务器没有防火墙加密，直接暴露于公共数据库查找范围内
Newegg（电商平台）	2018.8～2018.9	5000万	Newegg在线消费者	信用卡账号	有安全研究人员发现，黑客将15行银行卡盗刷代码植入Newegg支付页面，这种恶意代码从用户手中窃取信用卡数据，传输到由黑客控制的服务器
Quora（美版知乎）	2018.12	1亿	Quora用户	姓名、电子邮箱、加密密码、个人资料	12月3日，美国知名问答社区Quora发公告称，1亿用户数据因为第三方黑客恶意攻击而遭到泄露

资料来源：2018年数据泄露事故TOP10［EB/OL］. http：//www.sohu.com/a/285022448_772880，2018-12-27.

（二）人才短缺

大数据监管对该领域的知识技术人员的专业性要求比较高，穆罕默德等（SF Noormohammad et al.，2010）认为数据专家和管理人员的短缺是大数据应用失败的主要原因之一[①]。然而，这不仅仅是数量问题，也是质量问题，如果从事大数据分析的人员专业素质不够高，也容易导致数据分析的错误，使得政府决策走入误区。在英国，政府部门人员信息技能缺乏被认为是阻挡政府数字转型的三大因素之一[②]。在美国，通过对各等级政府数据管理人员的访谈发现，大数据监管成败关键在于政府机构及其数据管理人员克服传统体系与实施新的现代技术的能力[③]。

（三）融合操作

大数据监管的主要优势是数据融合，但是将不同来源、不同形式的数据整合也是大数据分析面临的主要挑战之一。大量具有分析价值的数据被分割在不同的部门与机构的数据库之中。马尼卡等（Manyika et al.，2011）研究表明与数据库标准化的银行或保险服务相比，教育和卫生等与发展相关的部门数据往往更加分散[④]。如果数据无法实现融合与互通，那么很难使得监管信息数据更加全面，不利于监管的统筹规划与精准决策。

---

① Noormohammad S F，Mamlin B W，Biondich P G，et al. Changing course to make clinical decision support work in an HIV clinic in Kenya［J］. International journal of medical informatics，2010，79（3）：204－210.

② Brecknell S. Civil servants studying in their own time to catch up on digital skills［EB/OL］. https：//www. public technology. net/articles/news/civil－servants－studying－their－own－time－catch－digital－skills，2017－07－31.

③ State of the union：Data and analytics in government［EB/OL］. http：//coriniumintelligence. com/chief data officer government，2017－09－23.

④ Manyika J，Chui M，Brown B，etal. Big data：The next frontier for innovation，competition，and productivity［EB/OL］. https：//www. mckinsey. com/business－functions/digital－mckinsey/our－insights/big－data－the－next－frontier－for－innovation，2011－05.

三、大数据监管的未来方向

（一）数据安全

技术的发展使引发数据安全问题的诱因增多，各国纷纷认识到数据安全的重要性，围绕界定数据标准、构建数据管理体系、完善预警与防范机制、建立健全信息法律法规、制定数据安全战略与行动计划、研发数据安全新技术等内容，进行大量研究。在实践中，一些国家在政府部门专门设置数据保护专员。新西兰设立政府首席隐私官，并颁布《隐私成熟度评估框架的用户指南》；澳大利亚新南威尔士州政府设置首席信息安全官负责网络信息的安全①②。2018 年 5 月 25 日，欧盟《通用数据保护条例》（GDPR）正式生效，被视为有史以来最严的个人数据保护法令。将用户个人数据的定义扩大，把个人 IP 地址、cookie 数据、遗传基因、指纹虹膜等信息置于和姓名、身份证号等机密数据相同的保护等级，对个人信息的保护及其监管达到了前所未有的高度。普华永道的调查数据显示，68% 的美国公司预计将花费 100 万～1000 万美元的投入来达到 GDPR 的合规性要求，另有 9% 的企业预计将花费超过 1000 万美元。GDPR 同时规定了违规处罚条款，对违规企业的最高罚款额为其全球收入的 4% 或 2000 万欧元，以较高者为准。在 2019 年初，法国相关监管机构根据 GDPR 向谷歌开出了 5000 万欧元（约合 3.8 亿元人民币）罚单，可见 GDPR 力度之大。而我国在数据保护方面，稍显落后。

---

① New Zealand Government Internal Affairs. Privacy maturity sssessmentframwork：Elements, attributes, and criteria（version 2.0）［EB/OL］. https：//www. ict. govt. nz/assets/Guidance – and – Resources/Privacy – Maturity – Assessment – Elements – and – Attributes – version – 2 – 0. pdf, 2018 – 07 – 14.

② NSW charts three-step path to digital dominance［EB/OL］. https：//www. itnews. com. au/news/nsw – charts – three – step – path – to – digital – dominance – 462724, 2017 – 11 – 24.

（二）人才培养

大数据监管要求政府部门人员具有数据思维，掌握数据挖掘、分析等能力，基于此，澳大利亚公共服务委员会联合政府统计局等部门合作开启有关数据分析技能提升的培训项目，相关在职人员可根据自身需求接受大学课程、数据跨部门合作、数据扫盲计划等训练①。英国政府要求相关在职人员必须加强数据素养，举办政府数据科学会议，主张开展跨部门数据交流、数据技能训练等活动②。此外，应当对大数据基础设施建设给予一定的财政支持，对高校和科研机构的相关研究项目进行财政激励，加强相关学科的建设，注重大数据培养的实践性，推动大数据领域的产学研合作。

（三）开放数据

希尔伯特（Hilbert M.，2016）认为信息公开要求政府的所有文件和档案应允许每个公民自由查阅，拒绝查阅必须将其列为例外，而非原则。当前很多国家已经出台相关法律来约束政府部门的信息和数据公开工作③。早在 2009 年奥巴马上任伊始，就签署《透明和开放的政府》总统备忘录，推进建成政府统一数据门户网站，要求建立更加开放、参与、合作的政府。这一举措体现了美国政府对开放数据的重视，全球开放数据运动相继展开。2011 年“开放政府合作伙伴”（Open Government Partnership，OGP）诞生，根据相关决议，新加入 OGP 的国家必须签署《开放政府宣言》，制订国家数据开放行动计划并征求公众意见，并且

---

① The Department of the Prime Minister and Cabinet of Australian Government. Data skills and capability in the Australian public service［EB/OL］. http：//www. pmc. gov. au/sites/default/files/publications/data – skills – capability. pdf，2018 – 04 – 12.

② Duhaney D. Building capability and community through the Government Data Science Partnership［EB/OL］. https：//gds. blog. gov. uk/2017/07/20/building – capability – and – community – through – the – government – data – sciencepartnership/，2017 – 11 – 14.

③ Hilbert M. Big data for development：A review of promises and challenges［J］. Development Policy Review，2016，34（1）：135 – 174.

就行动进展定期提交独立报告。相比之下，我国在开放政府数据的道路上步伐缓慢得多。当前，我国信息数据资源80%以上掌握在各级政府部门手里，“深藏闺中”是极大浪费。世界各国已经有了一些落地成型的规范与案例，作为政府数据开放的后起者，我国完全可以结合本国国情参照借鉴，加快推进数据开放。开放数据不仅仅代表着公开数据，更要让数据能够重复使用、自由加工。根据英国开放知识基金会（Open Knowledge Foundation）的定义，开放需具备三项基本元素，即非歧视性、机器可读性与开放授权性。为打破大数据融合互通的阻碍，应在开放数据的基础上增强数据的机器可读性，实现数据真正的价值。

第二篇

政府监管热点前沿

第五章

基于高质量发展的政府监管变革

第一节　高质量发展的新理念

党的十九大报告指出，我国经济已由高速增长阶段转向高质量发展阶段。国务院总理李克强作政府工作报告时强调要“大力推动高质量发展”，其中“质量”一词共被提及23次。高质量发展标定了中国经济发展新方位，是新时代建设社会主义现代化强国的必然选择。

一、经济学含义

高质量发展的经济学根基来源于马克思的商品二重性，即商品具有使用价值与价值。物的有用性使物具有使用价值，它决定于商品体的属性。作为使用价值，商品首先有质的差别；作为交换价值，商品只能有量的差别，因而不包含任何一个使用价值的原子。商品的使用价值满足人们某种需要，随着人们对美好生活的需要日益增长，人们对商品的质量要求也逐步提高。只有商品质量满足了这种需要，商品的使用价值才能发挥交换价值的功效。因此，商品价值的实现取决于商品质量。高质量发展是社会总价值实现的重要一环，是伴随物质水平提高、社会进步、“需要”改进变化而持续获取价值实现的经济过程。

高质量发展与高速度增长具有显著区别。“增长”追求数量增加、速度加快，而“发展”侧重结构优化、效率提升，追求各方面的协调发展。高速度增长阶段，评价标准多以单维单一指标为主，如评价一个国家经济情况，主要依靠该国 GDP；而高质量发展阶段，评价标准应以多维综合指标为主，除了经济总量数据，还包括经济的有效性、协调性等多维度指标。在“增长”阶段后期，经济增长质量问题已经得到重视，但仅局限于经济方面。而在“发展”阶段，出现了资源不足、环境恶化、收入分配不公、社会保障等一系列经济增长以外的涉及其他领域的问题。因此在对“发展”进行评价时，应基于经济发展、改革开放、城乡发展、生态环境、人民生活等各方面的高质量进行综合考量①。

二、三个层面

从狭义上讲，高质量发展仅包括五大发展理念，即“创新、协调、绿色、开放、共享”。从广义上讲，高质量发展包括五大发展理念和以人民为中心。高质量发展必须是促进人的全面发展的发展，使全体人民在发展中具有更多获得感和幸福感，促进全体人民共同富裕，这也是新时代中国特色社会主义实现现代化的目标追求。因此，需要构建合理的收入分配体系为人的全面发展提供保障，构建与发展水平相适应的社会保障体系增进民生福祉，实现幼有所育、学有所致、病有所医、老有所养、弱有所扶的美好目标。若进一步扩大高质量发展的外延，高质量发展还应包括高质量政府。高质量发展需要高质量政府推进政府自身的改革。2018 年《政府工作报告》中指出：“政府职能转变还不到位，工作存在不足，有些改革举措和政策落实不力……”为实现高质量发展，必须首先建立高质量政府，提高政府效能，深化机构改革，形成职责明

---

① 任保平，李禹墨．新时代我国高质量发展评判体系的构建及其转型路径［J］．陕西师范大学学报（哲学社会科学版），2018（3）：105－113.

确、依法行政的政府治理体系。

第二节　政府监管促进高质量发展的内在逻辑

一、高质量发展是政府监管的“指南针”

1978 年中国 GDP 总值为 3679 亿元，2017 年总值达 827122 亿元，增长约 224 倍；人均 GDP 从 385 元增加到 59660 元，增长约 154 倍。经过改革开放后的快速发展，我国逐渐告别了短缺经济，数量矛盾得到极大缓解。随着收入水平提高和中等收入群体扩大，居民消费向多样化与服务化方向升级，导致“数量追赶”时期迅猛扩张的传统产业生产能力与市场需求严重不匹配，出现产能过剩，质量矛盾开始占据主导地位。继农业经济、工业经济之后，我国已步入数字经济时代。2017 年大数据进入爆发阶段，数字经济首次被写入政府工作报告，历经网络经济、信息经济，社会发展正向共享经济阶段迈进。燃气罐从售后的无法监控，变成贴上安全芯片的监控追踪；公共自行车从必须办卡租赁，变成了手机下载 APP 扫码租赁；景区旅游从人山人海，变成了随时统计人数调度管控；手机上网从购买流量，变成了身边人多余流量互通共享。经济社会快速发展所引起的新变化，使政府原有监管模式不再完全适用，需要根据高质量发展革新政府监管的内容与手段，形成有效监管体系。

以食品消费为例，1949 年以来，我国共经历四个消费时代。消费 1.0 时代，新中国刚刚成立，物质匮乏，生产力不足，人们的消费主要是解决温饱问题，政府负责管控食品供给数量。伴随改革开放，消费进入 2.0 时代，计划经济逐步向市场经济转移，人们开始具有改善性需求，关注点从食品供给数量到食品卫生再到食品质量。2009 年 2 月 28 日《中华人民共和国食品安全法》正式颁布，反映了对食品安全监管的需求，与此同时，互联网普及和网络购物爆发开启了消费 3.0 时代。2018 年作为高质量发展元年，消费者需求变得更加多元与个性，消费进入 4.0 时代。根据马斯洛需求层次理论，人类需求可分为五种，按照较低层次到较高层次排列，分别为生理需求、安全需求、爱和归属、尊重需要与自我实现。应用于食品领域（见图 5－1），高质量发展阶段，消费者更注重食品的安全与营养，数量多少则处于次要地位，消费需求不断向高质量方向升级，作为政府监管的指南针，引领食品监管领域重点不断变化。

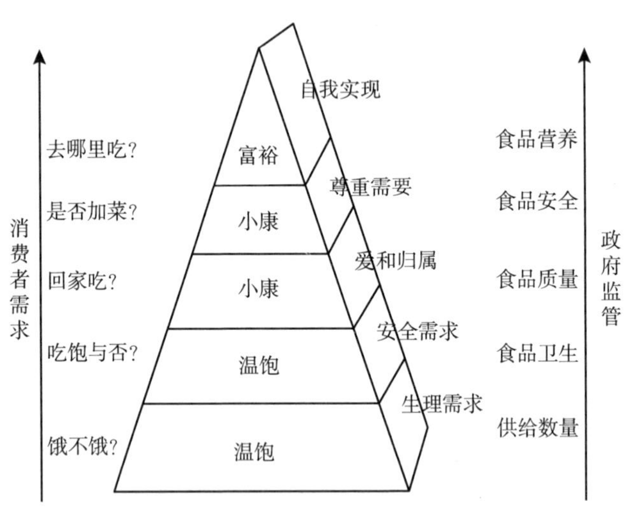

图 5－1　食品高质量需求发展与政府监管变革

二、政府监管是高质量发展的“助推器”

以五大发展理念解读高质量发展，则高质量发展体现为发展的经济效益，即与协调发展相关的经济结构和与开放发展相关的经济外向性；体现为发展的生态效益，秉持绿色发展理念，注重生态环境的保护，形成绿色发展方式与生活方式；体现为发展的社会效益，即共享与创新发展，人力资本不断积累使社会成员共享经济发展成果；同时作为创新载体，推动创新型国家建设①。五大发展理念作为实现高质量发展的突破口，每一方面都离不开强有力的高质量政府监管（见图5-2）。

（一）高标准协调与高深度开放为高质量发展铺路

高标准的协调发展强调发展的整体性与全面性，经济结构优化、区域协同、城乡一体发展等需要政府监管统筹兼顾、注重平衡，保持均势，“精准化”而非“一刀切”，把薄弱地区、领域、环节补起来，形成平衡发展结构，增强发展后劲。以开放发展为例，目前我国自贸区已经形成“1+3+7+1”雁阵引领的开放新格局，外贸从“大进大出”逐渐转为“优质优价、优进优出”，“一带一路”正创造更多中国与他国合作的机会，这都将依托海关公平高效监管，规则开放透明。唯有政府监管紧跟时代步伐，才能实现高标准协调与高深度开放，为高质量发展打好经济根基。

（二）高水平保护为高质量发展护航

我国生态文明建设持续推进，但部分地区出现了将经济下行的压力简单归结于环境监管过严的现象，导致放松环境监管的风险增加。而生态环境是高质量发展区别于高速度增长的重要标尺与鲜明符号，为跨越污染防治与环境治理的重要关口，必须保持加强生态文明建设的战略定力。生态环境部于2018年9月印发《关于进一步强化生态环境保护监管执法的意见》，强化与创新环境保护监管执法。生态文明建设之路任重道远，严格生态环境监管，层层压实监管职责，强化生态环境刚性约束，才能形成高水平环境保护，为高质量发展保驾护航，建设美丽中国。

（三）高品质创新与高程度共享为高质量发展提供动能

高质量发展对创新提出更高的要求，即通过原始创新孕育颠覆性的新技术，发挥先动优势，实现创新驱动。创新是我国实体经济的最大短

① 师博，张冰瑶．新时代、新动能、新经济［J］．上海经济研究，2018（5）：25-33.

板，制约创新的体制机制障碍依旧存在。中美贸易战已暴露出我国工业体系脆弱性的缺点，工业缺乏原创性技术，依附于其他经济体。技术创新的缺少也意味着产业附加值低，一旦出现贸易保护主义或经济民族主义，我国工业体系可能发生危机风险。政府应进一步推动简政放权释放创新活力，放管结合营造良好市场，优化服务便利创新，打造高品质创新助力高质量发展。高质量发展为促进人的全面发展服务，共享使高质量发展成果更多更公平惠及全体人民，增强人民获得感和幸福感。共享经济发展的关键在于制度供给，特别是模糊地带需要政府监管加以约束①。政府监管有的放矢，明确放松与加强的不同领域，达到高品质创新与高程度共享，驱动高质量发展。高质量发展与政府监管的内在逻辑如图 5 -2 所示。

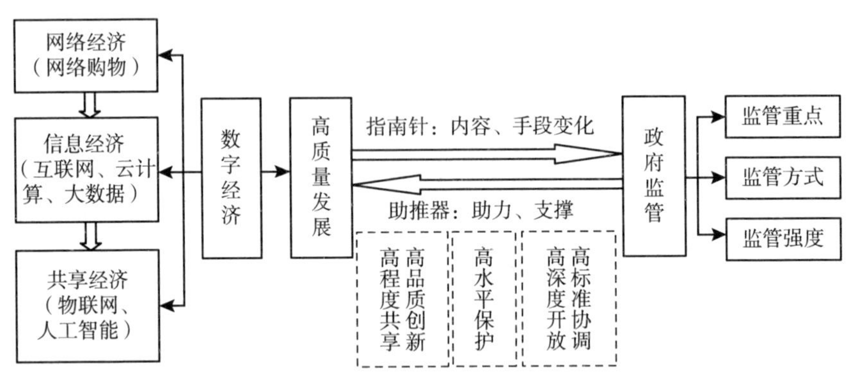

图 5 -2　高质量发展与政府监管的内在逻辑

第三节　高质量发展下政府监管的新需求

高质量发展离不开高质量政府，面对高质量发展所处时代特征，政府监管的需求正在发生变化。

① 费威．共享经济模式及其监管制度供给［J］．经济学家，2018（11）：75 -82.

一、信息不对称

政府监管的目的在于解决市场失灵问题，而市场失灵的一个重要原因就是信息不对称，包括市场交易者——卖者与买者的信息不对称和监管者与被监管者——政府与企业的信息不对称。就市场交易者而言，消费者无法轻易对获取信息做出判断，导致犯错误的代价很高；而作为市场供给方的企业不能在以成本为基础的价格上提供所需信息，产生信息不对称。其基本原因在于社会分工与劳动分工导致的知识储备不对称性、信息搜寻成本过高以及信息优势者的垄断。高质量发展阶段，互联网技术的发展与普及极大减少了社会主体之间的信息不对称，大幅降低了交易或分享成本，传统的“劳动者—企业—消费者”商业模式正逐渐被“劳动者—共享平台—消费者”的共享模式所取代。由于购物方式极具变革，供给一方有提供高质量产品的激励，即销售激励和声誉激励，为此会主动提供相关信息，缩小信息差距。在网络购物平台，消费者购买多依据该店铺的销量和评价。供给者会应用文字、图片、视频等详细说明商品信息，消费者在收到货品后，会在网络上进行评价，突破以往只能在熟知亲友间信息的传递。就监管者与被监管者而言，不完全信息引起了严重的刺激机制问题，增加了政府监管难度。同时，企业作为利益集团，某种程度上对政府监管具有特殊的影响力，政府监管者也有各种利己动机，最终导致政府被俘获，如生命周期理论、合谋理论等。高质量发展阶段，新兴科技的运用使政府企业间信息不对称相对减少，也使社会各界通过数据平台监督企业与政府的行为，解决信息“黑箱”问题。传统政府监管方式为提供必要信息或要求供给方提供信息，监管成本高且提供的信息质量低。高质量发展时期，信息不对称多体现在对信息处理能力的高低，而非信息数量的多少，政府监管重点应放到创建良好的信息环境，而非干预企业的行为。

二、垄断

政府监管需求来源于自然垄断性，市场机制只有在竞争状态下才能有效运行，但竞争所导致生产的集聚和集中最终会形成垄断。政府监管能够抑制企业制定垄断价格，防止破坏性竞争，从而维护社会分配效率，保证社会生产效率与供应稳定[①]。企业为追求利润最大化，按照边际收益等于边际成本的原则制定垄断价格。根据边际收益递减规律，按此原则定价高于边际成本定价和平均成本定价。然而，边际收益递减规律并不适用于高质量发展阶段。高质量发展依托数字经济，数字信息产品具有网络外部性与传递效应。对信息产品的投资不仅能够得到投资报酬，还能够在不断传递中获得信息累计的增值报酬。一条技术信息能够被应用于任意规模的生产中，即信息成本几乎不增加的情况下，使用规模的扩大会带来收益不断增加[②]。自然垄断产业的显著特点是需要高额投资，投资回报性长，规模经济非常显著。为避免重复投资和过度竞争，由一家或极少数几家企业经营使社会生产效率最大化。企业通常从规模不经济走向规模经济，若规模继续扩大，成本反而提高，导致规模不经济。高质量发展阶段，垄断的特点发生改变，规模经济由供给方转移到需求方，基于网络效应，平台企业希望用户规模不断扩大。随着技术进步，边际成本持续降低，甚至出现“零边际成本”。

以电力产业为例，为兼顾生态环境，风力发电和太阳能发电量持续攀升。依据国际顶级投资银行拉扎德公司（Lazard Freres）发布的报告《Lazard 能源成本分析》第 12 版，风电和光伏发电成本已经比现有的煤炭、天然气电厂更低，甚至与已经完成设备折旧的火力发电成本相比也是如此。全球大多数国家实现了平价上网，我国距此还有一段距离，但

---

① 王俊豪．政府管制经济学导论［M］．北京：商务印书馆出版社，2017：12.

② 裴长洪，倪江飞，李越．数字经济的政治经济学分析［J］．财贸经济，2018（9）：5－22.

清华大学能源互联网创新研究院报告显示，我国光伏发电更大规模应用后，在2020年前后即可以实现光伏平价上网。在德国，公众只需一次性购买太阳能电池板或风力发电设备，就可以开始生产自己的电力，能源生产力极大增强。电力厂商由能源生产者转变为电力管理的智能互联网，电力厂商作为中间人、调配者，把所在地区全部电力生产者的电能连接在一起，在网上调配余缺。在美国，3700万栋大楼配备了与物联网连接的仪表和感应器，以便实时提供输电网络中的用电量和价格信息。这可以使利用太阳能或风能发电并当场存储的家庭或企业通过软件编程，实现在电价上涨时脱离电网使用自己的绿色电能，同时以“零边际成本”与邻居共享多余的电力。

尽管太阳能、风能技术固定成本较高，但此外得到的每一单位电能成本较低，同时生态效益提高；大量业余爱好者开始利用3D打印机、开源软件、再生材料等自己制造产品，边际成本近乎为零；学生开始参与免费在线课程，课程内容发布的边际成本近乎为零。通过协同共享以接近免费的方式获取绿色能源和基本商品服务，实现最具生态效益的可持续发展模式，形成“零边际成本”社会。商业社会的力量不断向消费者转移，形成“生产型消费者”与“商业民主化”。商业生产从几个巨头垄断转变为人们共同民主地创造，打破传统垄断概念。原始垄断高价的模型、垄断经营的模式都发生变化，政府在此阶段应重新思考监管领域和监管手段。

三、产权制度

基于网络经济、信息经济和共享经济的高质量发展，人们秉持“少拥有而多分享”的理念，从注重“拥有”变成注重“使用”，从拥有产权到分享使用权，其本质是一场产权革命。利用私有与公有、使用与占用两对对立词汇建立坐标，形成四个象限。物品既私有又占有为第一象限“私有”，私有但他人可以使用为第二象限“租赁”，若物品为公有大家都可使用为第三象限“共同利用”，被占用但仍为公有为第四象限

“公有”，其中圆圈的大小代表各自的比例。在中华人民共和国成立初期，经济水平处于较低阶段，拥有私人财产的人数占比很小，处于第三象限“共同利用”占比最多，产权多为公有。随着市场经济逐步建立，人民生活水平提高，私人消费带动社会经济快速增长，“私有”成为主流。如今，基于科技进步、可持续发展理念深入的高质量发展时代到来，“私有”开始分流，趋向资源的共享和利用（见图5－3）。

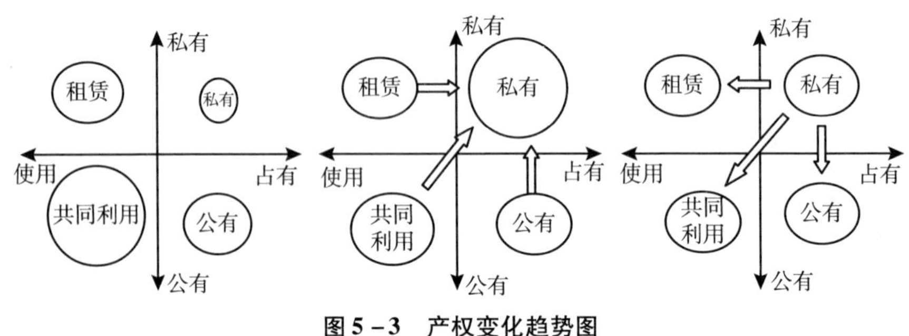

图5－3　产权变化趋势图

共享经济是在物品所有权私有，使用权社会化的基础上产生的，物品既包括私人物品、生产资料等物质产品，也包括服务、知识等非物质产品。使用权与需求方相对接，所有者通过转移闲置物品的使用权获得一定报酬，需求者以较低的成本获得暂时使用权解决现实问题，双方形成利益共享。传统经济下，供求双方一手交钱一手交货，物品产权被完全转移，供求双方的关系随着交易结束而彻底结束，这种经济形态下，供求双方处于交易的对立面，既增加需求方的交易成本，又可能导致物品闲置浪费与产能过剩。高质量发展阶段，交易中产权被进一步细分，需求方只需承担部分成本，而不用承担物品所有权带来的后期风险，交易成本大大降低。闲置资源和过剩产能的再流通，提高社会福利水平。从资源配置的角度看，私有产权制度并不是资源配置的最有效方式，尽管解决了激励问题、外部性等，但从资源利用角度看，私有产权并没有充分利用资源。建立在互联网基础上的新产权，即共享产权，既保留了私有产权的特性，又能使更多的人共享这种资源。现实生活中，供需双方通常通过中介平台进行自由交易，若没有相应监管，交易成本不降反升，甚至出现更严重问题。在产权不明晰的情况下，需要政府监管以避免“公地的悲剧”，现阶段即使产权明晰，由于所有权与使用权分离，部分管理权被从所有权中剥离出来，需要第三方如政府部门进行监管。共享单车由于使用方缺乏监管，导致单车屡遭破坏；顺风车由于所有方缺乏监管，导致乘客遇害软件功能下线；知识共享的发展，导致盗版行业摧毁文化创意产业。高质量发展使资源配置与利用的效率提高，人民生活更加便利，但也为政府监管带来新的挑战。目前，共享经济已经渗透到各行各业，规模在逐步扩大（见图5-4）。从最初的产品领域扩展到服务领域、专业技能领域，共享产品的内容不断丰富，外延不断扩大。2017年8月广东省正式宣布，未来将探索实行共有产权制度，个人与政府或个人与相关企业均可共同持有房产。处于共享经济、产权变革中的高质量发展，需要革新政府监管，建立良好的制度环境。但应避免监管过度会阻碍产业创新，影响高质量发展效果。

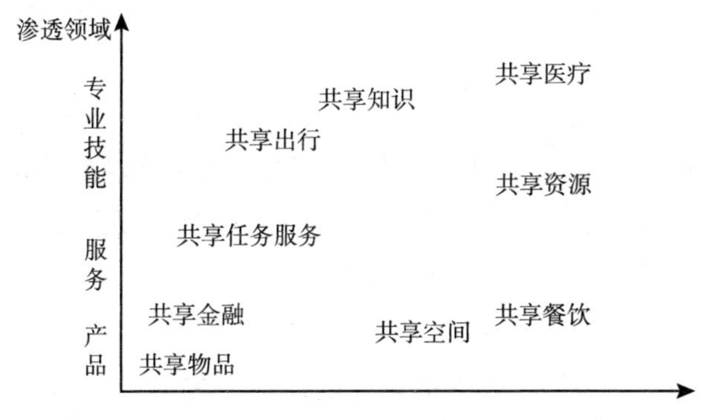

图5-4 共享经济行业渗透趋势图

四、信息安全

高质量发展阶段，数据信息给生活带来便利，信息安全问题却日渐凸显。个人行为被数据化，这些基本数据使商家能够精准定位，也为政府现代化治理提供保障。然而个人信息作为互联网经济最宝贵的资源之一，不仅是商业竞争的角力点，更是众多诈骗活动的“金矿”。据推测，目前我国网络非法从业人员已超 150 万人，相关产业市场规模已达到千亿元级别，已经形成了信息需求、盗取、交易等一条完整的黑色链条①。现代社会个人信息无处可藏，几乎任何具有公共属性的服务都需提供个人信息，包括上网，办号，寄快递，住酒店，等等。其中有任何一个服务组织或环节出现纰漏，个人信息就容易泄露。2018 年 12 月安全公司 Hacken Proof 的网络安全研究员称，一个包含 2.02 亿中国求职者简历信息的数据库泄露，被称为中国有史以来最大的数据曝光之一。这些包含姓名、手机号码、电子邮件地址、教育经历和许多其他个人信息的详细数据缺乏最基本的安全保护。据中国互联网协会在其 2018 年《中国网络生活观察》报告显示，约 19% 的中国网民的社交媒体和其他账户遭到黑客攻击或密码丢失。美国利用其在互联网领域的技术优势，对其他国家的信息进行窃听，给他国的信息安全造成极大隐患。“棱镜门”事件使各国对数据安全问题进行了深刻的思考。大数据的集中储存便于全面分析数据，但同时也增加了受攻击的危险。高质量发展蓬勃推进的同时，公民个人信息保护方面存在许多滞后，面对日益严重的个人信息泄露和安全威胁，加强相关法治建设至关重要。例如，对个人信息采集使用管理方面缺乏明确和可操作标准，导致民事责任的区分不够。我国于 2017 年 6 月 1 日开始施行《中华人民共和国网络安全法》，据《2018 网民网络安全感满意度调查报告》显示，超过一半的网民基本不知道《网络安全法》及其内容，而仅有 5% 左右的网民对《网络安全法》非常熟悉，网民的网络安全意识及网络安全知识需要强化普及。《网络安全法》也仅是一个原则性框架，配套制度和法规亟待完善。与发达国家相比，我国在信息保护方面起步较晚，至今仍没有一部《个人信息保护法》。因此，无论在个人信息领域，还是国家信息领域，都需要政府加强监管。

---

① 胡印斌．听任个人信息泄露，谁都可能是下一个“胡红岩”［EB/OL］. http://views.ce.cn/view/ent/201805/23/t20180523_29221008.shtml，2018－05－23.

五、外部性

外部性是指一定的经济行为对外部的影响，导致私人（企业或个人）成本与社会成本、私人收益与社会收益相偏离的现象。根据偏离的方向，外部性分为正外部性与负外部性。负外部性通常与环境问题相关，高质量发展阶段，对负外部性应继续加强社会性监管，但高质量发展的模式一定程度上缓解了环境的负外部性。风力发电和太阳能发电减少了火力发电对环境造成的负面影响，移动支付、电子发票等新模式减少了纸张的使用，共享经济的发展提高了资源使用效率，减少闲置浪费。例如，顺风车或者拼车服务在降低乘车成本的同时，缓解交通拥堵现象，减少了汽车尾气排放量；共享单车的普及填补出行“最后一公里”，符合低碳出行理念。如图 5 -5 所示，没有负外部性时，供求曲线相交于 E 点，最优产出水平为 Q。当负外部性存在时，真实的供给曲线上升为 $S+S_E$，最优产出水平为 Q^*。高质量发展阶段，$S+S_E$ 曲线下移，Q^* 与 Q 更加接近，即市场机制下所引起的产出过多情况有所缓解，效率损失减少。对于正外部性来说，依托数字经济的高质量发展存在网络外部性，政府某些监管政策会扭曲市场行为。因此，在进行监管时，应充分考虑数字经济的特点。

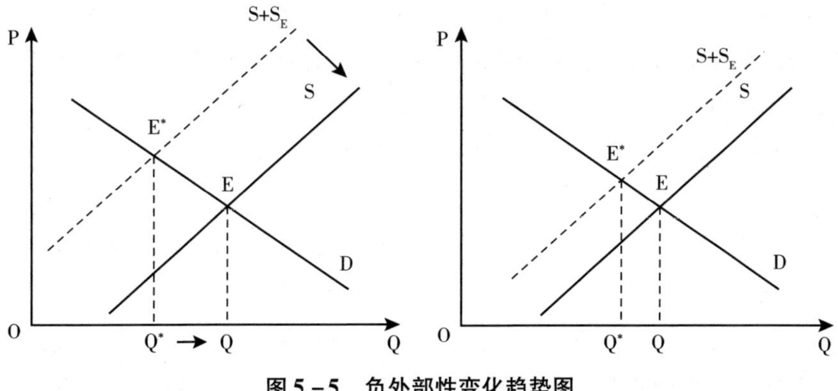

图 5 -5　负外部性变化趋势图

第四节　高质量发展导向的监管变革路径

一、放松经济性监管，打造简约审慎监管

2015 年李克强首次提出，“放、管、服”三管齐下，2016 年政府工作报告中提出，持续推进简政放权、放管结合、优化服务，不断提高政府效能。几年中，“放管服”改革取得阶段性成效，重视审批、轻视监管、弱化服务的问题得到缓解，把更多的事务还给市场与企业。然而，与世界许多国家相比，我国政府监管还处于过渡阶段。《2018 年经济自由度指数》显示，186 个经济体中，超过一半的经济体得分高于 60，意味着这些经济体能够提供体制环境，个体和私营企业至少保证可以从适度的经济自由中受益，以追求更大的经济发展和繁荣。我国得分 57.7，排名 110 位，属于经济“不自由”的经济体。其中得分最高的指标为财政健全（85.9）、贸易自由（73.2）及政府支出（71.6）；得分最低的指标为投资（25）和金融自由（20）。近年来我国的营商环境有所改善，《2019 年营商环境报告》显示我国在全球营商环境改善力度方面排名第三，位于东亚太平洋地区之首。在全球综合营商环境排名榜单中，我国排名大幅度上升，但也仅位于 46 位。一些政府部门仍然存在过度监管，企业经营投资、群众创新创业仍然存在准入壁垒、变相审批等现象。2018 年 5 月，特朗普签署的两项法令引起关注，都是以放松监管为主旋律。改革 2010 年《多德—弗兰克法案》减轻中小型银行监管压力，将需要面临美联储严格监管的银行资产门槛从 500 亿美元提高到 2500 亿美元，大幅度放松银行监管，解决中小企业融资难融资贵。另一项总统行政令旨在放松对太空商业领域的监管，简化关于火箭发射和其他太空冒险项目的审批。通过放松多领域监管，美国将形成较宽松的行政环境，吸引资金人才等流入，可能会挤垮其他监管过严、监管思想

落后的国家行业根基。在我国高质量发展阶段，大数据、物联网等的运用部分缓解信息不对称情况，科技进步使公共领域权责更加明确，产权进一步细分，技术创新为放松监管创造了条件。高质量发展需要破除创新发展的束缚，发挥各个经济体的智慧，最终走向提质增效之路。为此政府必须放松监管，坚持简约审慎监管原则，真正实现为企业“松绑”、为群众“解绊”、为市场“腾位”，激发市场活力。

二、加强社会性监管，提升安全卫生环境质量

放松监管是监管改革的大方向，特别是在经济性领域，对于社会性领域，必须加强监管。高质量发展下，人们对食品药品、卫生服务、工作场所、生态环境等要求越来越高，社会性监管强度应该增加。2018年长春长生疫苗事件、权健保健品事件等引发社会关注，药品疫苗监管力度应继续加大，质量安全监管应更加严格。以食品领域为例，我国的食品安全有待提高。全球食品安全指数（GFSI）能够从食品价格承受力、供应充足程度、质量与安全三个方面对各个国家的食品安全进行评判，以便确认最急需改革的地区。《2018 年全球食品安全指数报告》显示在 113 个经济体中，我国总体得分 65. 1，排名 46 位，在质量与安全方面表现相对较好，得分 71. 1，排名 31 位，但与总排名第一的新加坡有一定差距，仍有较大上升空间[①]。消费是经济高质量发展的重要抓手，是满足人民美好生活需要的直接体现，因此与民生息息相关的领域必须重点关注，做到严字当头，重典治乱，加大处罚力度，增加违法成本。提高产品与服务质量也有助于提升我国产品国际竞争力，助力“一带一路”建设。

高质量发展中新业态、新模式层出不穷，网络购物、互联网金融、网约车、外卖平台、共享单车等发展迅速，在提供便利的同时，质量、

① Global Food Security Index ［EB/OL］. The Economist Intelligence Unit，https：//foodsecurityindex. eiu. com/，2018 - 10 - 16.

安全和风险就需要政府监管加以保障。新业态的产生为“破坏性创造的过程”，对新兴产业的监管决不能滞后。既不能为了其发展而不加监管，也不能监管过度阻碍创新，在监管中不能简单套用老办法，而应该坚持包容审慎监管原则，创新监管理念与方式。

三、加快信用监管，发展信用经济

市场经济是信用经济，信用监管是新型监管的基础。《社会信用体系建设规划纲要（2014～2020 年）》提出建设目标，即到 2020 年信用监管体制基本健全，信用服务市场体系比较完善。因此，要加快企业信息归集共享，实施守信联合激励和失信联合惩戒机制，让市场主体“一处违法、处处受限”。依法严惩违法违规行为，使之承担相应责任。政府必须做出表率，重承诺守信用，若政府公信力下降，信用经济无从发展。信用监管离不开“互联网+”，应用市场监管信息平台，各单位对行政许可和处罚的市场主体信息及时录入，推进各部门协同监督平台的运用，共享信息数据，真正实现监管“一张网”。涉企信用信息向社会公示，并实时更新，提高信用信息的社会共享率，发挥社会舆论的监督作用。截至 2018 年底，证监会累计参与签署信用联合奖惩备忘录已达 50 份，资本市场信用数据库已经收集部际千万余条共享信息，包括司法、海关、税务、安监等方面，资本市场信用监管协同机制已基本建成，其他领域应加快建设完善。同时，应加快实现“双随机、一公开”全覆盖、统一化、常态化。在监管过程中随机抽取检查对象，随机派出执法检查人员，对于抽查事项与结果及时向社会公开，对违法失信行为实施联合惩戒，建立信用修复机制和市场主体强制退出机制。信用监管实质上是事中事后监管，建立一套标准体系，在事中记录信用数据，在事后应用信息数据，或发布信息或实施奖惩。信用监管的突出特点就是有限、精准监管。把有限的监管资源着重放到重点领域、重点对象。利用互联网、大数据等信用评价技术，找到风险概率最大的部分，做到监管有的放矢。

四、推动智慧监管，构建弹性社会

智慧监管就是运用物联网、大数据、云计算、人工智能、虚拟现实、数据挖掘等技术，以监管信息化为关键，通过互联化、物联化、智能化的方式，实现监管信息强度整合、高度共享、深度应用，最终实现政府监管数字化、网络化、智能化的高度融合—智慧化。弹性社会就是政府用数字技术建立预测冲击与风险的模型，找到减弱其影响的方法，降低社会面对灾害与风险的脆弱性。可见，智慧监管是构建弹性社会的前提，弹性社会需要政府、公众具备预测、应对各种风险的能力，从而风险过后能够迅速恢复。依据《2018 年联合国电子政务调查报告》，我国排名 65 位，电子政务发展指数 EGDI 值为 0.6811，高于 193 个成员国平均值 0.55，但与排名前三的国家（EDGI 值高于 0.90）相比，还有较大差距①。EDGI 依据在线服务的范围与质量（在线服务指数：OSI）、电信基础设施的发展情况（电信基础设施指数：TII）和固有人力资本（人力资本指数：HCI）进行加权平均。我国 OSI 突破 0.80，得益于基于互联网的一站式政府服务改革的不断深入，TII 相对最低，只有 0.4735。因此，为构建弹性社会，推动智慧监管，首要任务就是提高电信基础设施建设。为获得信息技术对高质量发展的巨大红利，数字鸿沟问题也必须重视，这是建立弹性社会的重要一环。特别是在基础设施建设方面，坚持数字包容原则，不让任何地区掉队。

数字技术与电子政务为政府监管提供了先进资源与手段，提高政府监管效率，吸引公民参与决策，提高监管透明度，而网络攻击或外在因素造成的服务器中断威胁也将存在，智慧监管中网络信息安全不可忽视。2017 年 5 月，“WannaCry” 勒索病毒攻击涉及 150 个国家，导致经济损失严重，社会秩序混乱。在推动智慧监管中，需要构建有弹性的电

① United Nations E - Government Survey 2018 [EB/OL]. Department of Economic and Social Affairs, https://www.useit.com.cn/thread-19948-1-1.html, 2018-08-04.

子政务系统。其依托技术、法律、组织、能力建设与合作五个支柱，为安全的电子政务系统提供保障，这五个支柱相互补充，发挥增效作用，确保网络安全。

五、强化综合监管，形成监管合力

2018 年 3 月，新一轮政府机构改革启动。在机构设置方面，自然资源部取代了国土资源部、国家海洋局、国家测绘地理信息局；国家市场监督管理总局取代了国家工商行政管理总局、国家质量监督检验检疫总局、国家食品药品监督管理总局；中国银行保险监督管理委员会取代了中国银行业监督管理委员会、中国保险监督管理委员会。“三局合并”“二局合一”等都顺应了高质量发展下综合监管、统一监管的趋势要求，有助于消除“九龙治水”的弊端，解决监管交叉、互相推诿等问题。“三局合并”后，食品安全存在监管漏洞、盲区以及灰色地带等问题将得到一定程度缓解，但农产品安全还牵扯到农业和环保部门，也不能过度乐观。高质量发展下，交叉行业、跨界发展、新兴产业越来越多，需要深入推进综合监管的思想，将职能相近相似部门进行整合。在大监管、大维权、大服务的全新格局下，各项业务职能融合尚需时日，政府监管部门应充分发挥各自职能，提高协调配合力度，加快形成合力监管。为解决基层监管人少事多，监管力量不足的问题，可以采用“政府 + 社区”的联动工作机制，形成市场主体自治、行业自律、社会监督、政府监管的社会共治格局。

第六章

基于大数据的政府监管创新

维克托·迈尔-舍恩伯格在其著作《大数据时代》中说："大数据开启了一次重大的时代转型。"在大数据时代，每个人的活动得到从未有过的记录，大数据成为人类活动的"显微镜"与"仪表盘"①。对具有信息搜集任务的政府监管部门来说，也正经历着改革创新。把大数据应用到政府监管中，通过大量数据搜集和准确分析提高政府决策水平，成为改革的重点和治理现代化重要手段。共享经济与互联网经济的普及与发展，为我国政府监管提出了新的要求。同时，我国政府不断深入"放管服"改革，为避免"劣币驱逐良币"，大数据技术成为必然选择。

第一节　大数据时代政府监管创新的机遇与挑战

一、政府监管创新的机遇

（一）丰富信息资源，提高监管科学性水平

监管的首要任务就是根据现实情况与信息做出监管决策，而政府依

① 徐子沛．大数据［M］．广西：广西师范大学出版社，2015：58.

托大数据技术可以获得更加全面的信息，使监管科学化。传统监管模式下，政府主要通过座谈会或听证会等形式收集相关信息。因为依托的是小范围数据搜集或抽样调查，因此做出的决策难以概括整体情况，不够全面。此外，受数据规模的限制，决策者往往会依据个人经验进行主观判断，使监管的科学性降低。而在大数据时代，大数据技术的发展突破了原有界限，使信息资源更加广泛，有助于解决监管者（政府）与被监管者（企业）之间的信息不对称，提高监管的绩效水平。大数据从形成上看，多由机器生成，不易受人的主观因素影响，因此更加客观。从数量上来看，大数据的起始单位至少是 P（1000T）、E（100 万 T）或者 Z（10 亿 T），数量巨大，使信息资源更加丰富，能够更加真实地反映实际情况。同时，因为动态性与实时性，数据还在不断加速增长。从来源上看，大数据所涵盖的范围更广，政府不再是只考虑某一阶层的利益进行监管，而是依靠各个阶层真实的数据做出监管决策。因此监管从源头上变得更加公平合理，科学性显著增强。

（二）动态化监管使监管重心前移

大数据技术的应用能够使信息实时收集与更新，增强监管的时效性，由事后监管变为事前预测。传统监管模式下，监管滞后现象普遍存在，陷入“发生问题—监管加强—影响降低—监管减弱—再次发生问题”的僵局。传统的事后监管即使处理得当，所造成的一些健康损害却是无法弥补的，特别是社会性监管，食品药品等问题的监管滞后使受害者甚至付出生命的代价。而依靠大数据技术，监管模式可以由逆向转为正向，是一种更为积极主动的监管模式（见图 6 - 1）。政府能够对相关部门进行动态化实时跟踪，并在此基础上进行预测警示，及时纠正偏差，使问题在萌芽中解决。例如，纽约罗切斯特大学的一个数据团队就利用 Twitter 的数据进行研究，发现通过对 440 万条信息的挖掘，可以提前 8 天预报流感对个人的侵袭状况，并且准确率高达 90%。这说明大数据的使用可以进行风险预测和预警，最大程度降低危害。

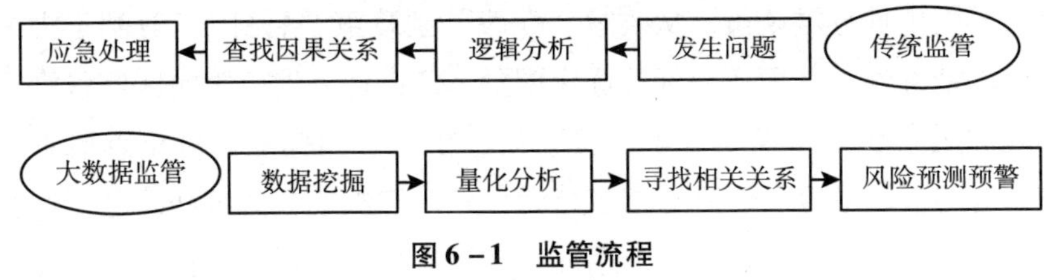

图6-1 监管流程

(三) 非现场监管降低监管成本

利用大数据可以一定程度减少现场监管，降低监管成本。传统监管模式中，监管主要以现场监管为主，监管人员的依据通常是被检查单位所提供的实物证明，但存在被改写与抵赖的情况，也存在各方面干扰监管人员判断的情况。除此之外，现场监管会耗费大量监管人员的时间成本与经费成本。而非现场监管就是监管人员不在现场，远程开展检查或者核查的工作模式①。即利用大数据，通过数据挖掘等技术分析业务信息，查找异常情况。非现场监管能够依据大数据进行前期分析取证，因此具有独立性与灵活性。同时，通过远程分析数据，能够降低监管经费成本，提升监管效率。麦肯锡公司在2011年的报告中就分析，大数据的应用可以使欧盟政府部门减少15%～20%的行政开支，创造1500亿～3000亿欧元甚至更高的新价值；大数据运用到医疗行业，可以使美国每年多创造3000亿美元，同时减少8%的医疗支出②。

(四) 精准监管提高监管效率

传统监管缺乏个性化管理，针对不同区域或群体实施相同的政策，“一刀切”粗放式监管导致效率低下。大数据能够突破原有技术限制，在制定监管政策和采取监管措施时，对不同地区、不同时间、不同人

① 胡维．大数据时代的非现场监管［J］．中国金融，2015（17）：85-86.

② James Manyika，Michael Chui，Brad Brown，et al. Big data：The next frontier for innovation，competition，and productivity［R］. New York：Mckinsey Global Institute，2011.

群、不同事件分类施策，从政策“一般”到政策“特殊”，有利于提高监管的精准性，从而实现资源优化配置。江苏连云港市赣榆区监督管理局就利用大数据实现农资监管精准化，在电子图标上，对重点监管对象、有违规记录经营者和正常经营者分别标注红色、黄色和绿色，进行监管类别区分，同时根据季节情况与监管需求，进行差异化监管，使监管针对性加强，监管效率提高。

（五）共同监管提升公众参与度

大数据时代，公众不再是监管的“观众”，而是监管的主体。传统监管模式下，监管以政府为主导。我国的政府监管是从计划经济体制中发展起来的，即“大一统”管理模式，以实现物质资源极度缺乏下合理配置资源的目标，“权利本位”思想从此形成并根深蒂固。改革开放后，政府监管随着市场经济体制不断改革，但“行政垄断”色彩依旧浓重。而在大数据监管新形势下，公众成为监管主体能够参与到其中，化被动为主动。公众利用互联网、微信、微博等平台，发表个人的意见与建议，及时反映身边的情况。公众突破时空界限与政府进行沟通，实现政府与公众共同治理的新局面。2016 年厦门召开了主题为“大数据时代：信息公开与公众参与”的全国环境互联网会议，交流了全国环保举报互联互动情况。我国 31 个省份均开通了微信举报，公众通过“12369 环保举报”公众号进行举报，能够得到及时的处理与反馈。这种协同合作监管模式，不但可以监督监管对象，而且对监管者也起到了一定的约束作用。

（六）信息公开增强监管透明度

大数据时代数据信息公开共享，可以增强监管透明度与政府的权威。传统监管模式下，政府相关信息不对公众开放，且内部各自为政，易出现权力寻租滋生腐败。政府可能被某一利益集团收买，或者主动进行监管合谋，出现创租与抽租的行为，影响监管的公正。在大数据时代，要求信息公开透明，一定程度上减少监管中暗箱操作的可能，使政府的权力在阳光下运行，提高政府公信力。例如贵州的“扶贫云”项目，利用大数据技术使贫困人口脱贫全过程可视化。“扶贫云”包含“三条链”，即责任链、任务链与资金链。责任链和任务链上能够明确地知晓每一个贫困户的帮扶干部是谁，做了什么具体工作，一旦工作不到位，就会立即发出预警。资金链对项目的申报、审批、报账和验收等各个环节实施全过程实时监管，确保每一笔钱的合理利用。大数据技术的出现，是我国政府监管转型创新的契机，带来了传统监管模式下前所未有的诸多优势（见表6－1）。

表6－1　　大数据监管对传统监管模式的优势

项目	信息资源	监管时间	监管成本	监管政策	监管主体	监管信息
传统监管	小范围数据	静态事后处理	高（现场）	一刀切	政府主导	封闭各自为政
大数据监管	全体数据	动态实时监测	低（非现场）	差异化	公众参与	共享公开透明
大数据监管优势	内容丰富科学性提高	事前预测监管前移风险降低	降低成本提升效率	精准监管针对性强	主体多元协同合作	减少权力寻租提高公信力

二、政府监管创新的挑战

（一）大数据自身的劣势

大数据拥有诸多优势，但其自身的劣势也不容忽视。首先，大数据的非结构化，导致分析大数据的难度增大。大数据内容丰富全面是它的一个极大优势，除了文字信息，还有如图像、音频、视频等新兴的非结构化数据。传统的分析只包结构化数据，如时间、温度等连续型变量和性别、品牌等离散型变量。非结构化的数据一方面使数据蕴涵的信息更丰富，另一方面导致分析难度加大，需要更高端的分析工具。其次，数据的缺项会造成分析结果不准确。大数据的运用是建立在互联网信息技术基础之上的，这就对我国的互联网水平有一定要求。但从我国现实情况来看，东西部差异、城乡差异等问题严重，这就导致了使用网络的人群各地区比例不同。政府监管在利用大数据分析时，就会缺少网络欠发达地区的有关数据，容易使分析的结果发生错误。最后，政府可能会对大数据产生过度依赖。政府监管依靠大数据无可厚非，但超过尺度就会产生为了“数据”而“数据”的形式主义。在大数据实现高度自动化后，大数据技术发生一点小故障就可能带来较严重的后果。技术运转一旦中断或者停止，就会导致政府监管体系瘫痪。

（二）信息孤岛问题

信息孤岛是指各部门之间功能方面不能互联互助、信息方面不能共享互换，从而形成了相互孤立的个体。在政府部门中，由于各个地区、单位以及部门之间具有相互独立和差异的属性，数据库的建立多数是根据各自部门的需要而创建的，缺乏整体战略和顶层设计。从而使各部门在硬件设施、操作系统、数据库类型、语义表示等方面存在巨大差异，不能实现数据共享和交换，而是各自为政。分散的数据不能被集中起来加以利用，是对数据资源的一种极大浪费。一些政府部门人员还没有建立起数据共享的观念，导致信息孤岛的问题更加严重，给政府监管中大数据的运用造成一定阻碍。

（三）缺乏大数据人才和技术

人才的能力和素质与对数据的挖掘程度和分析结果具有十分密切的关系。我国的大数据技术还处于起步阶段，大数据研发人员与在政府中操作的专业人员都十分匮乏，导致我国政府监管中的大数据优势没有得到充分体现①。把大数据运用到政府监管中，需要公务人员既熟悉政府的工作内容又具有大数据的专业技能，而目前我国政府部门中掌握大数据专业的人员少之又少。在相对薄弱的人才储备上开启大数据监管模

① 陶雪娇，胡晓峰，刘洋．大数据研究综述［J］．系统仿真学报，2013（25）：142－146.

式，极易出现错误结论，对政府监管产生误导。在技术方面，我国的大数据企业数量较少，且起步晚，相对于其他国家实力单薄。在 2016 年全球大数据企业 50 强中，美国企业占据大多数，可以看出我国大数据技术与之有巨大差距，急需要专业人才。

（四）隐私侵犯问题

在大数据时代，每一个人的个人行为都被数据化，这些基本的数据为政府治理提供了便利。但是，这些信息中对个人隐私和可公开作为公共资源的区分是模糊的，没有明确界限，因此数据搜集中就面临着合法性问题。一个人的上网搜索记录、网页浏览记录、消费记录和聊天记录等数据可以勾勒出一个人的主要社会行为和特点，对这些数据分析和利用，可以更好满足公众需求，也可以对企业和市场进行更好监管。但是，国家凭借政治权利和数据优势容易对公民个人隐私造成侵犯。如果个人隐私被泄露或者被企业进行商业化利用，会对公民的财产安全甚至人身安全产生威胁。在数据的所有权、使用权等问题上，我国相关法律法规尚不完善。

（五）信息安全隐患

数据安全问题是政府运用大数据监管面临的重大问题。一国的大数据，就是一个国家极具价值的宝贵资源，因此数据容易受到别国的攻击与破坏。美国利用其在互联网领域的技术优势，对其他国家的信息进行窃听，给其他国家的信息安全造成极大隐患。“棱镜门”事件使各国对数据安全问题进行了深刻的思考。大数据的集中储存便于全面分析数据，但同时也增加了受攻击的危险。政府运用大数据进行监管，会使政府机构更容易受到网络不法分子的攻击，一旦造成系统瘫痪和信息的全面泄露，会引起社会极大动荡。

第二节　国内大数据政府监管发展现状

一、政策环境

把大数据技术应用到政府监管中，良好的政策环境是前提。一方面，要从国家层面进行顶层设计，确立大数据的战略地位。一项工作一旦上升到国家战略高度，就不再是某一区域、地区的单独行为，而是全国努力奋斗的目标，体现了国家的高度重视。只有从国家层面统筹规划与整体布局，才能推动大数据监管更好地落实与发展。2015 年《中共中央关于制定国民经济和社会发展第十三个五年规划的建议》的提出标志着我国开始推行国家大数据战略，随后各项政策法令纷纷出台，为日后实施各项具体工作提供依据和方向（见表 6－2）。其中《促进大数据发展行动纲要》明确提出 2018 年底前，建成国家政府数据统一开放平台；2020 年底前，逐步实现与民生保障服务相关领域的政府数据集向社会开放。有关大数据监管的政策逐步完善，内容不断细化具体。另一方面，大数据监管的配套法律法规政策却并不完善，有关政府数据保护、隐私权侵犯等的立法相对薄弱。目前，我国还没有一部专门的《个人信息保护法》，只有全国人民代表大会常务委员会关于加强网络信息保护的决定、刑法修正案（九）中对个人信息保护的规定等散落在多项法律法规中的有关规定。据 IDC（国际数据公司）调查显示，在应该被保护的数据中，我国有 51% 的数据处于未保护状态。很多数据在收集的时候无意用作他途，但最终却造成了许多意想不到的用途①。为避免此种情况发生，配套法律法规政策应尽快出台或完善。

---

① 维克托·迈尔－舍恩伯格，肯尼思·库克耶著，盛杨燕，周涛译．大数据时代［M］．杭州：浙江人民出版社，2013：197.

表 6-2 相关政策法令

时间	政策法令	主要内容
2015 年 7 月	《国务院办公厅关于运用大数据加强对市场主体服务和监管的若干意见》	运用大数据加强和改进市场监管，提高政府运用大数据的能力
2015 年 8 月	《促进大数据发展行动纲要》	加快政府数据开放共享，推动资源整合
2016 年 5 月	《2016 年推进简政放权放管结合优化服务改革工作要点》	以政务公开推动简政放权
2016 年 7 月	《国家信息化发展战略纲要》	深化电子政务，推进国家治理现代化
2016 年 9 月	《政务信息资源共享管理暂行办法》	政务信息资源分类、共享、提供、使用原则与要求
2016 年 2 月	《关于全面推进政务公开工作的意见》	推进决策、执行、管理、服务、结果公开
2017 年 1 月	《“互联网+政务服务”技术体系建设指南》	数据交换对接等具体要求与方式
2017 年 5 月	《政务信息系统整合共享实施方案》	加快推进政务信息系统整合共享的“十件大事”
2017 年 6 月	《政府网站发展指引》	网站开设、整合、功能等具体要求
2017 年 12 月	《关于推进公共资源配置领域政府信息公开的意见》	进一步推进公共资源配置领域政府信息公开
2018 年 4 月	《2018 年政务公开工作要点》	提升政务服务工作实效，推进政务公开平台建设
2018 年 6 月	《进一步深化“互联网+政务服务”推进政务服务“一网、一门、一次”改革实施方案》	进一步深化“互联网+政务服务”，加快推进政务服务“一网通办”

二、政府公众

政府与公众是大数据监管的主体，无论是监管理念的革新还是监管的执行工作，都离不开政府机构与公众的协同合作。在大数据时代，政府监管部门应摒弃数据“小农”思想，纵向上由“金字塔”结构向“扁平化”结构转变，横向上由分裂形态向整合形态转化。传统监管模式政府呈现科层制形式，用严格的等级制度进行控制与协调。这就说明较低级别的监管人员在采取行动之前必须获得更高级别监管人员的批准，因此重要的信息、巨大的权利均掌握在等级结构的顶端人员手中，政府结构为“金字塔”。而大数据时代，通过对数据的分析与挖掘进行决策，导致层级结构中上传下达的中间层作用淡化，逐渐削弱甚至消亡，政府结构呈“扁平化”发展。同时，各自为政、相互封闭的信息孤岛形态，也因大数据的共享与开放，逐渐转为互联互通的整合形态。目前，我国国家信息中心提供政务信息库（数据中心）开发运维，中央国家机关的政务信息化已达到100%的覆盖率[①]。一些地方大数据政府机构的影响力在全国遥遥领先，如贵州省大数据局。不但利用大数据技术进行监管创新，还利用大数据带动产业发展。公众作为监管主体的另一方，在大数据监管中的作用不容忽视。公众对大数据的信心，直接影响到监管创新的效果。《中国大数据发展报告（2017）》显示公众对大数据应用在政府领域的关注度与满意度较高，这为我国全面实现协同监管奠定坚实基础。

三、数据处理

（一）数据基础

数据是大数据监管的基础，只有利用海量数据，经过收集、整理、分析、挖掘等手段才能分析相关关系，有助于监管决策的制定。据 IDC 统计，2014 年我国的数据量为 909EB，占全球数据总量 13%，预计 2020 年我国数据量增长至 8060EB，占全球数据总量 18%[②]。我国由于

---

① 胡洪彬．大数据时代国家治理能力建设的双重境遇与破解之道［J］．社会主义研究，2014（4）：89－95.

② The DIGITAL UNIVERSE of OPPORTUNITIES［EB/OL］. https：//www. emc. com/collateral/analyst－reports/idc－digital－universe－2014－china. pdf，2014－04.

人口众多，拥有天然的大数据规模优势。截至2018年6月，我国的网民已经多达8.02亿，较2017年末增加3.8%；互联网普及率为57.7%，超过一半以上；网站数量为544万个，半年增长2.0%[①]。这些丰富的数据资源，构成了我国大数据监管的资源基础。在这些数据中70%集中在政府部门，20%掌握在大型企业中，其余10%分散在各个行业。仅就政府部门掌握的数据来看，开放程度远远不够，大数据资源的发展潜力没有被完全释放。

（二）产业发展

产业的发展从两个方面影响大数据监管。一方面表现为硬件基础设施的提供，另一方面表现为技术的支持。大数据时代的监管是建立在互联网信息技术基础之上的，只有具备计算机硬件、智能手机等设备设施才能顺利开展监管创新工作。就我国目前来看，经济发展水平地区间有很大差异。一些落后地区互联网基础设施并不完善，使大数据监管优势明显下降。此外，大数据监管创新的程度也离不开大数据技术的支持，技术发展的滞后会使监管变革寸步难行。2016年我国大数据核心产业规模约为168亿元，较2015年增速达45%，未来几年我国大数据市场预计仍保持快速增长态势。一些地区还建立了大数据产业园区，如贵阳经开区大数据安全产业园、中关村大数据产业园等。虽然市场规模在逐年增长，但不可否认的是，在大数据技术研发方面，我国企业数量较少，起步较晚，相对于发达国家落后很多。

（三）人才状况

仅就大数据行业来看，我国目前不但缺少高端顶尖人才，就连从事基础性工作的中、低端人员都不足，归根结底就是教育体系不完善。教育部从2016年开始增加了本科的“数据科学与大数据技术”专业，到

---

① 第42次《中国互联网络发展状况统计报告》［EB/OL］. 中国互联网络信息中心，http：//www.cnnic.net.cn/hlwfzyj/hlwxzbg/hlwtjbg/201808/t20180820_70488.htm，2018－08－20.

目前为止一共35所高校获批开设该专业，我国已经从源头着手解决人才不足问题，但与发达国家相比，我国对人才培养的投入远远不够，人才缺口仍然巨大。为使大数据监管改革创新顺利进行，应完善教育体系，加快人才的培养。

第三节　具体领域案例分析

社会性监管切实关系到公众健康与安全，因此，当前放松经济性监管的同时，更加关注社会性监管。本节重点分析大数据应用在工作场所安全、卫生健康与环境保护三个方面的具体优势，并进行案例分析。

一、煤矿大数据监管

首先，大数据监管可以预警重大灾害，提高安全性。通过全面搜集事故发生地区的有关参数，例如瓦斯浓度、环境温度、电磁辐射、采掘位置、涌水量等有关数据，建立瓦斯爆炸、冲击地压、水害等事故预测模型。从数据的不断挖掘分析中，指导煤矿行业的安全生产工作。在监管过程中，一旦数据达到预警值，立刻采取相关对策，避免事故的发生。而原有的事故分析多来源于实验室或小范围数据，忽略实际操作环境，缺乏全面性。其次，大数据监管能够对相关设备远程管理，实时跟踪。除自然因素以外，出现安全事故的另一重要原因就是对设备管理不利。一方面，对煤矿设备材料的采购、运输等环节缺乏全面跟踪，导致假冒伪劣产品的出现或资源的浪费；另一方面，对设备的故障诊断缺乏精准排查，造成重大事故。利用大数据监管，可以进行全面检测，实现对煤矿设备的智能远程管控，为安全生产提供有力保障。最后，建立大数据监管平台实现决策支持。建立煤矿大数据平台，实现各个系统的互联互通，为企业、个人以及监管部门都提供了可靠的煤矿大数据，实现安全生产与实时监测的透明化，为煤矿灾害的早期发生和重大事故的预防提供相对精准分析。

贵州省六盘水市安全生产监管信息化平台成为“云上贵州—安全云”的重要组成部分，煤矿企业均实现与平台联网。瓦斯事故是六盘水市煤矿安全生产的最大障碍，该平台针对瓦斯检测监控数据实施四级警告，即蓝、黄、橙、红，分别由所在煤矿安监员、安监站、县、市级安监部门负责。对安监系统执法中可能出现的隐患与企业自查自纠可能存在的问题实施网上追踪与闭合管理，由事后处理转为事前预警。在执法过程中，安监执法相关人员能够对企业基础档案材料、证照材料、特种作业人员持证情况、采掘等重要图纸材料进行及时查阅与了解。以前一定要下井才能检查出问题，如今是从平台数据中分析问题，使下井查看更有针对性。大数据技术的应用，在增强煤矿安全生产的同时，也使监管部门的管理呈多样化趋势发展，提高了监管效率。

二、食品大数据监管

首先，利用大数据对食品生产加工环节进行监管。收集食品生产加工过程中各环节的实时数据，如物料重量、加工环境、灭菌包装等，同时采集食品仓储有关数据，如仓库内温度、湿度等，通过对这些数据进行挖掘与分析，及时发现问题，从源头上消灭食品安全隐患。传统的食品监管以人员经验为主，具有一定的主观性。加之我国监管任务重、人员少，监管过程中难免出现遗漏与疏忽的地方。利用大数据技术循“数”监管，提高科学性的同时，使监管范围更加全面。其次，利用大数据可以建立食品的信息追溯系统。我国的食品档案管理早已建立，食品的名称、规格等信息均有存储。但是，现有数据无法体现食品从农田到餐桌的转变过程，无法形成从生产到最终消费的整体监管链条。监管的分段式造成了一旦发现问题，责任却不明确，各责任人相互推脱，导致监管效率低下。利用大数据，建立食品生产、加工、仓储、流通全过程的信息追溯，食品通过编码在每一环节进行责任主体定位，并将数据信息上传到食品安全信息平台。这样，一旦发生食品安全问题，能够及时找到问题环节与责任主体，实施应急处理与相应惩戒机制。最后，利用大数据平台解决信息不对称问题。传统监管模式下，企业可以依靠信息方面的优势获得额外租金，消费者处于信息劣势。而利用大数据平台，公开食品相关信息，能够维护消费者的知情权与选择权，解决信息不对称问题。同时，政府利用平台，加深与消费者联系，了解公众对食品问题关注的重点和对食品监管的意见建议，不断调整监管重点与方式，做到以公众需求为导向的“服务型”监管。因此，大数据监管下，监管范围更加全面，从而食品安全性提高。

香港蔬菜约80%来自内地，而其中超过一半以上来自广东，内地供港蔬菜质量成为监管重点关注对象。广东省出入境检验检疫局建立了基于RFID技术的食品安全溯源管理系统，对供港蔬菜从种植到消费的各个信息进行全记录①。RFID即射频识别标签，让每一件食品拥有唯一的“身份证”，能够无线存储、发送、读写数据。由此确保了食品来源清晰可查，广东检验检疫局实现了无缝隙的食品安全溯源管理。贵州省政府监管中对大数据的应用也十分值得借鉴。2016年12月，贵州省清镇市已经开始应用食品安全云平台，实现智慧监管。监管人员利用手机应用软件，能够随时随地查询食品作坊生产经营过程信息，对食品生产各个环节进行全过程监测。同时，市民通过下载食品安全云手机软件，也能够了解食品的各项信息，如条形码、生产日期、检测报告、营养成分等，食品信息不对称问题得以缓解。传统食品监管依靠人海战术，易出现监管漏洞与“搭便车”问题，利用大数据进行食品监管，实现全产业链的智能监管。

三、环境大数据监管

首先，利用大数据实现对环境的全方位实时监测。通过布设监测点，获取监测数据，能够对环境进行全时段、全过程监管。而传统监管

① 陈谭．大数据时代的国家治理［M］．北京：中国社会科学出版社，2015：204.

模式下，随着各类企业不断增多，监管主体力量不足，一些企业环境违法行为难以及时发现，偏远地方成为监管“盲区”。其次，利用大数据能够实现监管的精准化。大数据记录了污染源各个时期的各类数据，可以分析其对环境影响的过程与程度，使监管具有针对性。通过对数据进行挖掘、处理，对任意污染对象进行重点关注，从而锁定区域、行业目标，对相关企业予以处置。通过建立污染物特征数据库，实现溯源监管。即使发生环境问题，可以迅速找到污染源，采取相应措施把环境污染程度降到最小。而传统监管下，发现环境问题后污染源的查找耗费大量时间与精力，由于企业间权责不明确，监管效果差。最后，大数据监管实现信息公开。在大数据平台上公开数据以及分析结果，便于公众的监督。公众可以在平台上实时查询最新数据，了解环境信息，维护自己的权益。同时，监管的透明化也减少了政府寻租的空间。传统的监管模式下，企业环境信息公开程度差，因此公众监督渠道受限，参与度不够，难以形成社会共同治理局面。因此，实施大数据环境监管，具有传统监管不可比拟的优势（见表6－3）。

表6－3　环境大数据监管

监管模式	监管范围	环境信息	污染源确定	企业责任	公众参与度	环境污染
传统监管	存在盲区	未知	耗费时间	难以认定	较低	较大
大数据监管	全面	公开	迅速定位	权责明确	较高	较小

广西建立了环保大数据信息平台，整合了行政办公、环境在线、综合业务管理等子系统，包含了污染源普查数据、环境统计数据、监督性监测数据等各类数据，实现了跨平台的数据共享①。通过企业污染物排放在线监测系统，能够对各指标进行实时监测，一旦发现指标值异常，即污染物超标排放，能够采取应急措施，避免环境大面积污染。此外，

① 檀庆瑞．广西环保大数据建设的实践与思考［J］．环境保护，2015（19）：38－39.

在环境政策实施后，通过大数据进行关联性分析，评价政策效果，随后进行适度调整，做到动态管理。同时，广西进一步开发环境保护手机应用软件，使公众能够随时随地了解环境信息，也可在软件上提出意见建议，真正成为监管主体一分子。

第四节　大数据政府监管的国际比较

本节选取美国、英国、日本和澳大利亚四个大数据监管发展较好的国家，进行战略规划、数据开放、技术支撑、合作机制和数据保护方面的横向比较，全面总结发达国家的大数据监管特点，获得其先进实践经验。

一、战略规划

美国作为信息和科技强国，率先进行大数据研发与应用。2012 年 3 月 29 日，奥巴马政府发布《大数据研究和发展计划》，成立大数据高级监督小组，同时投入 2 亿美元推动大数据技术研发，使美国成为世界上第一个把大数据发展从商业领域上升到国家战略层面的国家，形成了公众个体、企业与国家全面动员的新局面。该项计划包括六个联邦部门，旨在提升对大数据进行收集、处理和分析等技术水平与能力。同时，利用大数据技术推动科学与工程学发展，增强国家安全水平，革新当前的教学方法，增加大数据专业人员的数量。同年 5 月，美国数字政府战略公布，提出以信息与客户为导向，革新政府的工作模式，提供更好的公共服务。

2013 年，英国商业、创新与技能部发布，投资 6 亿英镑发展高新技术，其中 1.89 亿英镑发展大数据，以此提高数据收集与处理能力。同年英国实施《数据能力发展战略规划》，成立信息经济委员会，旨在使英国成为大数据时代的“领跑者”，并且使社会各界均从中获利。该项战略对数据能力的定义以及提高数据能力的方法进行了全面分析，同时提出相应建议。

2012 年 7 月，日本发布《面向 2020 年的 ICT 综合战略》，重点关注大数据的应用问题，战略集中在智能技术开发、传统产业革新以及公共领域的应用。2013 年 6 月，日本公布了《创建最尖端 IT 国家宣言》，全面阐述了 2013 ~2020 年间，以发展开放公共数据和大数据为核心的日本新 IT 国家战略，提出用大数据把日本建设成具有世界最高水平的广泛应用信息产业技术的社会。日本政府的大数据战略，关键集中在开放数据、数据流通、创新应用几个方面。

2013 年 8 月，澳大利亚政府启动《公共服务大数据战略》。该战略包含六条指导原则和六项大数据行动计划，旨在加强公共部门的大数据应用以及创新服务，利用大数据更好地制定公共政策。澳大利亚政府希望利用大数据技术使工作效率提高，公民信任感加强，同时在公共服务领域的变革能走在世界前列①。

二、数据开放

利用大数据技术进行政府监管的基础就是全面而充足的数据。为了加强政府以及社会各部门的数据开放与共享，各个国家都采取不同的手段促进数据的开放。其中主要的手段是完善政策法令与数据平台的建设。

（一）政策法令

有效开展数据开放的首要工作，就是从国家层面颁布各项政策法令，进行统筹规划，为日后实施各项具体工作提供依据与方向。美国、英国、日本与澳大利亚近年来颁布各项政策法令、开展各项计划，使数

① 澳大利亚大数据政策出台［EB/OL］.［2014 - 01 - 03］. http：//intl. ce. cn/specials/zxgjzh/201308/14/t20130814 - 24662628. shtml.

据开放的制度体系逐步完善（见表6－4）。在早期，各国政府就进行了数据开放的一系列举措，但在大数据时代，这些政策内容有了新变化。由于进行大数据监管，开放数据的政策加强了对数据安全、合作与共享的重视。

表6－4　国外政府数据开放政策法令表

国家	政策法令	主要内容
美国	2009年《开放政府指令》	透明、参与、协同三个原则
	2012年《电子化政府执行策略》	共享政府数据
	2012年《美国信息共享与安全保障》	旨在数据信息可以在安全的环境中共享
	2013年DEA计划（数据—知识—行动）	注重政府大数据合作开发与创新的形式
	2014年《美国开放数据行动计划》	对数据开放进行总结
英国	2009年《信息权利小组报告》	提倡政府、行业与第三方平台使用信息技术、提供更好的公共服务
	2009年《放在前线第一位：聪明政府》	要求完全开放数据和公共信息
	2010年《对公共部门信息的开放政府许可》	规定公共部门信息被许可的具体条件
	2012年《开放数据白皮书：释放潜能》	增强数据可存取性与利用性
	2013年《抓住数据机遇：英国数据能力策略》	优化公民参与方式，转变服务政策与方式
	2013年《2013年至2015年英国开放政府伙伴关系行动计划》	从五个方面规划2013～2015年的行动计划
日本	2012年《电子政务开放数据战略草案》	迈出政府数据公开关键性一步
	2012年《面向2020年的ICT综合战略》	重点关注大数据的应用
	2013年《创建最尖端IT国家宣言》	开放公共数据和大数据
澳大利亚	2009年《澳大利亚政府信息政策与电子政务》	解决政府机构的信息数据不协调问题
	2009年《政府信息共享策略》	9条共享信息原则
	2010年《开放政府宣言》	促进民主，提高公民参与度
	2011年《开放公共部门信息原则》	5条开放原则，注重数据的格式

资料来源：笔者根据相关文献资料归纳整理。

此外，其他国家及地区也出台了相应的政策，加强数据开放，如加拿大的《开放政府动议》、《2014～2016 年加拿大开放政府行动计划》，欧盟的《开放数据战略》，新西兰的《开放和透明政府宣言》《新西兰数据和信息管理原则》等。

（二）数据平台

利用大数据监管使监管模式从封闭走向开放，使政府主导转变为共同监管，增加政府工作的透明度与公信力，提高工作效率。通过网络平台公开数据，使政府与公众、政府与企业以及政府各部门之间的信息更加畅通，有利于监管模式的创新。美国、英国、日本和澳大利亚在政府数据平台建设上积累了经验，为他国提供借鉴（见表 6－5）。

自 Data. gov 上线以来，美国联邦政府公开大量资料库。作为官方的公共数据资源分享平台，该网站涵盖了除涉及隐私与国家安全的几乎全部数据。此外，该网站整合了多个政府部门数据，通过各层级的互联互通，使各个政府机构网站数据之间不兼容的问题得以解决。同时，网站数据的质量极高，体现在两个方面。一方面，数据内容丰富，涵盖三大类型与十四个主题。另一方面，数据的时效性强，解决政府监管工作的滞后性问题。美国政府坚持数据的“公共性”属性，以公共需求为导向，促进了公众与政府的互动，提高了公民的参与度。该网站建立多种沟通渠道，公众可对相关服务进行评价，这些信息也与 Youtube、Facebook 等社交网站链接①。因此，拓展了数据的有效利用，使数据增值。Data. gov. uk 是英国政府公开数据的主要平台，包含了环境、政府开支、社会等十个主题，集合英国 1172 个政府部门和组织机构的数据。政府通过该平台使公众了解政府工作流程与状态，同时公众通过该平台对政府进行监督，为政府监管提供意见和建议。该网站专门设立专区供公众进行交流，了解数据的使用，使大数据在社会更加普及。日本的网站平台注重对数据的分类，并不断根据使用者的反馈来建设与完善。数据涉

① 迪莉娅. 国外政府数据开放研究［J］. 图书馆论坛，2014（9）：86－93.

及地理空间信息、预算、年终财务和流程数据等，根据需求对数据开放的顺序及程度进行分类。澳大利亚的门户网站所公布的政府公开数据来源于129个政府部门与组织机构，涉及十四个主题。作为旅游业发达的国家，其网站特别设立了“旅游”等数据主题。此外，澳大利亚政府还开展竞赛活动，提供高额奖金，推广使用政府开放数据。在网站开放数据问题上，政府规定对任何用户平等对待，无论任何身份都可使用开放数据。

表6-5　国外政府数据平台

国家	门户网站	开始时间（年）	开放范围
美国	www. data. gov	2009	公共机构、政府资助项目数据
英国	www. data. gov. uk	2009	公共数据
日本	www. data. go. jp	2012	公共数据
澳大利亚	data. gov. au	2009	公共数据

通过以上分析，虽然各国在开放数据上具体实施方案与侧重点不同，但共性的特点值得我国借鉴。首先，基于国家层面制订开放数据的计划或政策。这些政策法令的不断建立与完善，为推进政府大数据的开放提供了有力支撑。其次，全方位的数据开放。从数据内容来看，涉及主题和领域众多，从数据范围来看，来自全国各层级与地区。最后，数据开放的载体多为门户网站。各国数据门户网站的域名中均带有“data”与“gov”，由政府牵头建立全国性的网站，保障了数据的权威性与可信度，节约管理成本的同时拉近了政府与公众的距离，有利于监管向共同治理的模式转变。

三、技术支撑

大数据技术能否为政府监管提供便利离不开高素质人才以及先进的技术。美国之所以在大数据应用领域成为巨头很大一部分原因是具有大量掌握核心技术的信息技术企业。谷歌、微软、亚马逊等企业很早就开始布局大数据发展，成为美国大数据领域的主要推动者，为大数据监管提供了技术服务与支撑。2009 年，在流感爆发的前几周，谷歌公司的专业技术人员就利用大数据技术进行了预测，甚至精确到特定的地区。利用大数据，监管从事后弥补转为事前预测，尤其对社会性监管产生革命性变革。美国发布《大数据研究与发展计划》，提高大数据技术专业人员的数量。确立国家科学基金会决定性地位，鼓励高校设立相应学科，为大数据监管输送人才做准备。目前美国已有多所大学开办了有关大数据的课程，加州大学伯克利分校还得到了 1000 万美元的资助。

英国对人才的培养做出了专项部署，在初等和中等教育中就开始注重数据和计算机学科的学习，同时进一步完善大学中的有关数据分析学科课程，以项目资助的形式鼓励各高校培养当前大数据时代急需的人才。2012 年，英国政府与企业建立了世界上首个开放数据研究院，专门培养相关技术人才和企业家。2014 年，英国投资 150 万英镑进行公共部门的数据开放，选择 100 多个培训地点对高级公务员进行有关数据的知识和技能培训[①]。2013 年，日本的富士通公司推出了大数据战略，建立了大数据中心，为用户、合作伙伴和新建企业提供服务。2014 年日本提出《大数据时代的人才培养》倡议，提出了大数据时代人才培养问题。呼吁建立专门的大数据培养机构，设立数据分析部门等，为大数据监管提供了人才保障[②]。澳大利亚《公共服务大数据战略》中提出了合作的概念，即政府部门与大专院校合作，共同培养大数据专业人才，提高人才储备量。此外，澳大利亚利用独有的自然条件优势，吸引了大量海外人才。

---

① 1.5 Million Funding to Open up Public Data [EB/OL]. [2014 - 12 - 01]. https://www.gov.uk/government/news/1.5 - million - funding - to - open - up - public - data.

② 刘大北，贾一苇. 日本《大数据时代的人才培养》倡议：制定背景、研究方向、计划及举措 [J]. 电子政务，2015 (10)：85 - 95.

四、合作机制

政府利用大数据进行监管，改变了政府主导一切的行政模式，这也意味着合作共享、开放协同的时代到来。因此各国政府在大数据监管中都大力提倡与企业、高校等第三方合作。在国际层面，国家间基于大数据的合作更加频繁。

（一）第三方合作

在大数据监管中，各国政府倾向于向第三方组织借力，形成良好的互惠互利的公私合作模式。美国在开放数据层面，采取商业化的模式，在政府牵头的基础上，鼓励私营部门对政府数据进行二次利用，实现数据的增值。即政府利用税收，得到数据的利益回报[①]。这种模式下，增强了市场活力，提高数据的使用效率。政府与纽约大学共同举办圆桌大会，邀请企业和机构，就开放数据等一系列问题进行对话沟通，以实现数据的最大化利用。英国也通过开放数据用户群体平台，来扩大私营部门的参与。日本内阁秘书处成立政府数据委员会，但其成员中有一定比例的私营部门人员。澳大利亚同日本相似，在信息通信技术部的部长级委员会中，有部分人员来自私营部门。

（二）国际合作

各国政府在开放数据这个方面，经历了两个阶段。第一个阶段的特点是各自为政。在以美国为首的数据开放带动下，各国相继开展数据的开放活动，这一时期各国根据自身的国情，制订特定计划、政策法规等进行数据开放。第二个阶段的特点是协同合作。2011 年，美国、英国、墨西哥、巴西、挪威、南非、菲律宾和印度尼西亚成立了开放政府合作联盟，签订《开放数据声明》。2013 年 6 月，八国集团签署《开放数据

① 付熙雯，郑磊．政府数据开放国内研究综述［J］．电子政务，2013（6）：8 – 15.

宪章》，旨在联合行动，加快联盟国家的相互协作，实现数据的互联互动，加强大数据在各领域内的应用①。

五、数据保护

数据保护从个人角度看，就是隐私问题，从国家角度看，就是数据安全问题。在大数据时代，数据就是资产，在政府监管中利用大数据技术，使数据更加集中无疑增加了数据的风险。因此各国都设立或完善相关法律法规，依法对数据进行保护与管理。

美国是世界上第一个提出隐私权的国家，但进入大数据时代仍然面临挑战。美国设立了 20 多部隐私数据行业法规，以及各地自制的数以百计的隐私数据法规。同时，美国注重数据的被遗忘权。例如从收集端限制功能，使一些数据只用于研究但不保存其内容。英国规定在公共部门透明度委员会中设立一位隐私保护专家，并且在政府部门工作时，凡是涉及个人隐私，都要根据《个人隐私影响评估手册》执行评估工作。此外，政府对大数据的应用十分注重数据的分类，根据不同类别实行不同程度的开放。2011 年英国发布《自由保护法》，旨在保护个人隐私，防止数据滥用。日本虽然是发达国家，但在隐私保护上的法律十分欠缺，落后于欧美国家。政府提出利用匿名化技术保护个人信息，使之在数据收集过程中不被侵犯。2013 年 12 月，日本通过《国家安全保障战略》，网络攻击成为国家安全重点关注的对象之一。2012 年，澳大利亚实施《信息安全管理指导方针》，为大数据监管中的安全风险提供指导。同年，对 1988 年的《隐私法》进行重大修正，《隐私修正法》于 2014 年 3 月开始实施。

① G8 Open Data Charter and Technical Annex [EB/OL]. https：//www. gov. uk/government/publications/open - data - charter/g8 - open - data - charter - and - technical - annex，2013 - 06 - 18.

第五节 我国大数据政府监管创新的发展方向

大数据的应用是在数据分析的渐变中不断发展起来的，最初大数据被应用到商业领域，随后与政府、社会联系起来，作为政府监管的有力武器为公共领域服务①。大数据监管在我国正在不断深入，数据广度从单一内部数据到多源内部数据再到多源内外数据，数据的多样性与范围扩大；技术强度也逐渐由呈现性分析、描述性分析向预测性分析和决策性分析过度（见图6－2）。但在实施过程中，出现许多问题，需要及时解决与纠正发展方向，借鉴国际经验，促进大数据监管创新更好更快发展。

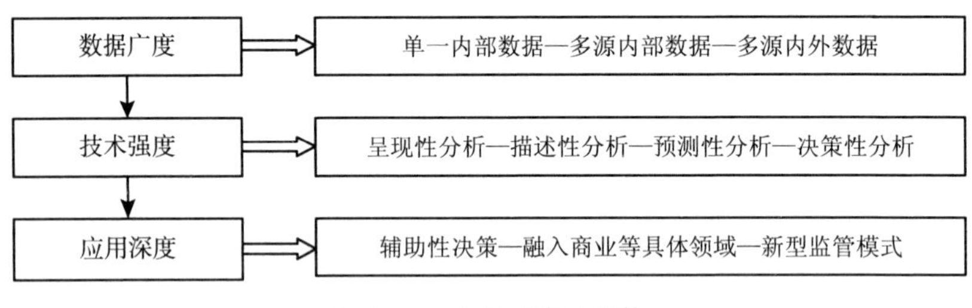

图6－2 大数据应用趋势

一、缩小数字鸿沟，加强基础设施建设

大数据时代，依据数据进行监管，确实会提高监管的精准度与时效性，更好地反映人民需求。随之而来的问题是，监管决策的制定就必定会忽略大数据时代的缺席者，产生数字鸿沟。数字鸿沟所造成的差别，会进一步加大地区间的贫富差距。东部省份与西部省份大数据监管水平

① VR Borkar, MJ Carey, C Li. Big Data Platforms: What's next? [J]. Xrds Crossroads the ACM Magazine for Students, 2012, 19 (1): 44－49.

存在巨大差距。落后地区在人才、技术等方面处于劣势，甚至有些地区大数据监管所必备的网络基础设施还不完善。导致公众无法在数据平台上表达偏好、诉求与意见，无法成为监管的参与者。同时，落后地区政府部门也因硬件软件设施的落后，使大数据监管的效果十分不理想。结果使贫困地区在这场监管改革创新中更加落后，地区之间差距进一步拉大。发达国家是在大数据的相关基础设施相对完善的前提下进行大数据监管，而我国的地区发展不平衡性会造成大数据监管的巨大负面影响，因此必须把全国各地基础设施的完善工作作为重点任务。首先，向落后地区投入大量资金与设备，加强基础设施建设，缩小大数据监管开展程度在各地的差距。其次，向落后地区输送人才并对公众进行培训，加强大数据意识，缩小不同地区人民的信息技术差别。最后，实施政策倾斜，重点扶持落后地区大数据监管改革创新的开展，使各地区人民都能真正成为政府监管的参与者。当前，中国特色社会主义已进入新时代，要求更平衡更充分的高质量发展，必须补齐经济社会发展、区域发展和群体发展不平衡的短板，推进基础设施与服务均等化，完善区域协调发展机制。

二、树立大数据意识，提高大数据政府机构影响能力

树立大数据意识是实现大数据监管创新的基本前提，大数据意识的缺乏会降低大数据政府机构的影响能力，导致监管创新的停滞不前。有学者曾经对领导干部的大数据意识进行抽样调查，结果显示，高级别领导干部具有高度大数据意识，力推大数据的应用，而县处级及以下的领导干部大数据意识薄弱，对大数据的认识模糊①。一部分认为大数据只是内容丰富的数据资源，与以往的技术并无差异；另一部分认为大数据应该与商业等领域密切联系，与政府关系不大；还有一部分认为大数据过于高端难懂，普通人无法运用。这种现状造成了即使大数据顶层设计

---

① 闫建，高华丽．发达国家大数据发展战略的启示［J］．理论探索，2015（2）：91－94.

完善，相关政策颁布，但执行力度不够，难以快速落实。同时，数据“小农”思想依旧存在，政府数据开放共享的程度远远不够。一些地区政府各个部门独占自己拥有的数据资源，不愿意公开与分享。虽然我国部分省份已经建立数据平台，但由于彼此独立以及差异的属性，导致各部门的大数据基础设施、操作平台、数据类型、存储方式等方面存在许多不同之处，给互联互通带来很大困难。为了提高大数据政府机构影响能力，必须树立政府人员开放共享的大数据意识，加快建立统一的数据平台，使数据能够流动分享，最终实现与公众、企业的互动交流。通过政策引导和理念学习，在信息开放的进程中形成“循数治理”的大数据思维，构建起一套“用数据说话、用数据决策、用数据管理、用数据创新”的新机制，提高政府公信力与影响力。政府做出表率，才能带动公众增强大数据意识。通过讲座、科普宣传等形式使公众提高大数据素养与数据评价能力，从而增强对大数据监管的信心，更好参与到监管中，通力合作实现共同监管。

三、完善政策制度，提高政策满意度

目前，大数据相关配套法律政策不完善，特别是在数据与隐私权保护方面，许多既得利益者利用大数据资源谋取私利。对此，在信息搜集环节，数据的使用权、归属权、数据与隐私的界限划分应有明确的法律法规；在数据加工处理环节，对数据的使用者明确适用范围与用途；在政府信息公开化与数据透明化上，明确数据安全等级，对不同等级和类别的数据实施不同政策，保证监管中数据使用安全。此外，要出台数据的“退出”政策。随着科技不断进步，数据的存储能力也在不断加强，有关数据理论上能够被永久保存，但并非所有数据都有永久储存的必要，甚至有些数据若被永久保存，可能为信息安全埋下隐患，也可能会对未来监管决策产生负面影响。我国正处于经济转型升级的关键时期，新经济发展是其中最为重要的推力之一，而新经济以数据为动力，新经济监管中数据安全问题尤为突出，亟待建立完善的制度环境。谷歌、微软等国际大数据公司都具有限时销毁承诺，我国政府监管过程中涉及的数据存储问题，也可借鉴国外经验，对不同类别数据存储期限加以分类限制，对不必要的数据进行销毁，以保护信息安全。在制定相关政策过程中，应听取社会各界的意见建议，提高政策满意度，从而有助于政策更好地得到响应，兼顾监管的科学化与民主化。

四、打破技术落后局面，培养大数据人才

人才的培养是提高大数据监管水平的关键所在，拥有一批具有大数据专业知识的高素质人才是实现大数据监管的前提条件。我国政府应加强对部门内相关人员的培训，提高监管人员的数据技能。同时在高校培养复合型人才，不仅能够掌握数学、统计学、信息技术等学科的应用技能，而且能够对政府监管、国家管理、公共事务等有所了解，为大数据监管做人才储备。创新课程形式，利用 MOOC（慕课），即互联网开放课程，增强知识的传播与共享。我国已在本科引入大数据相关课程，为培养大数据人才应借鉴发达国家经验进行教育体系改革。在中小学阶段就开设大数据相关课程，如以知识讲堂的形式培养学生对大数据的兴趣，同时加强数学、计算机等学科的教育，为大数据的学习打好坚实基础。国家自然科学基金、社会科学基金在大数据相关课题上应给予一定资金倾斜，加大研究力度。另外，吸引企业中的优秀大数据人才，他们的实践经验能够为大数据监管做出巨大贡献，也可以聘请国内外优秀专家和顶尖人才，为大数据监管提供指导。只有把人才基础打好，政府利用大数据监管的能力才能稳步提升。

五、培育大数据产业，为政府监管提供技术支撑

大数据产业的发展不但会给政府监管带来经济支持，也会提供技术服务，因此大数据产业的发展至关重要。首先，大力发展大数据企业，形成产业集聚。目前浙江、广东等省份大数据产业发展较好，利用现有

龙头企业如华为、腾讯、百度和阿里巴巴等带动大数据行业集群发展。其次，政府实行相应政策扶植大数据企业创新发展，特别是在西部等不发达地区，实行税收减免等政策。最后，形成良好的合作机制。与企业合作，借鉴商业领域的实践经验，采取外包或者购买的方式节约大数据技术处理成本。我国政府监管部门的大数据技术相对薄弱，引进企业的先进技术，有利于初期阶段大数据监管。在逐渐掌握技术的前提下，引进和创新同步进行，最终探索出符合中国特色的大数据监管技术，从而掌握技术的主动权。此外，与其他国家合作，借鉴国际经验。在未来，我国应积极参与国际上的交流与合作，学习别国的先进经验，促进我国大数据监管进一步发展。

第七章

互联网金融风险与政府监管

第一节　互联网金融概述

互联网金融是互联网技术与金融相结合而形成的新型金融业态，解决了金融服务信息不对称问题，对“金融脱媒”起到了一定作用，其业务范围覆盖了传统金融领域无法覆盖的小微金融服务领域，与传统金融相互补充。与传统金融相比，互联网金融使移动金融、普惠金融及小微金融成为可能，服务人群和范围更广，服务效率更高。因此，互联网金融并不是一个单一而独立存在的金融模式，而是由众多互联网金融服务模式作为支撑，并且随着互联网技术的发展而不断演变出更多种类的新型互联网金融商业模式。互联网金融具有广义和狭义之分。广义的互联网金融就是“互联网+金融”，只要是互联网技术与金融相结合，都可以称作互联网金融。狭义的互联网金融仅指非金融机构的互联网企业通过互联网技术从事的金融业务与服务，其核心特征为“线上交易”。传统金融机构通过互联网开展金融业务和服务只能称为金融互联网，而不能称作互联网金融。互联网金融业务与服务需要全部在线上实现，包括线上征信、支付、结算、交易、谈判、签订合约及执行合约。当前，广义的互联网金融模式包含八种形态，分别为：金融机构互联网化、

P2P 借贷、众筹、第三方支付、网络消费金融、互联网货币、互联网金融信息服务及互联网企业的金融服务。狭义的互联网金融模式包含五种形态，分别为：众筹、P2P 借贷、第三方支付、网络理财及互联网企业的金融服务。其中，P2P 借贷、众筹、互联网支付及互联网企业的金融服务（互联网消费金融）最具有发展潜力。

一、P2P 借贷

P2P 借贷（peer to peer）也叫作个体网络借贷，指个体与个体之间通过互联网网络媒介，以网络借贷信息服务平台为中介，以实现资金借贷。其中，个体包括自然人、法人及其他组织。P2P 借贷产业起源于英国，发展于美国。中国 P2P 借贷产业发展于 2007 年，起初是以网络融资之债权融资平台模式被引入。在经过数十年的发展，中国 P2P 借贷产业得到了飞速发展，各种形式业务不断演进以满足客户多元化金融服务需求。从业务模式角度来看，现阶段中国的 P2P 借贷产业模式大致可以纯平台、资金担保、资产证券化与债权转让四种模式（见表 7－1）。

表 7－1　　P2P 平台不同商业模式对比

商业模式	参与主体	代表企业	业务模式
纯平台	P2P 企业	拍拍贷	平台只充当中间人进行信息披露，无担保
资金担保	担保机构与 P2P 企业	红岭创投	包括：第三方担保、准备金担保、抵押担保、保险担保
资产证券化	担保机构 小额贷款公司 P2P 平台	宜人贷	将旗下担保产品或小额信贷进行打包销售，使资产流动
债券转让	放贷企业与 P2P 平台	宜信	平台寻找放贷企业，债券打包，在平台中对接资金供求双方

其中，纯平台 P2P 借贷模式，指 P2P 借贷平台仅充当中间人角色，为融资人和投资人提供中介信息服务。纯平台 P2P 借贷模式的利润收入

主要依靠收取融资人和投资人的中介服务费。资金担保 P2P 借贷模式，指担保机构与融资人和投资人签订合同，为投资人提供担保，一旦融资人出现违约，担保人会先行垫付赔偿。资金担保 P2P 借贷模式是 P2P 借贷产业发展初期的主流模式，风险较少，近乎银行理财。资产证券化 P2P 借贷模式是将投资标的经过转让和包装后以标准化、份额化的方式进行销售。资产证券化 P2P 借贷模式不同于其他 P2P 借贷模式，资产证券化模式可能在经济下行中获取利益，是目前 P2P 借贷模式的重要发展方向之一。债权转让 P2P 借贷模式，指融资人和投资人不直接签订债权债务合同，而是通过第三方个人先行放款给融资人，再由第三方个人将债权转让给投资人。

回顾 2018 年 P2P 借贷产业发展，一方面，正常合规运营的 P2P 平台数量不断减少，截止到 2018 年 12 月底 P2P 借贷平台正常运营数量为 1021 家，相比于 2017 年减少 910 家；另一方面，2018 年全年 P2P 借贷产业成交量为 17948.01 亿元，相比于 2017 年全年 P2P 借贷产业成交量（28048.49 亿元）减少了 36.01%。与往年相比，2018 年 P2P 借贷产业发展景气度大幅回落（见图 7－1），行业监管政策的出台及行业合规发展规范的要求打击了许多不合规平台，使 P2P 借贷产业呈现出集中发展趋势，大型 P2P 平台的市场占据率越来越高，而小型 P2P 平台将面临较大的竞争压力。

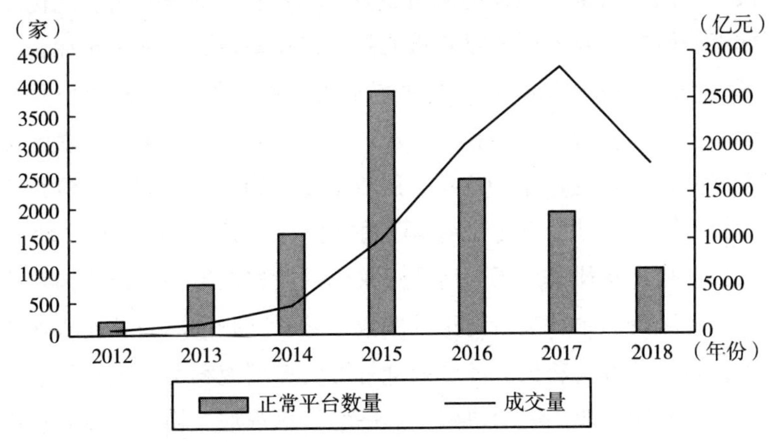

图 7－1　2012～2018 年中国 P2P 发展基本概况

资料来源：《中国 P2P 借贷服务行业发展报告 2018》。

二、众筹

众筹，指项目发起人通过众筹平台将需要筹资的项目公开展示，感兴趣的投资人可以对项目提供资金支持。众筹融资模式主要包括：股权众筹、产品众筹、混合众筹和公益众筹四大类。其中，股权众筹，指公司出让一定比例的股份面向投资人，而投资人通过入股方式获得收益；产品众筹，指投资人将资金投资给融资人开发某种产品或服务，待该产品或者项目成熟后，投资人可以根据约定无偿或者以较低的价格获得该产品与服务；混合众筹是股权债权的混合模式，指债权人可以转化为有限合伙人（limited partner），在形式上可以满足私募股权众筹的法律要求；公益众筹，指通过互联网方式发布筹款项目并募集资金的公益行为。从互联网金融产生的初衷来看，互联网金融是通过互联网技术在互联网网络媒介中汇集社会闲散资金，盘活市场资金，以解决中小型企业及初创企业融资难、融资贵问题。因此，对于众筹产业而言，股权众筹模式是众筹融资产业中最具有发展潜力的融资模式，也是未来众筹产业发展的重要方向。对此，2014 年 11 月，国务院总理李克强在国务院常务会议上提出“开展股权众筹融资试点”，给予股权众筹明确定位。因此，本书所研究的众筹模式对象指的是股权众筹模式。进一步而言，股权众筹（equity crowdfunding）按照募资方式的不同可以分为公开股权融资和非公开股权融资。而根据 2015 年出台的《关于促进互联网金融健康发展的指导意见》中的规定，股权众筹是通过互联网形式进行公开小额股权融资的活动，该定义强调了股权众筹的“公开”与“小额”。同时，根据相关法律及业界内所广泛采纳的股权众筹融资模式为互联网非公开股权融资，本章节所讨论的股权众筹以互联网非公开股权融资为主。根据目前公开资料披露的股权众筹融资典型流程为：项目筛选—创业者约谈—确定领头人—引进跟头人—签订投资框架协议—设立有限合伙企业—注册公司—工商等级/变更/增资—签订正式投资协议—投后管理—退出，具体的运作流程如图 7 - 2 所示。

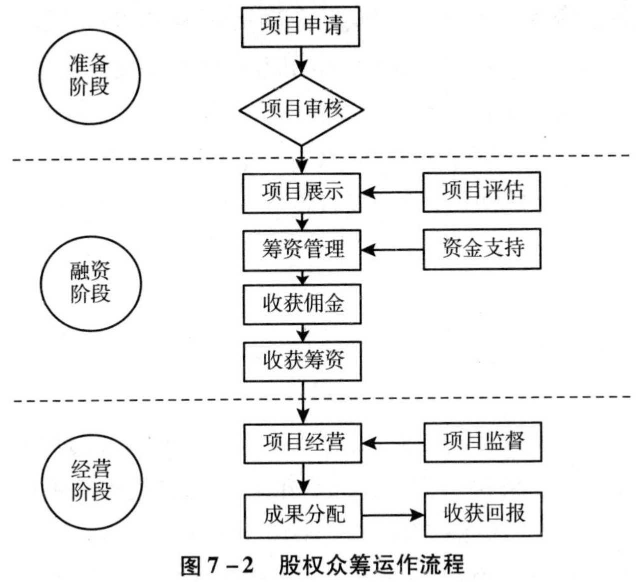

图 7-2　股权众筹运作流程

中国网络众筹产业始于 2011 年“点名时间”的上线，随后两年内有数十家众筹网站上线，其中 2012 年 12 月上线的“大家投”及 2013 年 2 月上线的“众筹网”已经成为国内最大的众筹平台，引领中国众筹产业发展。据“众筹家”旗下“人创咨询”统计，截止到 2018 年 6 月底，全国共上线过众筹平台 854 家，其中 2011 年上线 3 家；2012 年上线 11 家；2013 年上线 20 家；2014 年上线平台激增达到 169 家；2015 年保持强劲增长态势上线平台 289 家；2016 年基本与 2015 年平台上线数量持平为 283 家；2017 年平台上线数量骤减为 70 家；2018 年上半年平台上线数量仍无起色仅 9 家。在全部已经上线过的 854 家平台中，截止到 2018 年 6 月底时，共有 603 家平台已经下线或者转型，正常运营平台数量为 251 家，国内众筹市场整体出现下跌态势。从股权众筹融资模式发展角度来看，2018 年上半年共有 875 个股权众筹项目，其中成功 253 个项目，45 个项目失败，577 个项目仍在众筹中。[①] 股权

① 人创咨询．中国众筹行业发展报告 2018（上）［EB/OL］. http：//www. zhongchoujia. com/data/31205. html，2018－08－08.

众筹预期总融资为 9.53 亿元，实际总融资额为 12.99 亿元，总投资人数为 1.52 万人次。与 2017 年上半年相比，2018 年股权众筹项目数量所有增长，但是成功项目、实际融资额、总投资人数均有减少。其中，成功项目减少 181 个，同比下降 41.71%；成功项目实际融资额减少 2.51 亿元，同比下降 16.22%；成功项目投资人数减少 1.84 万人次，同比下降 54.74%。

三、第三方支付

第三方支付是具有一定实力和信誉的独立机构，通过网络对接形式促成买卖双方交易的网络支付模式，第三方支付机构并不属于金融机构。由于其特殊性各国都对第三方金融机构进行了详细定义，以区别于银行等金融机构。美国在《金融服务现代化法案》中将第三方支付机构定义为非金融机构，将第三方支付业务看作货币转移业务，本质是传统货币服务的延伸。欧盟根据电子货币指令规定，将第三方支付机构定义为“由付款人同意，借由任何电信、数码或通信设备，将交易款交付电信、数码或网络运营商，并作为收款人和付款人的中间交易人”。中国根据《非金融机构支付服务管理办法》，将第三方支付机构定义为在收款人和借款人之间的中介机构，并且为收付款人提供部分或全部货币资金转移服务。具体的货币资金转移服务包括：互联网支付、移动支付、预付卡支付、电话支付和数字电视支付等（见表 7－2）。

表 7－2　　第三方支付机构的资金转移服务总结

资金转移服务	具体内容
互联网支付	以互联网网络为媒介进行资金转移服务，实现购买者和销售者之间的线上货币支付、现金流转、资金清算等金融服务，主要为电子商务提供金融支持
移动支付	通过移动智能设备，如智能手机、个人数字助理（PDA）、平板电脑等，运用红外技术、近场通信（NFC）、射频识别（RFID）、蓝牙等技术通过移动网络实现资金由支付方到收款方的转移

续表

资金转移服务	具体内容
预付卡支付	通过磁条、芯片或者近场技术，以卡片、密码等形式的电子支付卡片为媒介，实现发行机构所指定的购买产品与服务。预付卡的形式包括：礼品卡、福利卡、公交卡等
电话支付	借助通信终端，如固定电话、移动电话等形式，与银行或者通信商建立支付互通系统，进而实现资金转移
数字电视支付	以电视信号为媒介，通过遥控器的操作接入支付系统完成支付。与其他支付模式相比，数字电视支付使用的是完全不同的信号通路

四、互联网消费金融

互联网消费金融是通过互联网及相关技术，向个人或者家庭提供与消费相关的支付、理财、信贷及风险管理等活动。互联网消费金融服务对象主要是那些没有被纳入央行征信系统的人群。如果按照金融机构的信用评价标准，该类人群数据获取困难，信用水平不高，因此无法从传统金融机构获得金融服务，长期被传统金融机构忽视。互联网消费金融的出现满足了该类人群的金融服务需求，充分展现了互联网金融的普惠金融作用。由于我国人口众多，根据长尾理论，处于金融服务需求末端的人群数量也十分庞大。因此，互联网消费金融的普惠金融特性吸引各类主体发展互联网消费金融，其中既包括消费金融公司和正规金融机构，也包括具有线上技术和流量优势的互联网企业及数量庞大的互联网金融平台。

随着不同领域企业的参与，互联网消费金融的业务模式也呈现出多样化。根据消费信贷生态的内在联系，当前互联网消费金融的商业模式可以分为三种：第一种以京东白条为代表的电商金融消费模式，消费者在电商平台产生消费，在平台进行消费分期付款。第二种以“马上消费金融”为代表的纯信贷消费金融，采取“APP + 场景 + 现金”的运作模式。消费者可以通过 APP 申请贷款，使用借款进行消费。第三种以“美利金融”为代表的线上理财和线下消费场景结合的 O2O 消费金融模式，寻求综合收益。不同类型互联网消费金融主体的盈利模式各不相同，大致可以分为纯利差盈利及利差加其他收入盈利模式。纯利差盈利模式针对传统消费金融公司，因为该类型主体的资金成本较低。而随着互联网网络的普及和客户消费意识的改变，使更多的互联网企业和互联网金融平台可以通过用户流量导入、促销等方式从产品供货商获得收入，进而形成利差加其他的盈利模式。其中，其他收入包括消费渠道商的返利、供货商的账期等。

第二节　互联网金融风险分析

互联网金融之所以能在中国兴起并得到高速发展，一方面是因为传统金融服务覆盖率有限，无法满足所有金融需求者的金融服务需求；另一方面是现行的金融体制仍不完善，金融漏洞较多，为互联网金融发展提供了较多空间。然而，互联网金融作为传统金融的延伸，其本质和形成理论基础仍是金融，因此互联网金融本身将存在传统金融所存在的高风险特性。同时，互联网金融是互联网技术与传统金融相互融合后所形成的新型业态模式，因此互联网金融也存在互联网技术风险，表现出风险二重性特征（见表7－3）。

表7－3　互联网金融风险基本分类

风险种类	具体类型	风险产生原因及特征
传统金融风险	系统风险	产生原因：第一，经济调整与发展方式存在结构性矛盾；第二，信贷期限结构与信贷集中失衡；第三，金融创新导致金融监管滞后互联网金融发展。互联网金融的数字化交易模式，使互联网金融风险扩散更快，补救成本更高
	市场风险	互联网市场风险指互联网金融产品受市场利率、汇率、产品价格变动所导致收益不确定性。由于互联网金融业务均通过网络进行，对市场变动的敏感性更高。而且互联网金融市场尚不成熟，因此，将比传统金融面临更大的市场风险

续表

风险种类	具体类型	风险产生原因及特征
传统金融风险	信用风险	互联网金融风险较高是因为互联网金融市场信用体系不完善，互联网金融业务的信用状况只能依靠第三方信用机构评价。互联网金融产品比传统金融产品收益高，但是高收益不可靠。网络交易存在信息不对称，难以识别信息准确性
	流动性风险	互联网金融无法参与到银行业间的市场拆借业务当中，同时也不在央行的紧急支持帮助范围内，如果互联网金融遭到投资人集体撤资，极易产生流动性风险
	操作风险	风险主体：互联网金融操作风险除了人为操作不当以外，计算机系统漏洞以及内部系统设计缺陷都会导致操作风险发生。风险来源：内部操作风险、第三方风险、客户操作不当
互联网技术风险	技术风险	互联网金融技术风险是由于互联网金融企业内部计算机系统设计缺陷所导致的宕机、故障等问题，被黑客或病毒所破坏，进而导致资金损失。互联网金融技术风险表现为：未经授权访问、系统漏洞、伪造身份获取信息、外包管理
	信息安全风险	互联网金融信息安全风险产生原因：因网络安全技术与防护机制不成熟，数据保护意识较弱。具体表现为：信息泄露问题、身份识别问题、技术系统不稳定问题
	法律政策风险	互联网金融法律政策风险产生原因：互联网金融相关法律缺失、不健全。互联网金融法律政策风险包括：互联网金融法律滞后于互联网金融创新、互联网金融的混业经营无法确定监管主体、互联网金融特性容易产生洗钱犯罪问题

一、P2P 借贷风险

（一）信用风险

由于 P2P 借贷的服务客户往往是那些信用状况不符合传统金融机构征信要求的客户。因此，该类型客户往往信用较差或者缺乏信用记录，P2P 平台为其提供贷款势必将承担较高的信用风险。在 P2P 平台实际运营过程中，借款人的信用风险在签订合同之前及履行合同之中均有体现。具体而言：在借款人和 P2P 平台签订合同之前，P2P 平台需要借款人提供相应的个人信息和借款信息，待 P2P 平台审核后再将借款人信息发布。但是由于双方信息的不对称问题，极大概率导致 P2P 平台无法发现提供虚假信息的借款人，易引发信用风险；在借款人履行借款合同时，P2P 平台缺乏放贷回访、资金流向调查等措施，导致借款资金流向无法掌控，也容易引发信用风险。

（二）操作风险

P2P 借贷操作风险是由内部系统漏洞、管理不完善以及内部人员操作不当所引发的金融风险。在实际运行过程中，操作风险与信用风险可能同时发生。P2P 平台的操作风险主要表现在借贷信息审核、资金管理、投标保障及相关信息披露方面。当前，P2P 平台普遍采用线上与线下相结合的方式进行风险管理，而我国征信系统的不完善导致 P2P 平台对第三方合作企业的依赖程度较高，P2P 平台自身无法完全掌握资金信息，容易产生操作风险。并且第三方合作企业也不一定可靠，这也会提升平台的操作风险。

（三）市场风险

P2P 借贷的市场风险是由于我国财政政策及货币政策的变化导致 P2P 产业波动。例如，存款基准利率的升高或降低将导致 P2P 借贷产业的借款利率变动，使 P2P 产业极易产生波动性，引发借款人融资成本的不确定性。尤其是目前我国已经步入经济新常态，财政政策与货币政策的变化势必将影响国民收入及市场中的资金供给与需求，间接对 P2P 借贷产业的市场发展前景产生影响，容易产生市场风险。

（四）信息安全及技术风险

由于 P2P 平台的信息交易、资金转移都需要通过互联网媒介完成，而在 P2P 平台数据挖掘过程中，也离不开信息技术和网络技术的辅佐。因此，信息安全技术对于 P2P 借贷产业的发展尤为重要。一旦 P2P 平台遭受黑客攻击或者自身系统产生漏洞，势必将造成较大的经济损失。目前，有两种途经将导致P2P借贷产业信息安全及技术风险。第一种是P2P平台自身系统漏洞问题，如遭受黑客攻击或者信息钓鱼。例如，2014年5月，国内第三方互联网安全监测平台“乌云”爆出“晓风网贷系统任意上传漏洞安全问题”。第二种是受到利益驱使，平台内部任意将客户资料买卖获得利益，包括用户的个人基本信息资料和金融信息资料等。

（五）法律政策风险

互联网金融区别于传统金融，因此传统金融的法律适用性在互联网金融领域将受到限制。而互联网技术使得P2P借贷更具有隐蔽性、匿名性和即时性，导致资金用途追踪更加困难，极易导致违法分子利用P2P借贷进行洗钱等违法犯罪活动。同时，传统金融对于违法犯罪及部分风险具有较为完善的预防措施，而P2P借贷产业作为发展刚满10年的新型业态，尚没有具体的法律措施对其进行限制。再加上P2P平台较传统金融机构也缺乏保存交易记录、及时提交金融交易报告等责任意识，极易产生违法乱纪行为。

二、众筹风险

众筹融资模式与传统意义上的融资模式不同，作为一种新型融资模式，其不确定性更大，主要存在技术风险、法律风险及管理风险。

（一）技术风险

众筹融资的技术风险主要指众筹产品不成熟、产品的创新能力无法获得市场认可，以及创新的融资产品寿命不确定。具体而言：第一，产品的创意与过硬的产品是两个完全不相同的概念，如果将二者概念混淆，极易导致投资人遭受经济损失。众筹融资产品往往是目前市场中没有的产品，市场的竞争力无法确定。而需要众筹的产品项目往往处于产品开发初期、中期或者实验阶段，并且创新出的新产品所具备的新功能或者产品质量是否存在瑕疵也是投资人无法事前确定的。第二，众筹产品属于前沿性创新产品，是目前市场中没有或者很少的产品。由于产品缺乏一定的技术标准，其应用及质量没有检验标准，将存在产品质量隐患等安全问题。第三，互联网时代下的技术更迭速度更快，产品淘汰率更高。对于一个未知项目或者技术的产生，其产品寿命将难以确定。一旦某些具有创新性的产品或者技术被大型企业研究成功后，势必将影响众筹产品的投资价值。

（二）法律风险

对于众筹融资而言，如果是预购行为的众筹在法律范畴内是允许的，但如果是作为投资行为的众筹则存在法律风险。而众筹融资模式中最为重要的股权众筹最容易引发法律风险，例如触碰非法集资或者非法发行证券红线。当前，我国规制股权众筹模式的法律法规存在较为严重的滞后性，真正具有约束力及长久效应的法律体系仍未建立。虽然我国《证券法》规定了发行证券累计超过 200 人就算公开发行证券行为，需要向有关部门审批。但是对于股权众筹融资的发行行为，目前并没有确定的人数设定及金额设定，存在监管空白问题。另外，股权众筹融资模式中的互联网非公开股权融资相比于传统私募基金融资模式具有门槛低、涉众性广及融资模式简单等优势，吸引许多社会投资者。因此，许多机构打着众筹融资的旗号实质开展非法集资行为，对经济稳定和社会安定造成了不利影响。

（三）管理风险

股权众筹融资的管理风险产生原因包括两方面，一方面由于项目发起人的管理问题导致，例如产品设计不合理；另一方面由于股权众筹融资自身机制问题，例如项目退出机制。具体而言：在股权众筹项目设计方面，由于股权众筹服务对象是中小型企业，因此针对不同项目的股权架构是采用统一标准化设计还是采用不同的股权结构设计有待仔细考虑。因为一旦股权设计存在缺陷，势必将带来项目融资后的潜在风险。而在股权众筹实际运营过程中，在同一平台中的同一个项目也无法保证投资人可以实现同股同权，如果要实现股权人之间的沟通，势必将带来更加高昂的时间成本与沟通成本。在股权众筹退出方面，目前股权众筹采用的是股权转让方式退出。但是在 SPV（特殊目的实体）管理模式下，股权人想要转让需要得到其他 LP（有限合伙人）的认可，实际操作运作难度大、成本高、效率低。

三、第三方支付风险

以支付宝为代表的第三方支付模式的出现，减少了网络交易的信息不对称问题，增强了网络交易的信任度，对我国网络支付产业的发展起到了直接推动作用。但是长久以来，第三方支付游走于金融创新和法律规制边界，存在较大的政策法规风险和金融风险。

（一）政策法规风险

第三方支付作为一种全新的商业模式，其发展质量必然要受到政策法规的影响，具体细分可分为政策风险和法律责任风险。当前，政府针对互联网金融的发展正趋于严厉，通过政策导向方式引导第三方支付等互联网金融模式朝向合规、合理方向发展。虽然，《非金融机构支付服务管理办法》的出台为第三方支付的发展提供了良好发展环境。但是，伴随着市场竞争的加剧，国家层面也会大概率出台调整政策，进而会影响第三方支付产业的发展。在法律责任方面，《非金融机构支付服务管理办法》的法律效力层级较低。一旦用户在第三方支付机构发生资金损失或者产生纠纷时，法律责任归属难以判定，既无法保障消费者权益，也不利于第三方支付机构。

（二）金融风险

虽然第三方支付机构属于非金融机构，但是其业务服务范围已经涉及金融领域，例如货币的支付结算及具备资金储蓄性质的资金沉淀等。而相比于传统金融机构的支付业务存在的风险，第三方支付还存在更为明显的洗钱风险、流动性风险和资金沉淀风险。

对于洗钱风险，第三方支付可以全天候、跨越空间限制即时的完成资金转移，这无疑对监管机构的洗钱监管产生影响。而原本只需要一次的买卖交易，在加入了第三方支付机构以后就变成了两次实际交易，再加上网络交易的虚拟性，使银行难以准确把握交易的真实性，对于资金流向控制较为困难。同时，第三方支付不需要线下实体物理网点，银行无法通过柜台当面核实用户身份，而第三方支付在注册时也无法验证注册资料的准确性，这也为网络洗钱提供了便利。对于流动性风险往往是第三方支付企业的盈利能力不足所造成。一方面，第三方支付产业高速发展，越来越多的第三方支付机构涌入市场，加剧市场竞争，不断压缩市场利润空间；另一方面，第三方支付机构根据规定需要准备备付金，然而中国人民银行和商业银行却不用对此支付利息，进一步压缩第三方支付机构的利润空间。从市场占有率来看，支付宝、财付通及银联商务三家支付平台已经占据全国 80% 的市场份额，剩下所有机构只能争抢 20% 的市场份额。由此判断，我国第三方支付产业存在较大的流动性风险。对于资金沉淀风险，第三方支付系统比传统金融系统的资金停留时间更长，而停留在第三方支付机构系统的沉淀资金使用状况不透明，无法保证其安全性，一直都是影响第三方支付产业发展的关键点。对于信用良好的大型第三方支付机构沉淀资金安全还可以保障，但是对于规模较小的第三方支付机构内的沉淀资金安全性就无法保障。

四、互联网消费金融风险

互联网消费金融模式是随着互联网电子商务产业的发展而逐渐发展起来的新型互联网金融模式。互联网消费金融贴近消费者生活，具有参与主体机构多、服务人群覆盖广的特征。因此，互联网消费金融容易形成风险累积，侵害消费者基本利益，甚至影响社会经济稳定。

从消费者角度来看，互联网消费金融存在信息泄露风险、不当催收风险。消费者在申请消费信贷时，需要填写大量个人信息资料，而市场中的大部分消费信贷企业规模不大，其技术水平和管理能力不足，十分容易造成消费者资料泄露，给消费者带来许多意外风险。在借款催收阶段，由于互联网消费信贷的借贷额度较小，但是催收成本较高，大部分平台在遇到违约情况时，通过社交平台公开消费者资料等方式，将对消费者生活造成较大影响。而某些消费信贷的线下催收，甚至会给消费者带来暴力危害。从消费金融机构角度来看，互联网消费金融还存在信用风险和操作风险。消费信贷企业的信用风险主要来源于消费者的自身信用风险及消费信贷企业的征信数据不足。一方面，互联网消费金融的业务特性决定了借款审批流程简单快捷，因此消费者可以轻易提供虚假信息获得资金；另一方面，互联网消费信贷服务对象是传统金融不能服务的客户，因此消费信贷企业无法从央行征信系统获得信用资料。而消费信贷企业之间存在信息孤岛问题，没有产业内的失信黑名单，企业间的信息数据共享不足。消费信贷企业的操作风险包括：诱导性宣传、信息披露不足及信息泄露风险。诱导性宣传及信息披露不足是消费信贷企业有意而为之，为了吸引客户以低息、便捷等形式诱导消费者申请消费信贷甚至过度消费。在费率方面，有些消费信贷企业不直接公开收费标准或直接以手续费替代利息，制造“免息”假象。此外，有的消费信贷企业出于利益考虑，未经消费者允许擅自利用消费者信息获利，对消费者造成损失。

第三节 互联网消费金融法律监管政策

一、P2P 借贷法律监管政策

（一）P2P 借贷法律监管政策梳理

2013 年以前，在 P2P 借贷产业发展初期，由于法律监管政策落后导致许多平台利用法律漏洞获取不当利益，对投资人的经济利益造成了较大损失，对行业健康发展影响恶劣。此时的法律监管落后是因为P2P行业发展初期P2P平台数量较少，并且该阶段并没有大规模的跑路和违约事件发生。而在2013年之后，各大经济主体纷纷开展P2P借贷业务，使得P2P产业在2015年得到野蛮式增长，而各类风险也在不断累积。直到2015年“e租宝”的非法集资问题出现，使相关监管部门认识到了P2P产业监管的重要性。对此，在2016年以后，全国开始对P2P借贷领域违法违规问题进行整治，并确立了P2P借贷产业的规制原则与核心，即“守住法律底线和政策红线，落实信息中介实质，不得设立资金池，不得发放贷款，不得非法集资，不得自融自保，承诺保本保息，期限错配，期限拆分，虚假宣传及从事线下营销”，具体监管政策变化路径见表7-4。

表7-4　　2014~2018年部分P2P法律监管政策总结

发布时间	政策出台部门	政策名称	主要内容
2015年7月	中国人民银行、工业和信息化部、公安部、财政部、工商总局、法制办、银监会、证监会、保监会、国家互联网信息办公室	《关于促进互联网金融健康发展的指导意见》	指出P2P等互联网金融模式本质仍是金融，具有隐蔽性、传染性、广泛性和突发性。互联网金融对促进金融包容具有重要意义。遵循鼓励创新、风险防范、趋利避害和健康发展的总体要求，提出一系列促进创新政策。按照依法监管、适度监管、分类监管、创新监管的原则，确立了各主体监管责任，明确了业务边界
2015年10月	国务院	《关于进一步做好防范和处置非法集资工作的意见》	该《意见》要求专注集资汇总点区域，密切关注投资理财、非融资性担保、P2P借贷等新的风险高发重点领域
2015年12月	银监会、工业和信息化部、公安部、国家互联网信息办公室	《网络借贷信息中介机构业务活动管理暂行办法（征求意见稿）》	确定了P2P借贷内涵，重申了P2P平台的信息中介内涵。P2P借贷业务应遵循依法、诚信、自愿和公平原则。确立了监管体制及各主体责任，监管遵循“依法监管、制度监管、分类监管、协同监管、创新监管”原则

续表

发布时间	政策出台部门	政策名称	主要内容
2016 年 8 月	银监会、工业和信息化部、公安部、国家互联网信息办公室	《网络借贷信息中介机构业务活动管理暂行办法》	以负面清单形式划定业务边界，明确借款上限，规定网贷应该以小额为主，并提出了 12 个月的过渡期安排
2016 年 4 月	国务院	《互联网金融专项整治工作实施方案》	鼓励保护真正有价值的互联网金融创新，整治违法违规行为，强调穿透式监管理念。要求在 2017 年 3 月底以汇总形式总体报告并建设互联网金融监管长效有效机制，由央行会同相关部门报国务院
2017 年 2 月	银监会	《网络借贷资金存管业务指引》	建立客户资金第三方存管制度，实现客户资金与网络借贷信息中介机构自有资金分账管理，防范网络借贷资金挪用风险。对委托人资质、存管人资质及业务规范做出详细要求
2017 年 8 月	银监会	《网络借贷信息中介机构业务活动信息披露指引》	通过官方网站及其他互联网渠道公示网络借贷信息中介机构基本信息、运营信息、项目信息、重大风险信息、消费者咨询投诉渠道信息等信息，整改期为 6 个月
2017 年 12 月	银监会 P2P 网络借贷风险专项整治工作领导小组办公室	《关于规范整顿"现金贷"业务的通知》《小额贷款公司网络小额贷款业务风险专项整治实施方案》《关于做好 P2P 网络借贷风险专项整治整改验收工作的通知》	对现金贷业务进行了规范，包括资格监管、业务监管和借款人适当性监管，并给出了存量逐步退出的安排；通过专项整治，严格网络小额贷款资质审批、规范网络小额贷款经营行为、严厉打击和取缔非法经营网络小额贷款的机构；各地在 2018 年 4 月底完成辖内主要 P2P 机构的备案登记工作，6 月底之前全部完成，并对债权转让、风险备付金、资金存管等关键性问题做出进一步解释说明
2018 年 4 月	中国人民银行、中国银行保险监督管理委员会、中国证券监督管理委员会、国家外汇管理局	《关于规范金融机构资产管理业务的指导意见》	强调资管产品平等地位、银行理财的法律地位获得到认可；标准化债权资产的定义要素增加；资管产品分级要求有所松动；公募产品或不能委托私募机构投资

续表

发布时间	政策出台部门	政策名称	主要内容
2018 年 8 月	互联网金融风险专项整治工作领导小组办公室	《关于报送 P2P 平台借款人逃废债信息的通知》	坚持网贷行业发展大方向不动，对妨碍网贷发展的恶意行为将得到严厉打击和惩戒；政府干预 P2P 行业风控难题，重点解决逾期严重问题；为网贷行业健康发展净化环境，并化解金融风险、提振行业信心

（二）P2P 借贷产业发展重要政策解读

1. 《P2P 网络借贷风险专项整治工作实施方案》

第一，P2P 平台信息中介地位不变。《P2P 网络借贷风险专项整治工作实施方案》再次强调 P2P 平台信息中介地位及服务小微企业和依托互联网经营的本质，并且重申了 P2P 平台不得自融自保、不得设立资金池、不得从事线下营销等多条红线。第二，P2P 平台资金存管要求。《P2P 网络借贷风险专项整治工作实施方案》强调了资金存管的重要性，坚决杜绝资金池，从源头上控制风险，从根本上保障投资人利益，鼓励 P2P 平台坚持创新发展、规范运营。在资金安全管理方面，致力打造一个安全、高效、透明的网贷中介平台，为投资人提供可以信赖的金融服务。第三，明确多部门事前监管的决心。《P2P 网络借贷风险专项整治工作实施方案》在第四条中添加了中国人民银行的职责规定，新增了"部分统筹，总体推进整治工作，做好工作总结。"

2. 《网络借贷资金存管业务指引》

《网络借贷资金存管业务指引》是继《网络借贷信息中介机构业务活动管理暂行办法》和《网络借贷信息中介机构备案管理登记指引》发布后，又一项对行业有重大意义的明文规定，标志着平台投资人资金流向透明化、明确化将得到重大提高。第一，存管人不对网络借贷交易提高担保，但是资金存管可以为平台增信；第二，在 P2P 借贷业务中，除必要的披露及监管要求外，委托人不得用"存管人"做营销宣传；第三，"联合存管"模式被否定，所有 P2P 平台必须对接银行直接存管，且整改期限为6个月。

3.《网络借贷信息中介机构业务活动信息披露指引》

《网络借贷信息中介机构业务活动信息披露指引》提出，网贷信息中介机构应及时向出借人披露五大借款人基本信息：借款人主体性质（自然人、法人或其他组织）、借款人所属行业、借款人收入及负债情况、截至借款前6个月内借款人征信报告中的逾期情况、借款人在其他网络借贷平台借款情况。如遇到公司减资、合并、分立、解散或申请破产等情况，网贷信息中介机构应于发生之日起48小时内将事件的起因、目前的状态、可能产生的影响和采取的措施向公众进行披露。在信息保护方面，出借人应当对借款人信息予以保密，不得非法收集、使用、加工、传输借款人个人信息，不得非法买卖、提供或者公开借款人个人信息。

二、股权众筹融资法律监管政策

（一）股权众筹融资法律监管政策梳理

股权众筹融资指通过互联网形式进行公开小额股权融资活动。自2013年股权众筹在中国出现以来，有关股权众筹监管措施就不断出台及时跟进，保证了股权众筹产业的健康发展。监管层对股权众筹融资的规制监管也经历了从支持到规范的过程。在股权众筹发展初期，2014年12月中国证券业协会发布的《私募股权众筹融资管理办法（试行）（征求意见稿）》中第一次提及股权众筹，将“私募股权众筹”正名为“互联网非公开股权融资”，区分了“股权众筹”和“互联网非公开股权众筹”概念，划清了市场机构的经营范围。2015年3月股权众筹试点被写入政府报告，由国务院办公厅发布的《关于发展众创空间推进大众创新创业的指导意见》也提及了发展股权众筹融资，要充分发挥股权众筹融资对创新创业的服务能力。同年7月，十部委联合发布的《关于促进互联网金融健康发展的指导意见》确立了股权众筹的合法性，鼓励在合法的前提下进行商业模式创新，进一步发挥对创新创业的服务能力，并确定证监会为其监管主体。2016 年 4 月，证监会等十五部委联合发布了《股权众筹风险专项整治工作实施方案》并结合《证券法》第十条规定，对未经国务院证券监督管理机构或者国务院授权的部门核准，不得公开或变相公开发行证券。

在现有的股权众筹融资监管体系下，监管部门已经明确区分了股权众筹及互联网非公开股权融资的含义，同时勾勒出了两种业务监管方向。各大股权众筹平台也根据监管要求，避免碰触“公开发行或变相公开发行”的红线，部分具有代表性的平台具体规避措施见表 7－5。

表 7－5　部分网络平台规避公开发行的措施与做法

平台名称	平台类型	规避措施与做法
大家投	私募股权融资	合格者认定：个人满足近 3 年人均收入不低于 30 万元人民币或金融资产不低于 100 万元人民币；领投人单个项目投资金额不少于融资额 5%，跟投人单个项目投资不少于融资额 2%
平安众＋	非公开股权融资	合格者认定：个人满足近 3 年人均收入不低于 30 万元人民币或金融资产不低于 100 万元人民币；专业投资者单位满足净资产不低于 1000 万元人民币，或社会公益基金、证券投资基金业协会备案的基金，或其他平台认定为合格的投资者；融资后的股东人数累计不超过 200 人
京东东家	私募股权融资	合格者认定：个人满足近 3 年人均收入不低于 30 万元人民币或金融资产不低于 100 万元人民币；单位投资单个融资项目不低于 10 万元人民币；融资后，融资公司为股份公司的，股东不得超过 200 人。有限公司或合伙公司的股东人数不得超过 50 人

（二）股权众筹融资发展重要政策解读

1.《关于对通过互联网开展股权融资活动的机构进行专项检查的通知》

第一，避免私募性质的众筹、基金众筹、集资众筹等“伪众筹”误导民众，保护投资人利益。同时，也避免众筹运营出现大量违规操作，防止在社会中形成较大负面影响。第二，充分吸取P2P借贷产业野蛮发展后的教训，在股权众筹出现较大风险之前规范各平台操作。第三，净化股权众筹融资市场环境，将缺乏资质、缺乏优质项目和风控能力的平台坚决清除出金融市场。第四，在大众创新、万众创业的背景下，利用股权众筹融资模式解决小微企业融资难问题，维护市场秩序，为股权众筹融资提供健康发展环境。

2.《股权众筹风险专项整治工作实施方案》

《股权众筹风险专项整治工作实施方案》的整治重点包括六类活动：第一，擅自公开发行股票。根据规定所有未经核准的从事公开、小额、大众的股权众筹业务都不符合规定。第二，变相公开发行股票。包括使用网络、手机通信、微信公众号、手机APP等形式属于变相公开发行。即使是股权转让，转让后的公司股东也不能超过200人。第三，非法开展私募基金管理业务。监管要求必须备案，私募基金管理人不得向合格投资者之外的人募集资金。私募资金的份额拆分转让后，投资者数量也不得超过200人。第四，非法经营证券业务。第五，进行虚假广告宣传。第六，挪用或占用投资者资金。

三、第三方支付法律监管政策

（一）第三方支付法律监管政策梳理

从第三方支付法律监管政策的出台时间来看可以分为两个阶段：第一阶段是在互联网金融模式出现之前，第三方支付监管政策是针对银行金融机构的支付业务，包括：《中华人民共和国电子签名法》《电子支付指引（第一号）》《支付清算组织管理办法》等；第二阶段是在互联网金融模式出现之后，是真正意义上的互联网金融模式下的第三方支付监管政策，包括《非金融机构支付服务管理办法》《非金融机构支付服务管理办法实施细则》《非银行支付机构网络支付业务管理办法》《支付机构客户备付金存管办法》《非银行支付机构自律管理评价实施办法

(试行)》《关于将非银行支付机构网络支付业务由直连模式迁移至互联网平台处理的通知》等。当前，监管层对第三方支付监管力度不断增强，支付牌照不断收紧。在此背景下，第三方支付将朝以下趋势发展：第一，在监管日趋严厉的背景下，第三方支付将回归支付通道本质，只能做小额、合规业务，其业务运作将受网联监控。第二，第三方支付牌照继续紧缩，市场上将出现收购潮。第三，移动支付端竞争进一步加剧，各大支付机构抢占市场份额，但是实现盈利较为困难。

（二）第三方支付发展重要政策解读

1. 《非银行支付机构网络支付业务管理办法》

《非银行支付机构网络支付业务管理办法》的辐射范围和影响远远超过支付市场本身，对我国电子商务和互联网金融发展及“互联网+”发展战略实施都产生重大影响。该政策条例使监管意志、市场诉求及消费者意愿融为一体，兼顾各方利益，寻求“最佳交集”。尤其是根据支付机构的分类评级和支付账户实名制落实情况，对支付机构开展差异化管理，采用扶优限劣的激励和约束措施，进一步引导第三方支付产业合规经营。而支付工具的“限额”与客户账户等级及实名制程度挂钩，进一步提升了支付的安全性。

2. 《非银行支付机构风险专项整治工作实施方案》

《非银行支付机构风险专项整治工作实施方案》中针对第三方支付的要求主要有三点：第一，经营须有牌照，具有牌照的机构需要合规经营。对第三方支付牌照的有效期规定为5年，而在业务存续期对从未实质开展过支付业务或者长期连续停止支付业务的机构可收回牌照。第二，消除备付金利息，减少支付机构盈利收入。之前，第三方支付机构最高可获得备付金90%的利息作为稳定收入，而该政策的实施将导致第三方支付机构的收益大幅度减少，增强市场竞争压力。第三，支付机构失去议价能力，运营成本提高。第三方支付机构无法与银行直连，将导致支付机构失去和银行的议价机会，导致支付机构只能接受互联网清算平台所规定的手续费，成本将显著提升。

四、互联网消费金融法律监管政策

（一）互联网消费金融法律监管政策梳理

互联网消费金融作为互联网金融业态模式之一出现在官方文件中是在 2015 年 7 月，由十部委联合发布的《关于促进互联网金融健康发展的指导意见》当中。在此之前，社会对于网络消费一直都是以“消费金融”一词替代。从政策发展路径来看，2009 年 7 月银监会发布的《消费金融公司试点管理办法》是第一份针对互联网消费金融的政策法规，第一次从政策层面上鼓励发展互联网消费金融。随后，2013 年 1 月银监会再次发布《消费金融公司试点管理办法》扩充了互联网消费金融公司试点城市，加上 2009 年开放的 4 个试点城市，目前全国已经有 16 个试点城市。而在 2015 年 6 月，国务院常务会议决定进一步放开互联网消费金融市场准入，将试点城市扩充至全国，并将审批权下放到省级银监局，鼓励符合条件的国内外银行机构、互联网企业及民间资本开办互联网消费金融公司。截止到 2017 年 6 月，全国持牌的互联网消费公司数量共计 26 家，其中银行股东背景的持牌消费金融公司 20 家，产业背景、资管背景和多元背景的共计 6 家。随后，2016 年 3 月人民银行和银监会发布了《关于加大对新消费领域金融支持的指导意见》，鼓励消费金融公司拓展业务，在符合监管前提下探索使用互联网技术手段实现消费贷款线上申请、审批和放贷，进一步推动互联网消费金融发展。然而，随着一系列消费金融领域事件的发生，监管层对互联网消费金融的监管逐渐趋于严厉。2017 年 6 月，银监会、教育部和人力资源社会保障部联合发布了《关于进一步加强校园贷规范管理工作的通知》。2017 年 11 月和 12 月，互联网金融风险专项整治工作领导小组办公室分别下发了《关于立即暂停批设网络小额贷款公司的通知》和《关于规范整顿“现金贷”业务的通知》。

（二）互联网消费金融发展重要政策解读

1.《消费金融公司试点管理办法》

第一，增加主要出资人类型。为鼓励更多具有消费金融优势资源的民间资本进入到市场，修改了主要出资人条款。同时，为保证非金融企业作为主要出资人发起设立的消费金融公司符合风控要求，要求消费金融公司需要引入具有消费金融业务管理和风险控制的战略投资者。第二，降低主要出资人持股比例。鼓励股权多元化，将主要出资人持股比例由50%降到30%。第三，强化风险意识。鼓励消费金融公司出资人出具书面承诺，在公司出现支付困难或剩余风险时，给予流动性支持并补足资本。第四，取消营业地域限制。在风控允许基础上，可依托零售网点开展异地服务，但仍不能设立分支机构。第五，修改部分审慎监管要求。例如，为增强业务可操作性，将借款人月收入5倍改为20万元人民币。

2.《关于规范整顿“现金贷”业务的通知》

第一，强调互联网消费金融需要回归本源。互联网消费金融作为互联网金融模式下的重要业务，其作用是满足消费者的消费需求。但是要解决当前的高利借贷、暴力催收、滥用信息与监管套利问题。第二，多角度多方位实现全面监管。从业务层面，降低高利率、严禁多头借贷、以贷养贷和高杠杆。在机构层面，纠正网络小贷违规运营问题，对网络小贷与持牌金融机构的合作行为进行整治。第三，建立长效机制。发挥社会监督作用，多加利用中国互联网金融协会信用信息共享平台，以防止借款人多头借贷与过度借贷。

第四节　互联网金融监管发展趋势

在互联网金融混业经营的浪潮下，有必要加快我国互联网金融监管体系建设，为互联网金融发展提供更好的发展环境。从我国互联网金融发展现状及监管政策实施效果来看，未来互联网金融监管将朝向以下趋势发展：第一，加快互联网金融立法进程。当前，有关互联网金融监管法律使用的是现行金融法律，还未出台针对互联网金融发展的法律法规。而基于金融领域的监管法律，如《商业银行法》《证券法》等法律虽然在某些环节可以应用到互联网金融领域，但是在实际监管过程中仍存在诸多漏洞，需要及时修订现有的金融法律或者补充相应的条款。第二，建立适用于互联网金融监管的风险预警与风险防范机制。互联网金融作为互联网技术与传统金融的融合产物，其自身具有区别于传统金融的风险，如法律风险、信息风险及技术风险等。同时，鉴于互联网金融覆盖人群更加广泛，涉及金额更多，因此，建设互联网金融风险预警及防范机制是互联网金融发展的必然趋势。例如，加快互联网金融的实名制认证进程，推动电子签名发展，加强对投资人的信用状况认证，使个人资信透明化。同时，完善互联网金融产业的信息披露制度，规范互联网金融机构的运营操作流程，使网络交易更加透明化等。第三，明确互联网金融监管主体，建立统一监管标准。互联网金融业态混业经营特征明显，其业务既包括银监会监管范围、也包括证监会及保监会监管范围。因此，尽快确定各监管主体是保证互联网金融持续稳定发展的前提。根据当前我国互联网金融发展状况来看，以中国人民银行为监管主体，将具体互联网金融业态拆分，将监管权分配到各监管领域的监管部门，保证监管的专业性与规范性。同时，借鉴国外互联网金融发达国家的监管政策，建设行业自律组织辅佐监管部门监管，共同维护互联网金融产业规范发展。

第八章

共享经济的政府监管创新

共享经济作为多角度、多层级、多领域、多地域、交叉性的涉及社会生产、生活等各个方面的经济发展模式，发展浪潮迅速席卷全国，成为我国经济发展新动能。但是共享经济在参与者、运营模式和分享资源等方面具有不同于传统经济的发展特征，也有相应的特殊化的监管要求，为我国当前的监管体系提出了新的监管挑战和创新机遇。为扫清阻碍我国共享经济发展的体制机制障碍，创建适应性的政策、法规，营造良好的监管环境，本书对创新我国共享经济监管体系的战略建议主要包括：坚持创新共享经济监管体系的相关原则、建立协调统一的监管体系和创新共享经济监管方式三个方面。

第一节　共享经济内涵及其发展优势

一、共享经济概念

共享经济作为一种新兴的经济发展模式，在不同的学者、科研机构间还未形成统一的概念，且在互联网信息技术日新月异的发展推动下，其含义也在不断更新、衍变。传统的共享经济主要是指个体参与者通过分享平台对过剩资源进行直接匹配实现其循环利用，进而优化闲置资源配置、创造新价值。如共享经济鼻祖——罗宾·蔡斯认为共享经济包括过剩的闲置资源、共享平台和广泛的参与者等三要素，且共享经济可灵活、快速地整合、释放社会闲置资源，利用过剩资源创造新价值①。随着共享经济的发展，共享经济内容出现新变化。腾讯研究院提出“泛共享经济”概念，即共享经济的参与者包括个体和企业、分享资源不限于闲置资源，并且共享经济平台巨头开始向生态化方向发展，即共享经济的模式和理念，在更大的经济视野中激活经济剩余，进而形成新的业态和消费增长点，缓解传统经济升级转型的痛楚②。《中国共享经济发展年度报告（2019）》认为，共享经济是指利用互联网等现代信息技术，以使用权分享为主要特征，整合海量、分散化资源，满足多样化需求的经济活动总和。具体的，共享经济是信息革命发展到一定阶段后出现的新型经济形态，是整合各类分散资源、准确发现多样化需求、实现供需双方快速匹配的最优化资源配置方式，是信息社会发展趋势下强调以人为本和可持续发展、崇尚最佳体验与物尽其用的新的消费观和发展观③。

在互联网、大数据和信息通信等现代科技迅猛创新的支持下，共享经济发展优势迅速凸显，其浪潮也迅速席卷全球，以多样化形式深切渗入至生产、生活的各个领域，因此，共享经济概念不仅仅局限于某种分享形式，而是一种共享经济思维理念和新经济形态，在共享经济中，参与主体的身份不限、分享方式不限、分享资源的种类和形态不限，众多参与者利用现代化信息技术，在全球范围内通过共享平台以不同的分享形式直接快速地点对点配置、分享各种资源，并获得更多的经济剩余、时间剩余和独特体验等，实现资源的最优、高效、绿色环保化地配置和使用。

---

① 罗宾·蔡斯著，王芮译．共享经济：重构未来商业新模式［M］．杭州：浙江人民出版社，2015：161 - 164.

② 腾讯研究院．2017 分享经济报告：八大行业创新热点及演进中六大展望［EB/OL］．http：//www. tisi. Org/4901/2019 - 03 - 20.

③ 国家信息中心信息化研究部．中国分享经济发展年度报告（2019）［EB/OL］．http：//www. sic. gov. cn/News/568/9906. htm/2019 - 03 - 20.

二、共享经济发展模式

根据参与主体（分享资源的供需者）的类型不同，可将共享经济运营模式划分为：个人对个人模式（customer-to-customer，C2C）、企业对个人模式（business-to-customer，B2C）、个人对企业模式（customer-to-business，C2B）、企业对企业模式（business-to-business，B2B）。C2C模式是共享经济中最常见的经典运营模式，该模式中，共享资源的供需者均是个人，双方通过轻资产化的共享平台进行交流和匹配，参与者数量、碎片化的信息量以及监管的复杂度居于四种模式之最。C2B 模式是C2C 模式的衍变模式，该模式中，资源的供需者分别是个人和企业，即个人可自由、灵活地通过共享平台向企业提供生产、营运资料，由于资源的需求、接收者是企业（供给者和供给资源的相对监管者），因此，参与者数量、碎片化信息量和监管的复杂度相对降低。B2C 模式是共享经济中重要的运营模式，在该模式中，共享资源的供需主体分别是企业和个人，共享平台可以参与提供共享资源（如共享单车企业），也可以只是轻资产化的分享平台，链接企业和个人，由于共享资源的供给者是企业（共享资源和需求者的相对监管者），共享交易相对规范化，因此供给资源和供给信息的多样性、碎片化、繁杂化降低，监管的复杂度较低。B2B模式是共享经济未来重要的发展模式，该模式主要是产能共享交易以及生产资源的整合生产，共享资源的供需者均是企业，共享平台承担聚合、链接、匹配的重要中间作用，由于共享资源的供需双方都是企业，共享交易的规范化程度最高，参与者数量、碎片化的信息量以及监管的复杂度在四种模式中最低，但共享产能量居四种模式之最高。

根据共享经济中共享资源的形式不同，共享经济分为：使用权移交共享模式（出租、租赁）、共同享有模式（空间共享、时间共享、创意共享）、二手买卖模式三种模式。使用权移交共享模式，是共享经济传统且经典的运营模式，该模式中，共享资源一般是实物资源（包括知识产权等），供需双方通过共享平台的聚合、链接、匹配实现资源共享，双方以此获得共享剩余，由于共享流程涉及资源的出借和返还，是这三种模式中流程最复杂、监管难度最大的模式。共同享有模式，即共享者同时同地共同分享使用、体验共享资源，是当前共享经济发展中的重要模式，在该模式中，共享资源形态抽象化，且在一定程度上具有非竞争性、非排他性和非分割性，共享资源的供需者交互利用、分享资源，使得双方都可获得高质量的、独特的、新鲜的体验，实现空间、时间、创意等资源的最大化利用，由于共享资源和共享方式的特殊性，其监管的复杂度较高。二手买卖模式，是共享经济的广义概念中的一种模式，共享资源主要是供给者的过剩资源，该模式中，供需双方通过共享平台的链接、匹配进行共享资源的所有权和使用权的共同转移，没有收还，由于是一次性转移共享资源产权，其运营和监管的复杂度最低。

三、共享经济发展优势

（一）资源整合、配置高效化

共享经济可跨越时间、空间限制将全球范围内分散的各类过剩或新置资源快速整合，形成巨大的资源蓄水池，并将其市场化、货币化，进一步在全球范围内迅速、智能、高效地匹配供需，调动各类资源产能的充分利用，使各类资源不再供需错节，也使各类资源不再过剩多余，在资源的循环、高效利用中提高了其利用价值，实现了资源的最优配置和利用。

（二）交易便捷、交易成本最小化

在互联网信息、通信以及大数据等技术的支持下，共享信息智能化、智慧化的排列、组合、匹配使有效信息资源的搜寻更加便捷、迅速，且共享经济中跨越时空的信息精准对接模式、交易沟通渠道和安全交易流程等体验，大大降低了共享经济交易双方的搜寻成本、沟通谈判成本、决策执行成本和监督成本，优化了共享经济交易体验，提高了共享经济交易成效。

（三）工作、生活灵活自由化

一方面，共享经济提供了快速配置资源、有效沟通交易的平台，使得资源需求者方便快捷地接收到其所需的多样化、个性化资源和服务，提高了资源需求者的生产、生活的自由灵活度和长尾化的需求，优化了资源需求者的消费体验。另一方面，共享经济平台创新了一种“员工+平台+企业”的合作方式，使灵活的劳务合作代替了传统固化的劳动雇佣关系，职工和企业的相互依附程度减弱，资源提供者可以多种生产要素通过各种方式自主择业，实现人尽其才、物尽其用的同时，工作和生活的协调更加多元化、弹性化、灵活自由化。

（四）生产、生活绿色环保化

同一资源的分享使用，也可减少其他资源的使用对环境造成的污染，有助于节能减排，也可减少生产其他同类产品，节省生产其他同类产品所消耗的生产资源和生产废料。同时，共享经济充分利用现存资源，可避免闲置资源成为被遗弃的垃圾而污染环境，有利于社会生产和生活的绿色环保。据统计，2017 年滴滴出行的减排效应突出，减少 150.7 万吨二氧化碳排放，相当于 80 万辆小汽车年均形势 1 万公里的排放量①。

第二节　共享经济发展状况及其监管必要性

一、我国当前共享经济发展状况

近年来，我国共享经济的交易额、融资额以及参与人数等都在迅速

---

① 国家信息中心信息化研究部. 中国分享经济发展年度报告（2019）[EB/OL]. http://www.sic.gov.cn/News/568/9906.htm/2019-03-20.

增加。如表8-1所示，2015~2018年，我国共享经济的市场交易额由18100亿元增长至29420亿元，年均增长率约为15.64%；我国参与共享经济活动的人数分别为5亿人和7.6亿人，年均增长率约为13.00%；提供服务者人数分别为5000万、7500万，年均增长率约为12.50%；平台型企业员工数分别为500万、598万，年均增长率约为4.90%。我国共享经济在重点细分领域的发展也是如火如荼（见表8-2），如出行领域2017年、2018年交易额分别为2010亿元、2478亿元，同比增长23.30%，其中，2018年我国网约出租车完成客运量约200亿人次，占出租车客运总量的36.30%，比2015年增长了26.8个百分点；我国知识技能共享领域2017年、2018年的交易额分别为1382亿元、2353亿元，同比增长70.30%；我国共享住宿领域2017年、2018年的交易额分别为120亿元、165亿元，同比增长37.50%；我国生活服务2017年、2018年交易总规模分别为12924亿元、15894亿元，同比增长23.00%；我国共享医疗2017年、2018年交易总额分别为56亿元、88亿元，增长率为57.10%；我国共享办公领域2017年、2018年市场规模分别约为110亿元、206亿元，增长率约为87.30%；我国生产能力共享领域2017年、2018年的交易规模分别约为4170亿元、8236亿元，增长率约为97.50%。

表8-1　　2015~2018年我国共享经济发展规模

项目	交易额（亿元）	参与总人数（万人）	提供服务者人数（万人）	平台型企业员工数（万人）
2015年	18100	50000	5000	500
2018年	29420	76000	7500	598
年均增长率（%）	15.64	13.00	12.50	4.90

资料来源：作者根据《中国共享经济发展年度报告（2016~2019）》整理。

表 8 – 2　　2017 ~ 2018 年我国共享经济几个重点细分领域的发展规模

领域	2017 年	2018 年	增长率（%）
交通出行（亿元）	2010	2478	23.30
共享住宿（亿元）	120	165	37.50
知识技能（亿元）	1382	2353	70.30
生活服务（亿元）	12924	15894	23.00
共享医疗（亿元）	56	88	57.10
共享办公（亿元）	110	206	87.30
生产能力（亿元）	4170	8236	97.50

资料来源：《中国共享经济发展年度报告（2019）》。

二、我国共享经济创新监管的必要性

在传统经济模式下，商品、服务从生产者到消费者一般包括以下流程：生产企业购买生产资源，生产企业生产商品、开发服务，商品、服务通过一系列经销渠道，最终其所有权单向流动转移至消费者。而在共享经济模式中，商品、服务的生产及其消费呈现出不同的特征。即共享经济创新的生产、消费模式中，众多分享资源（包括产能）的分享信息汇集于分享平台，分享资源在供需者之间精准匹配后双向流动（二手买卖模式除外），生产者租赁生产设备、临时雇用劳动力或购买产能。同时，相对于传统经济模式，共享经济中的生产者和消费者的联系较少，消费者分享的多元资源更多的来源于非生产者（产能共享模式除外）。如图 8 – 1、图 8 – 2 和图 8 – 3 所示。具体的共享经济发展特征主要表现在参与者特殊化、运营模式特殊化、分享资源特殊化等方面。

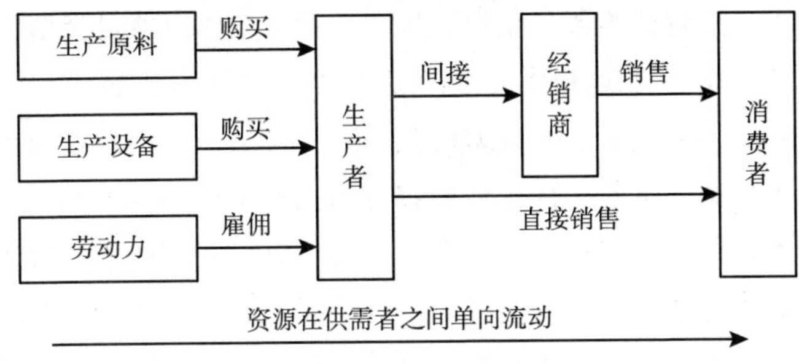

图 8-1　传统的商品生产、消费模式

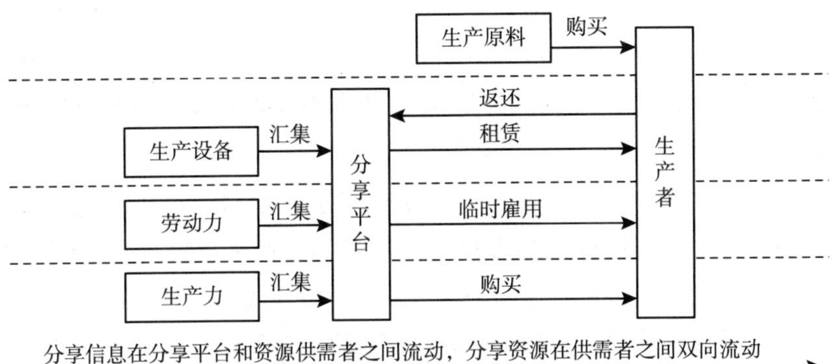

图 8-2　共享经济中创新的商品生产模式

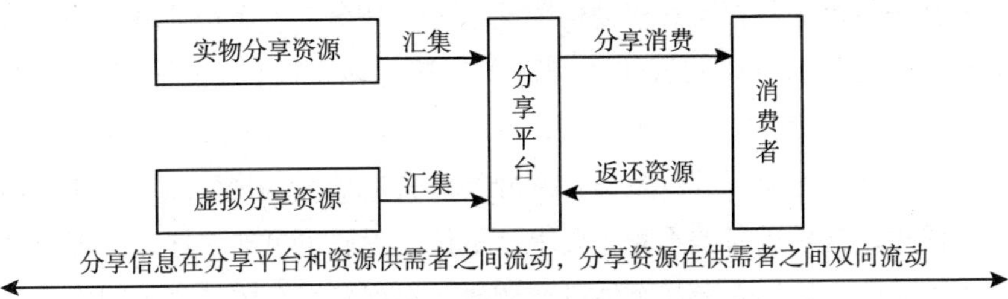

图 8-3　共享经济中创新的资源消费模式

（一）参与者的特殊化

个体参与者众多。网络化交叉参与共享经济的众多个体是共享经济的重要主体。在传统经济模式下，通常以企业为主，个体以企业为黏性依托参与生产至营销等各个流程，且在消费中个体以独自消费为主，较少涉及分享消费。而随着社会生产、消费过剩日渐凸显，人们认知盈余、理性消费、绿色生活的意识日益提高，共享经济也为参与者提供了众多个性化产品、服务、社交体验以及额外收益等，节约了交易时间、金钱等成本，大众对当前“使用而不占有”的分享理念更加认可。因此，众多个体借助互联网信息技术，自下而上主动降低对企业的依托黏性，发起以个体为主的共享经济，以其各种资源跨区域、跨领域、交叉地分享式参与商品和服务的生产、消费等各个流程，为共享经济发展提供了巨大的分享资源和共享经济数据。据我国国家信息中心 2017 年 11 月发布的问卷调查统计，81.9%的被访者表示非常能接受或者比较能接受共享经济，仅有 1%的被访者表示比较不能接受或者非常不接受共享经济。

在个体为共享经济注入发展活力的同时，其广泛、分散、多样化、跨区域、跨领域、高弹性的个体特征也对共享经济监管提出了新的要求。首先，共享经济中个体与企业短期合作模式成为主流，两者合作的黏性降低，弹性骤增，各种交易分散化，要求监管体系将被监管主体从传统的以企业为主转向全面覆盖企业和个体参与者，针对个体的分散特性建立适应性的信息追溯体系，包括个体的各种碎片信息真伪的审核、行为合法与否的监管及其权益保障问题等。其次，个体跨地域、跨领域交易的特性要求市场监管体系打破现有按地域、按行业进行监管的模式，融合共享经济的各个地域和领域的分享信息，根据参与分享个体的特征和分享行为流程进行多样化的分类监管。最后，共享经济个体参与者多样化，其素质参差不齐，要求、争议、矛盾也更加多样化，需要共享经济监管主体深入参与个体进行调研，根据参与个体的要求制定更加具有针对性适应性的监管细则。

分享平台创新参与共享经济。相较于传统经济模式，分享平台是创新参与者。分享平台利用现代互联网信息技术链接分享资源的供需者，快速地收集并整合参与者、分享资源以及分享过程的各种碎片信息，精准匹配分享资源的供需信息，促成分享者之间的非面对面的点对点交易，并以多种方式参与管理共享经济交易过程，监管参与者的多样化分享行为。因此，分享平台的服务的复杂和多样化特性也需要各个监管主体有针对性地建立并完善分享平台监管体系，包括分享平台的法律定位、权责分配、运营管理的监管等。根据参与主体（分享资源的供需者）的类型不同，分享平台在不同的运营模式中的定位和重点监管部分各有不同，如表 8 -3 所示。

表 8 -3　　分享平台在不同运营模式中的监管特征比较

<table>
<tr><th colspan="2">分享平台监管</th><th>个人对个人模式（C2C）</th><th>个人对企业模式（C2B）</th><th>企业对个人模式（B2C）</th><th>企业对企业模式（B2B）</th></tr>
<tr><td colspan="2">角色定位</td><td>交易链接角色</td><td>交易链接角色</td><td>分享资源提供者或交易链接角色</td><td>交易链接角色</td></tr>
<tr><td rowspan="2">重点难点</td><td>运营管理</td><td>分享平台和资源供需者交易全程</td><td>分享平台与临时工作者的交易</td><td>分享平台与资源需求者的交易</td><td>分享平台和资源供需者交易全程</td></tr>
<tr><td>权责分配</td><td>分享平台和资源供需者</td><td>分享平台与临时工作者</td><td>分享平台与资源需求者、分享资源的管理</td><td>分享平台和资源供需者</td></tr>
<tr><td colspan="2">监管难度</td><td>最难</td><td>较难</td><td>难</td><td>比较容易</td></tr>
</table>

C2C 模式中，分享资源的供需者都是个人，涉及的交易要求繁杂化、分享资源多样化，分享信息繁多且过于分散、碎片化。因此，分享平台监管主要针对其交易链接角色，交易中权责分配和运营管理的监管尤为重要，且最为复杂，需要监管分享交易全程，包括分享信息、资源匹配、流程管理、矛盾处理等各个方面。B2C 模式中，尽管个人消费时间、地点不确定，且消费频率、弹性较大，但分享平台对分享交易的控制力提升，提供的资源比较标准化、统一化，与分享消费的个人之间的交易相对规范，所以其监管主要是针对分享资源提供者角色，交易中的权责分配和运营管理的监管相对简单，主要覆盖分享平台与资源需求者之间的交易，集中于分享资源、流程管理、个人信息和矛盾处理等方面。C2B 模式和 B2B 模式中，分享平台的监管主要是针对其交易链接

角色。C2B 模式中，分享资源以临时工作者所具有的知识、技能、经验等各种生产力为主，专业性和技术性的衡量较为复杂，但资源需求者是企业，分享平台与企业的合作比较规范化。因此，分享平台在交易中的权责分配和运营管理的监管主要覆盖分享平台与临时工作者之间的合作，集中于分享信息、资源匹配、矛盾处理等方面。B2B 模式中，分享资源的规模较大，但企业与企业之间的产能合作相对专业化、规范化，双方对交易风险的规避和交易矛盾的解决可借鉴传统的经济模式。所以分享平台在交易中的权责分配和运营管理的监管最为简单，主要包括分享信息、资源匹配、矛盾处理等方面。

（二）运营模式的特殊化

所有权与使用权分离、增加返还阶段。传统商业交易模式中，除了租赁交易，一般动产在供需者之间的交付伴随着使用权和所有权的组合转移，是一次性的、永久性的，不涉及交易资源的返还。而共享经济交易（二手交易模式除外）的典型特征是分享资源在供需者之间所有权和使用权分离，分享资源的转移仅伴随着其使用权的转移，是非一次性的、暂时性的，使得分享资源可以以较低的使用价格在使用者之间流动，增加了其使用频率和使用价值，但也增加了分享资源的返还阶段。

在非特殊情况下，分享的动产资源的所有权并未进行登记或声明，动产的占有人一般对外表现为所有人，容易将分享资源占为己有，且在当前动产流转迅速、频繁的市场条件下，动产交易很难、很少审核所有权，导致第三人容易在受让分享资源时，善意取得分享资源的所有权，使原所有权人的所有权的追及力受限、利益受损的风险增加。另外，在分享资源的返还阶段中，出现了鉴别实物是否按期返还、是否完璧归赵以及确定相应的赔付责任人、赔付金额等重要问题由谁解决、如何解决的难题。因此，分享资源的所有权和使用权的分离以及在自然人参与的分享资源返还阶段，需要各个监管主体加强对分享资源的流动过程的关注和追溯，避免分享资源被不正当处分，建立相关的参与者的权责分配及其监管机制，制定资源返还的相关流程、监管内容及其责任人，确定解决相关问题的责任人的选择方式和选择范围，明确相关问题的解决方式方法，制定相关的衡量标准，建立各方共同解决赔付等摩擦问题的协调机制。

互联网等信息技术成为重要发展引擎。层出不穷的云计算、大数据、物联网、移动互联网、人工智能等现代化技术是共享经济得以快速爆发式增长的关键支撑。互联网等信息技术凭借其强大的数据容量和数据分析能力，超越时空限制，迅速地大范围聚合、生成、分享了与共享经济参与者相关的各种碎片化信息，并助力共享经济中的信用体系的建立。大数据、云计算、定位技术、第三方支付等信息技术可远程迅速地对系统内的资源供需方进行智能化精准匹配，助力参与者进行非面对面的一键式安全交易，节约交易的经济成本和时间成本，促进分享资源在分享者之间高效流动。

互联网等信息技术快速促成共享经济中各种信息的生成、整合、分享，助力分享资源的高效交换、配置的同时，也带来了信息安全、信息真实性以及信息资源规模经济效应等问题。即一旦被不法利用，会造成分享交易失败、个人隐私被侵犯、信息被滥用等，破坏共享经济发展秩序，危害国家、社会、经济安全。另外，网络平台中信息的生成和分享不同于传统的相关模式，信息的初创者、传播者、加工者等身份交叉且其权力界定更加模糊，信息原创者的权力维护、信息的来源链接等涉及更多的参与者和现代信息技术的应用，分享经济信息安全的监管也更加复杂①。相关的监管部门要与时俱进，针对互联网等信息技术存在信息泄露、信息失真的隐患，建立必要的信息系统内部访问、修改、删除和传播的控制体系，在信息传播过程中，要求注明信息出处、信息加工者等。对于信息真实性的核查，需要相关政府部门或行业管理部门开放数据库，在一定程度上打破各类“信息孤岛”，使共享经济参与者通过各个部门的数据信息进行核验，来确认共享经济中的各种信息数据的真实性。另外，一些率先发展的共享经济企业利用互联网等信息技术，极易

① 陈兵．助力共享经济发展的法治之维［J］．学术论坛，2017（5）：9－13.

凭借其先占优势获得巨大的客户信息资源并形成产业壁垒，进而存在滥用产业支配地位、侵害他人利益的风险。需要政府加强监管和规范共享经济企业利用信息资源进行竞争的行为，促进共享经济企业有序发展，防止恶意竞争。

（三）分享资源特殊化

在传统的商业模式下，基于少量产品的生产服务成本过高和供需匹配艰难等问题，大多企业只可进行标准化、批量化生产，消费者的长尾需求很难得到满足。而共享经济中，分享资源更加的多样化、分散化，其风格独特、别具匠心的特点满足了众多长尾需求。共享经济利用各种现代信息技术聚集了大量且多元的个性化资源和个体服务者，快速形成了涵盖众多风格各异分享资源的蓄水池，众多的个体服务者也提供了覆盖社会生产和生活等各个方面的小批量甚至是独一无二的定制化服务资源。另外，共享经济中除了 B2B 模式中的分享平台以及 B2C 模式中的分享企业提供的分享资源外，个人提供的分享资源一般都是零星地分散于各个地区、各个领域。

分享资源的多样化和分散化特征，为相关的监管主体提出了新的监管挑战。一方面，共享经济囊括众多品类的分享资源，涉及社会生产、生活的各个方面，也涉及参与者或者第三方的财产、人身安全，甚至是社会公共安全等，如分享资源的安全性、民宿社区的治安问题等，需要加强分享资源的质量、安全等监管。另一方面，许多个性化、特色化的分享资源，其种类、规格差异较大，且呈现星罗棋布的分散化分布态势，传统产品的标准化的衡量标准和考核体系不再适用，导致分享资源的评价标准存在不稳定性，甚至许多分享资源未纳入监管体系，其质量和安全系数的考核难度加大。因此，各个监管主体要针对分享资源的多样化和分散化特征统一订制更加细化的监管底线标准和其他差异化衡量标准，并建立灵活、智能的分享资源全覆盖监管体系，既要充分突出差异性，又要保证分享资源的质量、安全以及分享流程的规范，提高分享资源的信誉和可信赖度。

第三节　我国共享经济创新监管进程及国外监管经验

一、我国共享经济创新监管进程

共享经济借助现代互联网信息技术，以当前多样化、网络化社会经济关系为依托，将众多的企业、消费者、劳动者集聚于分享平台，直接撮合、快速匹配分散资源的供需者，以充分整合利用各种社会资源，降低了现存的社会资源的沉没成本，并使得资源供给者获取额外收益、需求者得到更多消费者剩余，参与主体在满足自身利润、效用最大化的情况下实现了共赢。近年来，随着我国共享经济发展势如破竹，以势不可挡的速度迅速成长，快速地营造了共享经济氛围，培育了共享经济市场，共享经济的发展优势也日渐凸显，并逐渐成为我国经济发展中最活跃的新动能，助力大量的创新创业项目不断涌现，拓展了社会有效供给和需求，提高了我国的就业率，促进了我国经济的包容性增长。我国中央政府也已发声支持共享经济发展（如表 8 – 4）。2015 年 9 月，李克强总理在大连举行的夏季达沃斯论坛上首次专门正式提出“目前全球共享经济呈快速发展态势，是拉动经济增长的新路子”①，2016 年 3 月，《政府工作报告》进一步强调“支持共享经济发展，提高资源利用效率，让更多人参与进来、富裕起来”②，2016 年 7 月，《国家信息化发展战略纲要》明确了“发展共享经济，建立网络化协同创新体系”的信息化发展方向③。

---

① 叶苏浔．李克强在 2015 夏季达沃斯论坛开幕式上的致辞［实录］［EB/OL］. http：//www. xinhuanet. com/fortune/2015 – 09/10/c_128215773. htm，2015. 09. 10/2019 – 03 – 20.

② 中华人民共和国中央人民政府．李克强作政府工作报告（文字实录）［EB/OL］. http：//www. gov. cn/guowuyuan/2016 – 03/05/content_5049372. htm，2016. 03. 05//2019 – 03 – 20.

③ 中共中央办公厅，国务院．国家信息化发展战略纲要［EB/OL］. http：//www. gov. cn/zhuanti/2019qglh/2019lhzfgzbg/index. htm，2019. 03. 05/2019 – 12 – 04.

表 8－4　　我国共享经济监管的相关政策法令

时间	政策法令文件	主要内容
2015 年 9 月	夏季达沃斯论坛特别致辞	指出目前全球分享经济呈快速发展态势，是拉动经济增长的新路子
2015 年 11 月	《中共中央关于制定国民经济和社会发展第十三个五年规划的建议》	强调实施“互联网＋”行动计划，发展物联网技术和应用，发展分享经济，促进互联网和经济社会融合发展
2016 年 3 月	《政府工作报告》	强调支持分享经济发展，提高资源利用效率，让更多人参与进来、富裕起来
2016 年 3 月	《关于促进绿色消费的指导意见》	支持分享经济细分市场的有序发展，提出“创新监管方式，完善信用体系”的新要求
2016 年 7 月	《国家信息化发展战略纲要》	将分享经济提升至国家信息化发展战略，强调要发展分享经济，建立网络化协同创新体系
2017 年 3 月	《政府工作报告》	明确鼓励分享经济发展，提出以体制机制创新促进分享经济发展，建设共享平台，做大高技术产业
2017 年 7 月	《关于促进分享经济发展的指导性意见》	明确分享经济监管要：鼓励创新，包容审慎；放宽准入，底线思维；多方参与，协同治理
2018 年 5 月	《关于做好引导和规范共享经济健康良性发展有关工作的通知》	强调要审慎出台新的市场准入政策，实施公平竞争审查制度，严肃处理违法违规经营行为

由于共享经济自成一格的发展特征，以及适应性法律法规的制定具有滞后性和路径依赖性，我国共享经济越来越受制于传统的社会经济监管制度，很难大刀阔斧地跨步向前，或者是逐渐地野蛮生长，出现了一系列发展问题和监管痛点、难点，倒逼政府和各方监管主体创新共享经济监管体系，为共享经济发展扫清制度障碍，制定适应性的规范与管理政策，营造良好的监管氛围。我国中央政府针对共享经济的创新监管政策也已开始发布。2017 年政府工作报告明确了“以体制机制创新促进共享经济发展”。2019 年政府工作报告特别提出，要“坚持包容审慎监

管，支持新业态新模式发展，促进平台经济、共享经济健康成长”。[①]，2017年7月，《关于促进共享经济发展的指导性意见》围绕共享经济市场准入、行业监管、营造发展环境等进行了全面部署，“鼓励创新、包容审慎”成为共享经济监管的主基调[②]。因此，在共享经济以惊人的速度发展的同时，相关监管主体要在充分认识共享经济、熟悉共享经济发展特征的基础上，了解共享经济监管要求，探索创新共享经济监管的新路径，使我国共享经济运营有法可依、有章可循，消除共享经济企业创新发展的政策风险的“隐形门”，为我国共享经济有序发展保驾护航。2018年，我国共享经济主要细分领域都相继爆发重要问题，我国共享经济监管进一步加快脚步，监管制度环境、监管机制和监管手段都进一步完善，重点专项整治活动也开始开展。

（一）网约车领域监管进程

在网约车领域，我国共享经济大致先后经历了自由发展、禁止运营以及当前适应性监管改善三个阶段。在网约车运营初期，我国各地政府均未出台网约车监管文件，滴滴、快滴、Uber等网约车运营企业本着法无禁止则自由的发展理念，快速扩张发展规模。随后，出现了一系列传统行业的抵制冲突以及其他的社会安全问题，一些城市开始过度监管专车领域。2015年10月，交通运输部发布《网络预约出租汽车经营服务管理暂行办法（征求意见稿)》，对参与网约车的车辆状况、经营者的资质和保险等提出了明确要求：“任何企业和个人不得为未取得合法资质的车辆、驾驶员提供信息对接开展运营服务”[③]，即普通的私家车很难进入网约车领域。随后深圳市国信办、公安局、交委等多部门在

---

① 中华人民共和国中央人民政府．政府工作报告（全文）[EB/OL]. http：//www. gov. cn/premier/2017－03/16/content_5177940. htm，2017. 03. 16/2019－03－20.

② 国家信息中心信息化研究部．中国分享经济发展年度报告（2018）[EB/OL]. http：//www. sic. gov. cn/archiver/SIC/UpFile/Files/Default/20180320144901006637. pdf，2018. 03. 21/2019－03－20.

③ 新华网．网络预约出租汽车经营服务管理暂行办法（征求意见稿）[EB/OL]. http：//www. xinhuanet. com/auto/2015－10/10/c_128304502. htm，2015. 10. 10//2019－03－20.

2016 年初约谈网约车平台，对于私家车从事滴滴快车业务的行为认定为无出租车营运牌照、道路运输证等违法行为，小轿车从事载客业务违反相关规定。网约车的过度监管造成专业司机惶恐不安，迫使网约车运营平台推出雇主责任险，由分享平台承担罚款和赔付，为网约车的成长增加了巨额成本，给其发展造成了巨大冲击。

历经政府过度监管的艰难期，网约车领域终于在 2016 年 7 月迎来了专车新政《网络预约出租汽车经营服务管理暂行办法》（2016 年 11 月实施）的正式出台，其被正式承认合法地位。在该《暂行办法》中，交通部强调要“有序发展”、实行“市场调价”等，首次提到了要将互联网专车纳入了城市出租车管理体系中，采用与传统出租车行业相同的“准入制”，表明了政府对于鼓励、发展网约车的决心，但该文件中对运营车辆的高门槛和运营司机的户籍制要求将众多参与者拒之门外，在一定程度上限制了网约车的发展。2018 年是我国网约车乘客安全事件集中爆发的一年，由于网约车平台的安全监管以及应急预案处理机制不健全，在 2018 年的 5 月和 8 月相继爆出两起滴滴顺风车车主恶性杀人事件，引起相关监管部门的重视，相关监管部门出台了一系列网约车相关的法规，《出租汽车服务质量信誉考核办法》《关于进一步加强网络预约出租汽车和私人小客车合乘安全管理的紧急通知》《关于开展网约车平台公司和私人小客车合乘信息服务平台安全专项检查工作的通知》等相继出台，并且交通运输部、中央政法委、中央网信办等 10 部门开展了进驻式联合安全专项检查和平台企业整改等专项整治活动，网约车开始进入适应性创新监管阶段。网约车领域监管的相关政策法令如表 8 - 5 所示。

表 8 - 5　　网约车领域监管的相关政策法令

时间	政策法令	主要内容
2015 年 10 月	《网络预约出租汽车经营服务管理暂行办法（征求意见稿）》	对参与网约车的车辆状况、经营者的资质和保险等提出了明确的较高要求

续表

时间	政策法令	主要内容
2016 年 7 月	《网络预约出租汽车经营服务管理暂行办法》	将互联网专车纳入了城市出租车管理体系中，对运营车辆的和运营司机设置高门槛
2018 年 5 月	《出租汽车服务质量信誉考核办法》	明确运输安全和服务质量的底线，优化考核分值分布
2018 年 9 月	《关于进一步加强网络预约出租汽车和私人小客车合乘安全管理的紧急通知》	立即开展行业安全大检查，加强驾驶员背景核查、健全完善投诉报警和快速反应机制等

但是，我国当前对于网约车的监管仍存在参与者权益保障、网约车司机监管、分享平台监管以及参与各方权责界定困难等方面的问题，存在乘客人身、财产安全隐患和乘客可随意取消订单的问题，也存在政府监管“一刀切”问题和地方因地制宜地实施的监管细则对网约车监管过于严苛问题，如对户籍方面的限制，导致各地网约车发展受限，需要政府及相关部门继续探索完善网约车监管的路径。

（二）住宿共享领域监管进程

我国政府对共享经济住宿领域发展整体上持积极态度，多数地方政府也在积极参与住宿分享监管。但政策风险、限制性发展状况也仍然存在。早在 2015 年，国务院发布了关于发展民宿的指导意见，表明“积极发展客栈民宿、短租公寓、长租公寓”的支持态度①，各地方也陆续出台、落地相应的规则指导民宿发展，但多数标准都是“因地制宜”，有“酌情”的余地。2017 年 8 月 21 日，国家旅游局发布《旅游民宿基本要求与评价》，并于 10 月 1 日正式生效，该文件规定了旅游民宿的定

① 国务院办公厅．国务院办公厅关于加快发展生活性服务业促进消费结构升级的指导意见［EB/OL］．http：//www. gov. cn/zhengce/content/2015 - 11/22/content _ 10336. htm，2015. 11. 22/2019 - 03 - 20.

义、评价原则、基本要求、管理规范和等级划分条件等，填补了不少民宿概念[①]（该文件已于2019年7月进行修订）。2018年11月15日，我国共享住宿领域首个行业自律标准《共享住宿服务规范》（简称《规范》）发布。《服务规范》首次对共享住宿、平台企业、房东、房客等行业术语进行了明确界定，并对平台企业、房东和房客三方主体进行了相应约束和规范；不仅适用于乡村民宿，还包括分散于城市社区中的民宿，同时其针对目前行业发展过程中存在的和社会公众关注的热点问题，如城市民宿社区关系、入住身份核实登记、房源信息审核机制、卫生服务标准、用户信息保护体系、黑名单共享机制、智能安全设备的使用等，都提出了相应的要求[②]。

尽管当前的共享住宿的合法性问题已经确立，民宿监管相关的法律法规也在逐渐出台，但具体规制和监管实施的细则还有待相关部门进一步确立，包括监管的法律法规、监管主体、监管模式、监管措施、监管手段等在内的监管体系还需进一步完善。而且我国当前一些地方政府对共享经济住宿领域的监管仍过于严格，监管标准过高，与实施的可行性之间仍有错位。如杭州在民宿经营许可方面规定过于严格，有民宿经营者表示，仅一个身份识别和上传系统就需要1万元左右，为了拿到民宿行业许可证，这部分的投入约占总改造费用的5%[③]。另外，由于民宿产业经营管理涉及旅游、税务、工商、公安、卫生、消防等多个监管部门，各部门之间没有横向或纵向联系，对民宿联合监管的机制还未形成，造成了民宿监管主体不明、缺失的现状，引发了市场准入问题、参与各方的权益保障等问题，需要各个相关监管部门在实践中探索联合监管机制，提升共享住宿服务的标准化和品质化，强化行业自律，规范行

---

① 章艺，吴健芬. LB/T 065－2017《旅游民宿基本要求与评价》［J］. 标准生活，2017（9）：40－43.

② 国家信息中心. 共享住宿服务规范［EB/OL］. http：//www. sic. gov. cn/News/568/9694. htm/2019－03－20.

③ 环球旅讯. 不管就乱，一管就死，民宿合法运营难在哪里？［EB/OL］. http：//www. traveldaily. cn/article/115820，2017. 07. 12/2019－03－28.

业发展秩序，营造行业发展的良好环境。

（三）其他共享经济细分领域的监管进程

在共享单车、共享医疗、共享金融、网络内容共享等共享经济的重要领域，政府监管也开始逐渐提上日程。近年来，共享单车在我国发展态势迅猛，日渐融入人们的生活中，改变了人们的交通出行习惯，但其发展问题也日渐凸显，如单车停放问题、单车安全问题、押金管理问题和押金退换问题等。特别是在我国共享单车资本狂热阶段，资金流和客户押金流被平台肆意挪用、滥用、去向不明等问题凸显，导致在一些共享单车企业开始倒闭、整合等洗牌阶段，共享单车押金难退还问题出现，引起社会民众的激烈争议。因此，2019 年 3 月，交通运输部公布了适用于网约车、汽车分时租赁、共享单车的用户资金管理的《交通运输新业态用户资金管理办法（征求意见稿)》，明确运营企业原则上不收取用户押金，对于需收取押金的，用户押金归用户所有，运营企业不得挪用，并且提供运营企业专用存款账户和用户个人银行结算账户两种资金存管方式，供用户选择。同时，该文件明确了押金的收取标准、管理使用限制、退换期限，也进一步倡导免押金服务[①]。在共享医疗方面，2018 年 4 月，国务院办公厅关于发布了《关于促进“互联网 + 医疗健康”发展的意见》，明确了支持“互联网 + 医疗健康”发展的鲜明态度，突出了鼓励创新、包容审慎的政策导向，在共享医疗质量和数据安全等方面也划出了相关底线。2018 年 9 月，国家卫健委发布了《互联网诊疗管理办法（试行)》《互联网医院管理办法（试行)》《远程医疗服务管理规范（试行)》，创新了互联网医院的监管办法，提出卫生健康行政部门应建立省级互联网医疗服务监管平台，该平台要对所有通过互联网的在线医疗服务进行监管，包括医务人员资质的监

---

① 中华人民共和国交通运输部．交通运输部关于《交通运输新业态用户资金管理办法（征求意见稿)》公开征求意见的通知［EB/OL］. http：//xxgk. mot. gov. cn/jigou/ysfws/201903/t20190319_3177955. html/2019 - 03 - 28.

管、诊疗行为的监管、处方流转的监管、信息安全的监管等，对远程诊断的邀请方、受邀方和第三方机构的在远程诊断中的权利和相应的责任进行了分配[①]。网络内容共享方面，2018 年 2 月，中央网信办出台了《微博客信息服务管理规定》，2018 年 8 月，全国“扫黄打非”办公室联合多部门发布了《关于加强网络直播服务管理工作的通知》，逐步规范我国网络共享的相关内容，逐步为我国网络共享营造健康的氛围。

二、国外共享经济监管的经验总结

（一）坚持审慎监管的原则

一方面，共享经济作为新的经济发展模式，展现出层出不穷的发展特点和发展优势，逐渐引领全球经济发展新浪潮，成为各国经济发展的新的增长点。因此，尽管当前共享经济在全球发展态势迅猛，出现了一系列发展问题，但是，各国政府对共享经济监管从限制或者禁止逐渐趋向审慎监管。即政府出台支持共享经济发展的政策或者指导性意见，让共享经济市场先行发展，由共享经济市场自动管理、评判共享经济多元化发展模式，由市场逐渐检验并凸显现有监管制度的缺陷，进而刺激政府改善共享经济监管环境，进行适应性监管，避免政府独断决策，监管力度过刚，扼杀共享经济发展的积极性。如美国联邦政府对共享经济监管模式进行研究时，美国共享经济相关监管部门会举办相关的研讨会，征询相关学者、专家的意见，并及时发布相关的研讨会内容，供民众了解、分享相关研讨成果，也会通过各种渠道广泛征求社会民众的意见，并将调查意见的反馈内容及时公布，使政府政策、文件的制定更符合共享经济发展的需要。并且，美国一些州政府在制定共享经济监管政策、

① 中华人民共和国国家卫生健康委员会．关于印发互联网诊疗管理办法（试行）等 3 个文件的通知［EB/OL］. http：//www. nhc. gov. cn/yzygj/s3594q/201809/c6c9dab0b00c4902a5e0561bbf0581f1. shtml/2019 -03 -28.

文件时，也会征求相关的共享经济平台的意见。如加州要求交通网络公司参与对网约车提供服务的参与者的资格审查、培训等方面的监管，充分发挥共享经济平台参与共享经济活动的中介优势，使共享经济监管更加适应共享经济企业的运营模式，更加具有监管弹性。

（二）中央以指导性指南进行顶层设计

一方面，共享经济发展快速且不断变化，需要国家对监管环境快速做出调整，需要政府集思广益，跨越传统法律制定需要的众多程序和步骤，以尽快为共享经济的发展破除制度性的监管障碍，营造适应共享经济发展的监管环境。因此，需要政府在国家层面首先出台支持共享经济发展的指导性文件，释放发展共享经济的积极信号，以鼓励各领域共享经济的发展。另一方面，共享经济作为新兴经济体处于发展初期，发展模式、运营方式都还在摸索，并处于不断变化之中，对共享经济的监管要求也处于不断变化之中，并且各国政府关于共享经济监管的政策、法律制度等也处于探索、研究阶段，需要不断地做出调整和更改。因此，国家层面关于共享经济监管要避免独断性、强制性、刚硬性的法律法规的出台，要以具有较高弹性的、变动成本较小的指导性指南进行顶层设计，来满足共享经济的灵活性、多样性发展要求。另外，国家层面出台关于共享经济监管的指导性意见，给地方政府创新监管共享经济的自由空间，促进各地方政府积极探索共享经济监管。如美国通过研讨会成果的公布、主要监管部门对共享经济监管相关问题的发声和其他指导性文件来引导相关监管部门的监管政策。2015 年 6 月美国联邦贸易委员会（FTC）邀请众多专家举行了“共享经济议题：平台、参与者与监管”研讨会，明确了共享经济监管标准：“监管要顾及市场竞争，监管不能破坏市场创新，现存的数十年之久的监管规定要选择性使用”，以此来引导各个州政府共享经济监管政策的制定和实施。

（三）地方政府和行业协会协同创新共享经济监管

一方面，面对共享经济在全球多领域深度发展，全国性的共享经济监管政策影响范围较广，制定时间、检验时间长，不利于共享经济监管政策的灵活调整和监管环境的快速改善。地方政府在其管辖领域内尝试性探索共享经济监管，影响范围小，制定时间短，执行速度快，成果检验速度快，有利于快速探索共享经济监管方式和监管模式，活跃各地方政府探索共享经济监管的氛围。即无论是美国各州、地方政府，还是欧盟各成员国都在积极地探索共享经济监管新手段、新模式。另外，各地方政府同时分别尝试不同的监管方式，在整体上缩短了全国探索共享经济监管的时间，加快中央制定全国性共享经济监管政策的速度。另一方面，行业协会是规范行业发展的主体之一，相较于政府，行业协会对行业的发展状况、发展特征了解得更加深入。因此，应充分发挥共享经济行业协会的组织优势，推动行业协会创新共享经济监管。欧洲共享经济联盟作为共享经济监管的先行者，在共享经济监管中承担了媒体公关、市场调研等多项任务，促进了欧盟关于发展共享经济战略目标的实现。英国的共享经济行业组织——英国共享经济协会积极倡导共享经济、制定共享经济发展标准、寻找共享经济监管对策，为共享经济监管解决了诸多问题。

（四）关注共享经济监管细则

随着共享经济在全球的蓬勃发展，共享经济运营中出现的问题也逐渐凸显，一些共享经济发展较为繁荣的国家，已广泛征求社会各界针对共享经济的监管意见，逐渐深入监管细则方面。主要的共享经济监管细则主要包括：市场准入（平台管理）、消费者维权、劳动者权益保障、税收公平等。在市场准入、平台管理方面，欧盟进行了具体的细分管理。消费者维权方面，欧盟以及英美等国家也进行了针对性地深入探索和尝试。在劳动者权益保障方面，欧盟进行是否存在劳动关系的判定，英国政府鼓励保险协会开发适合共享经济发展的保险服务。在税收方面，欧盟制定了相对具体的税收政策，英美也针对共享经济不同的细分领域进行了相关税收规定。在技能和时间分享方面，英国政府推动就业服务中心进入分享经济市场，以时间银行的形式帮助求职者参与知识技能的分享，丰富知识技能的多样化利用方式①。因此，为了我国共享经济快速发展，营造共享经济最佳监管环境，我国也应关注相关的共享经济监管细则方面。

第四节　完善共享经济监管体系的对策

一、坚持创新共享经济监管体系的相关原则

（一）坚持鼓励创新、包容审慎的监管原则

我国共享经济正处于从起步期向成长期的加速转型阶段，共享经济各个领域的发展模式、运营流程等都处于探索阶段，展现出层出不穷的发展特点和创新的不确定性。尽管当前共享经济出现了一些发展问题，但其迅猛发展的态势需要自由创新的监管环境，避免监管过严成为其不可抗拒的壁垒，并且共享经济市场监管体系的建立本身具有滞后性，不能一蹴而就、盲目监管。因此，政府为共享经济发展破除体制机制障碍时，要秉持包容审慎的监管态度，明确政府政策的积极支持导向，提供包容创新的监管环境。在制定独断性、强制性的法律法规之前，政府可以先出台支持共享经济发展的政策和指导性意见，鼓励共享经济市场先行发展，由其自我管理、评判多元化分享模式，自动检验、凸显现有监管制度的缺陷，进而刺激政府进行适应性监管，避免政府独断决策，监管力度过刚，扼杀共享经济发展的积极性。但是，市场经济有其客观的发展缺陷，共享经济作为新的经济增长点，也不能野蛮生长，层出不穷的发展问题需要政府进行底线监管。在潜在风险较高、大众参与率较高

① 中国经济网．英国政府如何发展分享经济［EB/OL］. http：//intl. ce. cn/specials/zxgjzh/201511/20//t201511200_7076449. shtml，2015. 11. 02/2019 -03 -28.

等需要监管规制的方面，政府要坚持底线监管，快速出台相关的监管政策和文件，及时和相关的共享平台进行约谈，避免共享经济发展出现危害社会安全、破坏社会秩序的事件。

（二）坚持有的放矢、差异化监管的原则

共享经济覆盖出行、住宿、餐饮、穿衣、知识技能和空间等众多领域和细分市场。在各个细分市场的发展进度、发展模式、业务流程、分享资源、利益相关者及其权责分配都各有不同，监管问题的差异性也较大，“一刀切”的监管模式不再普遍适用于共享经济的细分市场，也不能解决各个模式发展的全部问题，需要政府和不同的监管部门针对共享经济各个细分市场和不同的发展模式分别制定各自的监管体系和监管细则，进行有的放矢、差异化监管。如，我国网约车市场已进入成长发展期，其运营趋于高速化、规模化，发展问题、监管盲点已日渐凸显，需要完善相关监管模式、形成适度监管体系来规范其发展；而处于共享家庭厨房、共享服装等市场还处于初创期，其尚处于尝鲜、探索阶段，发展活跃、变化快捷，需要放松监管以及更多的创新支持政策来鼓励其发展。再如，出行领域的网约车市场，其监管主要涉及司机、乘客的资格审查以及司机、乘客和平台的权责分配，而共享单车市场的监管主要涉及单车管理、相关安全事故的处理和押金管理问题；住宿领域的监管主要涉及分享住所的准入许可、安全性检查及其外部性影响的监管，与出行领域的监管重点截然不同。

二、建立协调统一的监管体系

（一）政府要加强顶层设计、制定法律法规、践行监管权责

共享经济发展快速且不断变化，需要政府快速集思广益，加强顶层设计，对监管环境做出调整，尽快破除制度性的监管障碍，在采取集中式专项整治行动的同时，也要快速创新建立长效化的监管机制，制定适

应性法律法规，营造良好的、长远的共享经济监管环境。因此，政府首先要在国家层面释放发展共享经济的积极信号，以具有较高弹性的、变动成本较小的指导性指南进行顶层设计，以鼓励各领域共享经济的发展。制定相关的法律法规，明确共享经济参与主体之间的权责分配（包括分享资源供需者之间的权责分配及其与分享平台之间的权责分配等），确定各个监管主体的监管内容及其权责分配。同时，提高政府各部门履行其监管共享经济职责的积极性，促进各政府监管主体快速建立共享经济监管体系，有效执行监管任务、实施监管措施。政府在共享经济监管中应充分考虑其采取的监管措施对其他监管主体的引导作用，坚持“审慎监管”原则，发展与监管并重。另外，政府要主动承担共享经济监管的托底职责，保障共享经济监管有序开展。例如，共享经济监管涉及的消费者维权、劳动者权益保障、税收公平以及基础设施（网络等）建设等公共问题方面，需要政府承担重要职责。

（二）行业协会要加快建立其自律规范、监管体系

相较于政府，行业协会与共享经济市场联系更加密切，对行业的发展状况、发展特征了解更加深入。行业规范、监管体系可有效指导行业行为，提高行业运行效率和监管效率，是协调行业资源配置和规范行业发展秩序的有效手段，是政府监管的重要补充。然而，我国共享经济行业组织协会还未形成，行业内部的规范、监管体系还未建立，分享活动的协调和统一运行的标准有待探索。因此，我国应加快建立共享经济行业协会，可在共享经济企业的资金管理模式、市场准入门槛、市场营销手段、产品服务提供、产品服务定价以及强制信息披露等方面进行交流讨论，并与相关的政府监管部门进行磋商，逐渐形成行业分享企业运营规范、分享资金管理规范、共享经济信息安全的内部的行业自律管理体系，以监管共享经济行业发展，避免部分企业违规经营或者进行金融欺诈行为。

（三）共享平台要提高风控意识

加快建立规范参与者的监管体系和自律监管体系、建立完善、操作性强的应急管理体系和应急机制。分享平台与分享资源的供需者都有业务交流，是共享经济流程中的核心连接体，聚集了大量的分享资源信息、客户信息和交易的信息流，且共享经济平台维护自身发展的风控战略也需要重点采取各种监管措施，保证其交易中的信息、资源、服务的真实性、安全性以及参与者的合法权益不受侵犯，保证可快速、有效启动应急预案以及时解决突发事件。因此，共享平台是共享经济监管中不可或缺的监管主体，起着至关重要的作用，要充分发挥其对参与者监管的能动性和应急处理机制的可行性，提高其监管意识和监管技术水平，逐渐形成共享平台自我监管的风险控制、准入制度、交易规范、信用评价机制和应急机制等，推进共享经济平台监管体系的完善。如，我国共享厨房平台“回家吃饭”，为家庭厨房提供统一的培训和包装，要求每一个厨师办理健康证，以保证平台的食品安全；我国“滴滴出行”为保证分享交易的安全性，主动实施各种监管措施，设立行程中录音录像、一键报警、添加紧急联系人、选择路线等多项安全功能，推出“分享行程”“紧急求助”“号码保护”“人像认证”“三证验真”“车型一致”等安全功能体系。

（四）大众参与者要积极参与建立大众监管机制

广泛的大众参与者是共享经济活动的主要主体，数量多、多元化、分散广且分享体验丰富，其监管建议和投诉问题能够更加凸显社会关注的监管热点和监管痛点，增加共享经济监管体系的民主化、科学性、有效性，是共享经济运营中不可或缺的监管者。而我国当前大众参与者监管共享经济的模式还未形成，收集监管意见的渠道、投诉意见的反馈机制还未建立，如何带动大众参与者监管共享经济的积极性，将参与者的体验和建议真正融入共享经济监管有待进一步深入探索。因此，政府、共享经济行业协会和分享平台应协同设立广泛征求民众意见的渠道和民众投诉渠道，制订投诉处理方案，建立投诉者事后反馈渠道和投诉事件处理监督机制，保证参与者的监管意见和投诉问题得到满意解决，助力大众参与者参与共享经济监管体系的研讨。

（五）各个监管主体之间要加强沟通与协作

在共享经济中，交易资源囊括众多实物资源和虚拟资源，交易活动往往不仅涉及供需双方，还涉及参与平台，交易流程包括网络用户注册、网上协商交易、物流传送分享资源、第三方支付、交易完成后的互评等多个步骤，需要相关的监管主体在监管共享经济时要进行充分密切的沟通与协作。首先，我国政府、行业协会制定共享经济监管的法律法规、规范标准前，应深入共享经济企业进行调研，与共享经济参与者深入沟通，使共享经济监管体系充分适应共享经济运行实践要求。其次，在进行共享经济监管时，要对分享资源、分享信息、相关资金以及分享流程的操作等一系列相关问题进行审查核验，需要政府各监管部门、行业协会和分享平台加强信息互动，促进各个监管主体之间数据共享，实现各类监管措施的无缝对接，最终提高共享经济监管的效率和效果。最后，政府、共享经济协会、共享经济平台要与共享经济参与者加强沟通。在我国共享经济日新月异的发展过程中，共享经济发展模式在逐渐变化，新的发展问题（如平台算法问题）也层出不穷，需要监管部门保持与共享经济参与者的交流沟通，减少各方之间的信息不对称性，促进监管体系及时适应共享经济发展需要。

三、创新共享经济监管方式

（一）共享经济信用制度监管方式

共享经济借助互联网、大数据等信息技术，汇集了广泛的参与者，生成了大量的交易信息、互评信息和信用积分，信用制度也开始成为共享经济发展的软件要素。一方面，共享经济平台通过对申请者的信用积分进行平台准入评价。共享经济活动是非面对面式的陌生人参与的活动，信用是活动能否开始的根本决定要素，因此共享经济平台在参与者准入方面，格外重视参与者信用情况，即共享经济利用信用制度进行事前监管。例如，“ofo 共享单车”与“蚂蚁金服”下的“芝麻信用”达成战略合作，即“芝麻信用”650 分以上的用户可押金参与共享单车，开启了“信用开锁”的新的监管方式。另一方面，分享平台通过开通交易双方相互评论机制，记录交易流程中各方的交易行为，监督、管理双方的交易行为，并实时更新参与者的信用累积状况，建立“黑名单”制度，对不同的信用等级的参与者采取相应的奖惩措施。另外，分享平台的信用制度可以制约参与者的不良行为的发生，即参与者在参与分享活动中，为了维护、累积信用积分，受制于双方互评的信用机制，会主动改正不良的分享行为。

（二）共享经济数据信息化监管方式

当前，数据信息技术已成为共享经济交易必不可少的“活化能”，分享平台以其为媒体中介，进行网络化、虚拟化、信息化、流程化的分享交易，汇聚并生成了大量的信息、数据，需要相关的监管主体利用现代数据信息技术来跨越时间、空间的限制，快速、高效、灵活、智能地在互联网中进行信息整合、数据运算，并将信息、数据处理结果实时应用于共享经济监管，形成了数据信息化监管新方式。一方面，要打破各类“信息孤岛”，在一定程度上实现分享平台、工商、质检、金融、交通、电信和公安等多部门的信息、数据共享与互动，促成各个监管主体通过各类信息、数据的交流及整合运算来监管共享经济，有利于维护信息真实性和有效性。另一方面，共享经济平台需要利用互联网信息技术对平台信息、数据进行分析，以此评价、预测共享经济活动的运行趋势、运行风险点及其相关诱因和时空分布特征，提高了共享经济监管的事前准备能力，促进了相关监管主体应用数据信息技术创新监管工具，以规模化、高效化、精准化、专业化、智能化监管共享经济。另外，数据信息化监管共享经济需要相关部门统一制定共享经济统计、评价体系，确定标准的统计指标、统计口径、数据收集和抽样方法等，为共享经济数据信息化监管提供基于标准统计、评价体系下生成科学、准确的数据和信息。

（三）共享经济引入第三方监管主体

共享经济参与者的广泛且分散性、运营模式的特色化和专业性，以及发展问题的复杂性和相关主体的权责模糊性等，都表明共享经济监管主体除了相关的参与者、政府及行业协会等，还需要引入第三方监管主体。首先，引入保险机制弥补相关主体权责模糊问题。在共享经济中意外事故多样且频繁发生，而参与者的人身、财产安全等问题的责任人和保障机制却不明确，存在相关的监管主体缺位的现象。需要引入保险机制为分享活动注入责任险、人身险、财产险以及信用险等，转移共享经济的风险隐患，由保险主体承担相关的纠纷和矛盾的调解、理赔者责任，弥补相关风险保障的盲点。其次，引入第三方账户管理制度。当前，信用积分在共享经济的一些细分市场还不能完全普遍代替押金，押金等预付金问题仍是共享经济监管的重要内容，需要引入第三方来针对共享经济预付金进行独立的账户管理，提供独立的第三方结算服务，将预付金的流向、使用透明化，避免相关企业违约、非法挪用，使资金管理更加的专业、安全。最后，引入第三方征信公司或征信体系。信用体系是共享经济发展的必要要素，但当前共享经济体系内的信用体系还未建立，引入第三方征信公司或信用体系为共享经济监管提供了更多的便利和信用评级参考服务。例如，截至 2018 年 5 月，有“ofo 小黄车”“公寓家”“神州租车”“内啥”等 127 个分享平台已接入支付宝旗下的“芝麻信用”进行免押金服务。

参考文献

［1］澳大利亚大数据政策出台［EB/OL］.［2014－01－03］. http：//intl. ce. cn/specials/zxgjzh/201308/14/t20130814－24662628. shtml.

［2］巴曙松. 加强对影子银行系统的监管［J］. 中国金融，2009（14）：24－25.

［3］巴曙松，王璟怡，杜婧. 从微观审慎到宏观审慎：危机下的银行监管启示［J］. 国际金融究，2010（5）：83－89.

［4］陈兵. 助力共享经济发展的法治之维［J］. 学术论坛，2017（5）：9－13.

［5］陈秉恒，钟涨宝. 基于物联网的农产品供应链安全监管问题研究［J］. 华中农业大学学报（社会科学版），2013（4）：49－55.

［6］陈谭. 大数据时代的国家治理［M］. 北京：中国社会科学出版社，2015：204.

［7］陈艳. 国外金融监管历史及现状对我国的几点启示［J］. 商业研究，2001（8）：127.

［8］陈镇明. 政府再造——西方“新公共管理运动”述评［M］. 北京：中国人民大学出版社，2003.

［9］丹尼尔·史普博. 规制与市场［M］. 上海：上海人民出版社，1992.

［10］邓菁. 规制经济学研究范式的演进与变革——基于科学研究纲领的视角［J］. 中南财经政法大学学报，2017（6）：32－40.

［11］第42次《中国互联网络发展状况统计报告》［EB/OL］. 中国互联网络信息中心，http：//www. cnnic. net. cn/hlwfzyj/hlwxzbg/hlwtjbg/201808/t20180820_70488. htm，2018 -08 -20.

［12］迪莉娅．国外政府数据开放研究［J］．图书馆论坛，2014（9）：86 -93.

［13］董玉华．英国金融管制的历史演变［J］．国际金融研究，1991（8）：24 -25，36.

［14］方湖柳，李圣军．大数据时代食品安全智能化监管机制［J］．杭州师范大学学报（社会科学版），2014（6）：99 -104.

［15］费威．共享经济模式及其监管制度供给［J］．经济学家，2018（11）：75 -82.

［16］傅京燕．环境规制与产业国际竞争力［M］．北京：经济科学出版社，2006：52.

［17］付睿琦．我国 P2P 借贷产业发展现状、问题与对策研究［J］．技术经济与管理研究，2018（9）：74 -78.

［18］付熙雯，郑磊．政府数据开放国内研究综述［J］．电子政务，2013（6）：8 -15.

［19］国家信息中心．共享住宿服务规范［EB/OL］. http：//www. sic. gov. cn/News/568/9694. htm/2019 -03 -20.

［20］国家信息中心信息化研究部．中国分享经济发展年度报告（2018）［EB/OL］. http：//www. sic. gov. cn/archiver/SIC/UpFile/Files/Default/20180320144901006637. pdf，2018. 03. 21/2019 -03 -20.

［21］国家信息中心信息化研究部．中国分享经济发展年度报告（2019）［EB/OL］. http：//www. sic. gov. cn/News/568/9906. htm/2019 -03 -20.

［22］郭勤贵．互联网金融商业模式与架构［M］．北京：机械工业出版社，2015.

［23］国务院办公厅．国务院办公厅关于加快发展生活性服务业促进消费结构升级的指导意见［EB/OL］. http：//www. gov. cn/zhengce/content/2015 -11/22/content_10336. htm，2015. 11. 22/2019 -03 -20.

［24］赫国胜．美国放松金融管制的进程及其影响［J］．世界经济，

1989（9）：48－52.

［25］胡洪彬．大数据时代国家治理能力建设的双重境遇与破解之道［J］．社会主义研究，2014（4）：89－95.

［26］胡维．大数据时代的非现场监管［J］．中国金融，2015（17）：85－86.

［27］环球旅讯．不管就乱，一管就死，民宿合法运营难在哪里?［EB/OL］．http：//www.traveldaily.cn/article/115820，2017.07.12/2019－03－28.

［28］凯斯·R·桑斯坦．权力革命之后：重塑监管国［M］．北京：中国人民大学出版社，2008.

［29］科林·斯科特著；安永康，宋华琳译．规制、治理与法律：前沿问题研究（法学精义）［M］．北京：清华大学出版社，2018.

［30］李长建，张锋．构建食品安全监管的第三种力量［J］．生产力研究，2007（15）：77－79，118.

［31］李成，刘社芳．从管制到自由化：金融监管理论的批判与整合［J］．上海金融，2003（4）：26－28.

［32］李杰，陈超美．CiteSpace：科技文本挖掘及可视化（第二版）［M］．北京：首都经济贸易大学出版社，2017.

［33］李琼．论我国金融监管体系的改革与完善［J］．湖南大学学报（社会科学版），2000（2）：31－33.

［34］李晓新．经济制度变迁与法律规制［M］．北京：法律出版社，2016.

［35］林莉芳．互联网金融商业模式、风险形成机理及应对策略［J］．技术经济与管理研究，2018（8）：66－70.

［36］刘大北，贾一苇．日本《大数据时代的人才培养》倡议：制定背景、研究方向、计划及举措［J］．电子政务，2015（10）：85－95.

［37］刘奇，张金池，孟苗婧．中央环境保护督查制度探析［J］．环境保护，2018（1）：50－53.

［38］刘洋．互联网消费金融［M］．北京：北京大学出版社，

2016.

[39] 罗宾·蔡斯著，王芮译. 共享经济：重构未来商业新模式[M]. 杭州：浙江人民出版社，2015：161－164.

[40] 罗伯特·鲍德温，马丁·凯夫，马丁·洛奇. 牛津监管手册[M]. 上海：上海三联书店，2017.

[41] 罗伯特·鲍德温著；宋华琳，李鸻，安永康，卢超译. 牛津规制手册[M]. 上海：上海三联书店，2017.

[42] 马克·艾伦·艾斯纳著，尹灿译. 规制政治的转轨[M]. 北京：中国人民大学出版社，2014.

[43] 马梅，朱晓明，周金黄等. 支付革命互联网时代的第三方支付[M]. 北京：中信出版社，2016.

[44] 孟雷. 互联网金融创新与发展[M]. 北京：中国金融出版社，2016.

[45] 倪子靖. 规制俘获理论的变迁[J]. 制度经济学研究，2008(3)：94－119.

[46] 牛琦彬. 美国政府对天然气市场监管的历史演变及启示[J]. 中国石油大学学报（社会科学版），2017（2）：1－5.

[47] 欧阳日辉. 互联网金融生态：互联、竞合与共生[M]. 北京：经济科学出版社，2016.

[48] 裴长洪，倪江飞，李越. 数字经济的政治经济学分析[J]. 财贸经济，2018（9）：5－22.

[49] 曲格平. 坚持改革、强化环境保护的监督管理[J]. 管理现代化，1987（3）：8－10.

[50] 任保平，李禹墨. 新时代我国高质量发展评判体系的构建及其转型路径[J]. 陕西师范大学学报（哲学社会科学版），2018（3）：105－113.

[51] 施本植，张荐华，蔡春林. 国外经济规制改革的实践及经验[M]. 上海财经大学出版社，2006：2.

[52] 师博，张冰瑶. 新时代、新动能、新经济[J]. 上海经济研

究，2018（5）：25－33.

［53］宋世明，王君凯．我国政府机构改革历程与取向观察［J］．改革，2018（4）：39－46.

［54］孙杨．美国金融危机的监管反思与启示［J］．经济纵横，2009（9）：119－121.

［55］谭娟，陈晓春．基于产业结构视角的政府环境规制对低碳经济影响分析［J］．经济学家，2011（10）：91－97.

［56］檀庆瑞．广西环保大数据建设的实践与思考［J］．环境保护，2015（19）：38－39.

［57］陶雪娇，胡晓峰，刘洋．大数据研究综述［J］．系统仿真学报，2013（25）：142－146.

［58］腾讯研究院．2017 分享经济报告：八大行业创新热点及演进中六大展望［EB/OL］．http：//www. tisi. Org/4901/2019－03－20.

［59］王俊豪．政府管制经济学导论［M］．北京：商务印书馆出版社，2017：12.

［60］王俊豪，王岭．国内管制经济学的发展、理论前沿与热点问题［J］．财经论丛，2010（6）：1－9.

［61］王书斌，徐盈之．环境规制与雾霾脱钩效应——基于企业投资偏好的视角［J］．中国工业经济，2015（4）：18－30.

［62］维克托·迈尔－舍恩伯格；肯尼思·库克耶著；盛杨燕，周涛译．大数据时代［M］．杭州：浙江人民出版社，2013：197.

［63］魏秀春．英国学术界关于英国食品安全监管研究的历史概览［J］．世界历史，2011（2）：110－119.

［64］夏海．政府的自我革命——中国政府机构改革研究［M］．北京：中国法制出版社，2004.

［65］肖兴志．中国自然垄断产业规制改革模式研究［J］．中国工业经济，2002（4）：20－25.

［66］谢平，邹传伟．互联网金融风险与监管［M］．北京：中国金融出版社，2017.

[67] 新华网．网络预约出租汽车经营服务管理暂行办法（征求意见稿）[EB/OL]. http：//www. xinhuanet. com/auto/2015 - 10/10/c_128304502. htm，2015. 10. 10//2019 - 03 - 20.

[68] 徐子沛．大数据 [M]. 广西：广西师范大学出版社，2015：58.

[69] 颜海娜，聂勇浩．制度选择的逻辑——我国食品安全监管体制的演变 [J]. 公共管理学报，2009（3）：12 - 25.

[70] 闫建，高华丽．发达国家大数据发展战略的启示 [J]. 理论探索，2015（2）：91 - 94.

[71] 杨炳霖．从“政府监管”到“监管治理”[J]. 中国政法大学学报，2018（2）：90 - 104.

[72] 杨才勇，严寒，李耀东等．互联网消费金融模式与实践 [M]. 北京：电子工业出版社，2018.

[73] 杨涛．环境规制对中国对外贸易影响的实证分析 [J]. 当代财经，2003（10）：103 - 105.

[74] 叶苏浔．李克强在 2015 夏季达沃斯论坛开幕式上的致辞 [实录] [EB/OL]. http：//www. xinhuanet. com/fortune/2015 - 09/10/c_128215773. htm，2015. 09. 10/2019 - 03 - 20.

[75] 尹龙．对我国网络银行发展与监管问题的研究 [J]. 金融研究，2001（1）：76 - 86.

[76] 岳意定，王远方．互联网金融中的监管问题：基于激励理论的分析框架 [J]. 求索，2017（2）：129 - 134.

[77] 张贵明．强化我国金融监管势在必行 [J]. 税务与经济，1999（1）：52 - 54.

[78] 张红凤，杨慧．规制经济学沿革的内在逻辑及发展方向 [J]. 中国社会科学，2011（6）：56 - 66.

[79] 张庆珍，温树英．加强金融监管是中国金融体制改革的重要内容 [J]. 山西大学学报（哲学社会科学版），1999（1）：28 - 32.

[80] 章艺，吴健芬. LB/T065 - 2017《旅游民宿基本要求与评价》[J]. 标准生活，2017（9）：40 - 43.

[81] 中共中央办公厅，国务院．国家信息化发展战略纲要 [EB/OL]. http://www.gov.cn/gongbao/content/2016/content_5100032.htm, 2016.07.27/2019-03-20.

[82] 中国经济网．英国政府如何发展分享经济 [EB/OL]. http://intl.ce.cn/specials/zxgjzh/201511/20//t201511200_7076449. shtml, 2015.11.02/2019-03-28.

[83] 中华人民共和国国家卫生健康委员会．关于印发互联网诊疗管理办法（试行）等 3 个文件的通知 [EB/OL]. http://www.nhc.gov.cn/yzygj/s3594q/201809/c6c9dab0b00c4902a5e0561bbf0581 f1.shtml/2019-03-28.

[84] 中华人民共和国交通运输部．交通运输部关于《交通运输新业态用户资金管理办法（征求意见稿)》公开征求意见的通知 [EB/OL]. http://xxgk.mot.gov.cn/jigou/ysfws/201903/t20190319_3177955.html/2019-03-28.

[85] 中华人民共和国中央人民政府．李克强作政府工作报告（文字实录）[EB/OL]. http://www.gov.cn/guowuyuan/2016-03/05/content_5049372.htm, 2016.03.05//2019-03-20.

[86] 中华人民共和国中央人民政府．政府工作报告（全文）[EB/OL]. http://www.gov.cn/premier/2017-03/16/content_5177940.htm, 2017.03.16/2019-03-20.

[87] 朱琳等．全局数据：大数据时代数据治理的新范式 [J]. 电子政务，2016 (1): 34-42.

[88] Andrew L. Shapiro, The Control Revolution: How the Internet Is Putting Individuals in Charge and Changing the World We Know (Century Foundation 1999).

[89] Andrews L. I know who you are and I saw what you did: Social networks and the death of privacy [M]. Simon and Schuster, 2012.

[90] Barth J R, Caprio G, Levine R. Bank Regulation and Supervision: What Works Best? [J]. Social Science Electronic Publishing.

[91] Barth J R, Caprio G, Levine R, et al. Bank Regulation and Supervision: What Works Best? [J]. Journal of Financial Intermediation, 2001, 13 (2): 205 -248.

[92] B Brown, M Chui, J Manyika. Are You Ready for the Era of Big Data [J]. Intermedia, 2011, 71 (2): 739 -741.

[93] Bennett M. The financial industry business ontology: Best practice for big data [J]. Journal of Banking Regulation, 2013, 14 (3 -4): 255 -268.

[94] Berg, S. V. and Tschirhart, J. Natural Monopoly Regulation. Cambridge University Press, 1998.

[95] Boddewyn J J. Advertising self-regulation: True purpose and limits [J]. Journal of Advertising, 1989, 18 (2): 19 -27.

[96] Boehnke R H, Graham C. International survey on public posting of restaurant inspection reports, and/or grade card posting schemes based upon health inspections [J]. Region of Ottawa - Carleton Health Department ed., Ottawa, Canada, 2000.

[97] Braithwaite, John. Crime, Shame, and Reintegration [M]. Cambridge: Cambridge Univ. Press, 1989.

[98] BrecknellS. Civil servants studying in their own time to catch up on digital skills [EB/OL]. https: //www. public technology. net/articles/news/civil - servants - studying - their - own - time - catch - digital - skills, 2017 -07 -31.

[99] Brunnermeier M K. Deciphering the Liquidity and Credit Crunch 2007 - 2008 [J]. Journal of Economic Perspectives, 2009, 23 (1): 77 - 100.

[100] Brynjolfsson E, Hitt L M, Kim H H. Strength in numbers: How does data-driven decision making affect firm performance? [J]. SSRN Electronic Journal, 2011 (4).

[101] Cao C, Congdong L I, Wang Y, et al. Governance mode of ur-

ban public safety risk in big data era [J]. Urban Development Studies, 2017 (11): 76 -82.

[102] Cashore B, Auld G, Bernstein S, McDermott C. Can non-state governance "ratchet up" global environmental standards? Lessons from the forest sector [J]. Rev Eur Community Int Environ Law. 2007, 16 (2): 158 -172.

[103] Cass R · Sunstein, "Paradoxes of the Regulatory State," 56U. Chi. L. Rev. 407 (1990).

[104] Clarke A, Margetts H. Governments and citizens getting to know each other? Open, closed, and big data in public management reform [J]. Policy & Internet, 2014, 6 (4): 393 -417.

[105] Cohen M, Sundararajan A. Self-regulation and innovation in the peer-to-peer sharing economy [J]. U. Chi. L. Rev. Dialogue, 2015 (82): 116.

[106] Colin Scott, Private Regulation of the Public Sector: A Neglected Facet of Contemporary Governance, Journal of Law and Society (2002).

[107] David Levi - Faur and JacintJordana, "Globalizing Regulatory Capitalism" (2005) 598 The Annals of the American Academy of Political and Social Science 6.

[108] Deavenport EW.. Taking the Fear Out of Chemicals, speech to National Association of Chemical Distributors Annual Meeting [J]. Chemical Manufacturers Association: Arlington, VA, 1993.

[109] DECKER P T. Presidential Address: False Choices, Policy Framing, and the Promise of Big Data [J]. Journal of Policy Analysis and Management, 2014, 33 (2): 252 -262.

[110] DuhaneyD. Building capability and community through the Government Data Science Partnership [EB/OL]. https: //gds. blog. gov. uk/2017/07/20/building - capability - and - community - through - the - government - data - science partnership/, 2017 -11 -14.

[111] Erika Serfontein & Elda de Waal Cooperative Governance of Successful Public Schooling: Successes, Frustrations and Challenges, Africa

Education Review, 2008, 15 (4): 67 - 83.

[112] Executive Office of the President, Office of Management and Budget, Regulatory Program of the U. S Government xxi (April 1, 1986 - March 1, 1987).

[113] Friedrich A. von Hayek, Law, Legislation and Liberty: A New Statement of the Liberal Principles of Justice and Political Economy (University of Chicago Press 1982).

[114] Galbraith - Emami S, Lobstein T. The impact of initiatives to limit the advertising of food and beverage products to children: A systematic review [J]. Obesity reviews, 2013, 14 (12): 960 - 974.

[115] Garvin D A. Can industry self-regulation work? [J]. California Management Review, 1983, 25 (4): 37 - 52.

[116] Glachant. Non-binding voluntary agreements [M]. Journal of Environmental Economics and Management, 2007, 54 (1): 32 - 48.

[117] Global Food Security Index [EB/OL]. The Economist Intelligence Unit, https: //foodsecurity index. eiu. com/, 2018 - 10 - 16.

[118] Gunningham N, Rees J. Industry self-regulation: An institutional perspective [J]. Law & Policy, 1997, 19 (4): 363 - 414.

[119] G8 Open Data Charter and Technical Annex [EB/OL]. https: //www. gov. uk/government/publications/open - data - charter/g8 - open - data - charter - and - technical - annex, 2013 - 06 - 18.

[120] Hancher L, Moran M. Introduction: Regulation and deregulation [J]. European Journal of Political Research, 2010, 17 (2): 129 - 136.

[121] Hanson S G, Kashyap A K, Stein J C, et al. A Macroprudential Approach to Financial Regulation [J]. Journal of Economic Perspectives, 2011, 25 (1): 3 - 28.

[122] Harvery B. Feigenbaum, Jeffrey R. Henig and Chris Hamnett, Shrinking the State: The Political Underpinnings of Privatization (Cambridge University Press 1999).

[123] Hilbert M. Big data for development: A review of promises and challenges [J]. Development Policy Review, 2016, 34 (1): 135 - 174.

[124] IDC. Worldwide Big Data and Analytics Software Forecast, 2018 - 2022 [EB/OL]. https: //www. idc. com/getdoc. jsp? containerId = US44243318, 2018 - 09.

[125] JacintJordana, David Levi - Faur and Xavier Fernández Marín, "The Global Diffusion of Regulatory Agencies: Channels of Transfer and Stages of Diffusion" (2011) 44 Comparative Political Studies 1343.

[126] JacobTorfing & Christopher Ansell. Strengthening political leadership and policy innovation through the expansion of collaborative forms of governance. Public Management Review, 2017 VOL. 19, NO. 1, 37 - 54.

[127] JamesManyika, Michael Chui, Brad Brown, etal. Big data: The next frontier for innovation, competition, and productivity [R]. New York: Mckinsey Global Institute, 2011.

[128] J Bright, H Margetts. Big Data and Public Policy: Can It Succeed Where E - Participation Has Failed? [J]. Policy & Internet, 2016, 8 (3): 218 - 224.

[129] Jin G Z, Leslie P. The effect of information on product quality: Evidence from restaurant hygiene grade cards [J]. The Quarterly Journal of Economics, 2003, 118 (2): 409 - 451.

[130] John Braithwaite and Peter Drahos, Global Business Regulation (Cambridge University Press 2000) 27.

[131] Klapper L F, Laeven L, Rajan R G, et al. Entry regulation as a barrier to entrepreneurship [J]. Journal of Financial Economics, 2006, 82 (3): 591 - 629.

[132] Ko, J., Day, J. W., Wilkins, J. G., Haywood, J., & Lane, R. R. Challenges in Collaborative Governance for Coastal Restoration: Lessons from the Caernarvon River Diversion in Louisiana. Coastal Managenet, 2017, 45 (2): 125 - 142.

[133] Kunkel D L, Castonguay J S, Filer C R. Evaluating industry self-regulation of food marketing to children [J]. American Journal of Preventive Medicine, 2015, 49 (2): 181-187.

[134] Laeven L, Levine R. Bank governance, regulation, and risk taking [J]. Journal of Financial Economics, 2009, 93 (2): 259-275.

[135] Lawrence Musiitwa Kyazze, Isaac Nabeta Nkote & Juliet Wakaisuka-Isingoma (2017) Cooperative governance and social performance of cooperative societies. Cogent Business & Management, 4: 1284391.

[136] Lenox M J, Nash J. Industry self-regulation and adverse selection: A comparison across four trade association programs [J]. Business strategy and the environment, 2003, 12 (6): 343-356.

[137] Levinson A. Unmasking the Pollution Haven Effect [J]. International Economic Review, 2008, 49 (1): 223-254.

[138] Lisa BlomgrenAmsler. Collaborative Governance: Integrating Management, Politics, and Law. Public Administration Review, 2016, Vol. 76 (5), pp. 700-711Wiley.

[139] Lisa L. Sharma, Stephen P. Teret, Kelly D. Brownell. The food industry and self-regulation: Standards to promote success and to avoid public health failures [J]. American Journal of Public Health, 2010, 100 (2): 240-246.

[140] Majone GD. From the positive to regulatory state: Causes and consequences of changes in the mode of governance [J]. Journal of public policy, 1997, 17 (2): 139-168.

[141] Manyika J, Chui M, Brown B, et al. Big data: The next frontier for innovation, competition, and productivity [EB/OL]. https://www.mckinsey.com/business-functions/digital-mckinsey/our-insights/big-data-the-next-frontier-for-innovation, 2011-05.

[142] Miyamoto M, Tanaka Y. Food Industry Self-Regulation and the Role of the Government [J]. International Journal of Marketing Studies,

2015, 7 (4): 1.

[143] Moran M. Review article: Understanding the regulatory state [J]. British journal of political science, 2002, 32 (2): 391 -413.

[144] 1.5 Million Funding to Open up Public Data [EB/OL]. [2014 -12 -01]. https: //www. gov. uk/government/news/1.5 - million - funding - to - open - up - public - data.

[145] Nash J, Ehrenfeld J. Codes of environmental management practice: Assessing their potential as a tool forchange [J]. Annual Review of Energy and Environment, 1997 (22): 487 -535.

[146] NathanMarz. BigData: Principles and Best Practices of Scalable Real-time Data Systems [M]. Hampton: Manning Publications, 2015: 239.

[147] New Zealand Government Internal Affairs. Privacy maturity sssessmentframwork: Elements, attributes, andcriteria (version2.0) [EB/OL]. https: //www. ict. govt. nz/assets/Guidance - and - Resources/Privacy - Maturity - Assessment - Elements - and - Attributes - version - 2 - 0. pdf, 2018 -07 -14.

[148] Nixon L, Mejia P, Cheyne A, et al. "We're part of the solution": Evolution of the food and beverage industry's framing of obesity concerns between 2000 and 2012 [J]. American journal of public health, 2015, 105 (11): 2228 -2236.

[149] Noormohammad S F, Mamlin B W, Biondich P G, et al. Changing course to make clinical decision support work in an HIV clinic in Kenya [J]. International journal of medical informatics, 2010, 79 (3): 204 -210.

[150] NSW charts three-step path to digital dominance [EB/OL]. https: //www. itnews. com. au/news/nsw - charts - three - step - path - to - digital - dominance -462724, 2017 -11 -24.

[151] O'Brien, Liz, Mariella Marzano, and Rehema M. White. The Hazards of Correcting Myths about Health Care Reform. Medical Care51,

2013 (2): 127 -132.

[152] Olšanovά K. Food Marketing to Children – Review of the Issue for Further Exploration [J]. Central European Business Review, 2013, 2 (3).

[153] Pew Research Center, Americans and Cybersecurity, http: //www. pewinternet. org/2017/01/26/americans – and – cybersecurity/.

[154] PopesculD, Radu L D. Data security in smart cities: Challenges and solutions [J]. Informatica Economica, 2016, 20 (1): 29 -39.

[155] Rees, Joseph V. Hostages of Each Other: The Transformation of Nuclear Safety Since Three Mile Island [J]. Chicago: Univ. of Chicago Press, 1994.

[156] Reinhart C M, Rogoff K S. The Aftermath of Financial Crises [J]. American Economic Review, 2009, 99.

[157] Scott Jacobs and Peter Ladegarrd, Regulatory Governance In Developing Countries, The World Bank Group, Washington, 6, 19 (2010).

[158] Siddiki, S., Kim, J., & Leach, W. D. Diversity, Trust, and Social Learning in Colloaborative Governance. Public Administration Review, 2017, 77 (6): 863 -874.

[159] State of the union: Data and analytics in government [EB/OL]. http: //coriniumintelligence. com/chief data officer government, 2017 -09 -23.

[160] StuartBiegel, Beyond Our Control? Confronting the Limits of Our Legal System in the Age of Cyberspace (MIT Press 2003).

[161] Sunstein CR. After the rights revolution: Reconceiving the regulatory state [M]. Cambridge MA: Harvard university press, 1990: 30 -45.

[162] The Department of the Prime Minister and Cabinet of Australian Government. Data skills and capability in the Australian public service [EB/OL]. http: //www. pmc. gov. au/sites/default/files/publications/data – skills – capability. pdf, 2018 -04 -12.

[163] The Digital Universe of Opportunities [EB/OL]. https: //www. emc. com/collateral/analyst – reports/idc – digital – universe – 2014 –

china. pdf, 2014 – 04.

[164] TM Harrison, TAPardo, MCook. Creating Open Government Ecosystems: A Research and Development Agenda [J]. Future Internet, 2012, 4 (4): 900 – 928.

[165] United Nations E – Government Survey 2018 [EB/OL]. Department of Economic and Social Affairs, https: //www. useit. com. cn/thread – 19948 – 1 – 1. html, 2018 – 08 – 04.

[166] VictorTadros, "Between Governance and Discipline: The Law and Michel Foucault" (1998) 18 Oxford Journal of Legal Studies 75.

[167] Vilhelmsson A, Davis C, Mulinari S. Pharmaceutical industry off-label promotion and self-regulation: A document analysis of off-label promotion rulings by the United Kingdom Prescription Medicines Code of Practice Authority 2003 – 2012 [J]. PLoS medicine, 2016, 13 (1): e1001945.

[168] VRBorkar, MJCarey, C Li. Big Data Platforms: What's next? [J]. Xrds Crossroads the ACM Magazine for Students, 2012, 19 (1): 44 – 49.

[169] Waldo D. The administrative state [M]. New York: Ronald press co. 1948: 70 – 78.

[170] Wescott R F, Fitzpatrick B M, Phillips E. Industry self-regulation to improve student health: Quantifying changes in beverage shipments to schools [J]. American Journal of Public Health, 2012, 102 (10): 1928 – 1935.

[171] Wilson W. The study of administration [J]. Political science quarterly, 1887, 2 (2): 197 – 222.

后　记

《政府监管研究进展与热点前沿》是辽宁大学应用经济学国家“双一流”建设学科下规制经济学学科团队的一项阶段性研究成果，也是我们多年来想完成的一项任务。多年来，我们在中国政府管制论坛、公用事业监管改革等学术会议上与学界同行进行学术交流时，好多时候都会对“规制”“监管”等基本概念内涵、经济学领域的规制经济学学科与公共管理领域的政府监管研究区别与联系，以及国内外研究进展情况等进行讨论、争鸣，有许多问题显然是值得探讨和说明的。

辽宁大学规制经济学二级学科于2002年开始正式招收博士学位研究生，是国内较早自主设置的该类学科。多年来，团队研究领域涵盖了规制经济学及政府监管理论与实践、经济性监管、社会性监管等各个领域，涉及经济学、公共管理、法学等多个交叉学科领域。近年来，团队聚焦国内外研究演进分析，着重把握研究热点与前沿进展，诸如新经济新技术对监管的新需要新推进，以及重要性日益凸显的社会性监管需求等。本书内容，即是团队在这方面研究的一个阶段性总结与呈现。

本书的研究团队包括（按章节顺序）：和军（引言）、王喆（第一章）、谢思（第二章、第四章第三节、第五章、第六章）、蔡璐（第三章）、张依（第四章第一节）、黄子龙（第四章第二节、第七章）、李佩（第八章）。全书由我负责选题、框架内容设计、修改和定稿。

在本书即将付梓出版之际，谨向多年来关心、支持与帮助辽宁大学规制经济学学科发展的各界同仁、专家学者表示最诚挚的谢意，也感谢为本书出版付出辛苦劳动的经济科学出版社编辑。本书的出版也得到了辽宁大学应用经济学国家“双一流”建设学科经费的大力支持，在此一并表示感谢。当然，由于水平所限，错误在所难免，也希望得到各界专家、同行的批评指正。

和　军
于沈北三字斋
2019年7月